RENACIMIENTO

ALBERTO GARÍN

RENACIMIENTO

EL ARTE QUE
CONQUISTÓ EL MUNDO

HarperCollins

Editado por HarperCollins Ibérica, S. A.
Avenida de Burgos, 8B - Planta 18
28036 Madrid
www.harpercollinsiberica.com

Renacimiento. El arte que conquistó el mundo
© 2025, Alberto Garín
© 2025, para esta edición HarperCollins Ibérica, S. A

Arte de cubierta: LookAtCia
Fotografía de solapa: facilitada por el autor
Maquetación: J. A. Diseño Editorial, S. L.

ISBN: 978-84-19802-97-2
Depósito legal: M-10041-2025
Impreso en España por Black Print

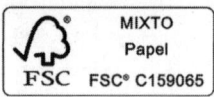

ÍNDICE

A Philippe Malgouyres,
por abrirme los ojos a la verdadera historia del arte.

PRÓLOGO

Cuando hablamos del Renacimiento, la primera idea que nos viene a la cabeza es la de un movimiento artístico originado en Italia a comienzos del siglo XV que recuperaba el mundo clásico, el de Grecia y, sobre todo, el de Roma, y que, además, ponía al hombre en el centro de la creación tras el largo periodo medieval dominado por la omnipresencia, por no decir la imposición, de Dios.

Es más, ese protagonismo que se le dio al hombre fue lo que permitió el surgimiento del humanismo. Si el Renacimiento fue el despertar artístico que anunció el final de la Edad Media, el humanismo fue el despertar intelectual.

A partir de ahí, los estudiosos del Renacimiento nos han mostrado cómo durante más de cien años, desde comienzos del siglo XV hasta el inicio de la Contrarreforma católica, se fueron sucediendo los artistas que cada vez eran más naturalistas, más realistas, más humanos, menos teocéntricos, más libres, más capaces de desarrollar su individualidad.

Todo este proceso llegó a su cumbre con la reconstrucción de San Pedro del Vaticano en los tiempos de Bramante, Rafael y Miguel Ángel, al tiempo que la monolítica Iglesia católica se desquebrajaba con la llegada de los reformadores protestantes, que aspiraban a una libertad en su fe parecida a la que los artistas habían logrado en su creatividad.

Pues bien, en este libro, tenemos por objetivo demostrar que esta explicación del Renacimiento, y su inseparable pareja el humanismo, es incorrecta.

Se recuperó el mundo clásico. Sí. Pero no por poner al hombre en el centro del universo (algo que tampoco había ocurrido ni en Grecia, ni en Roma), sino porque, de partida, una Florencia exitosa quería librarse del lastre del Sacro Imperio.

Otra cosa es que ese Renacimiento florentino le gustó tanto a los papas, que lo convirtieron en el arte católico por antonomasia. Sí, el Renacimiento es el arte de los católicos, porque si algo caracterizó a los protestantes fue su abierto rechazo por las formas renacentistas (y el saber clásico en general).

Y en cuanto a los artistas modernos, rompedores, de fuerte personalidad, por supuesto que los hubo. Miguel Ángel es el mejor ejemplo y, en gran medida, el único, porque los artistas supieron someterse al mercado y si hay un momento donde lo demostraron claramente fue durante el Renacimiento. Los artistas se hicieron renacentistas cuando sus clientes les reclamaron un arte clásico. Si no había esa petición, la mayoría de los artistas del siglo XV y comienzos del XVI se movieron en el arte medieval, que era lo que sabían hacer, les gustaba y les daba de vivir.

Una observación final. Ese modelo teórico del Renacimiento del príncipe sabio, humanista, que respeta la tradición cristiana, pero que se abre a todos los saberes clásicos. Ese príncipe que vive en un palacio armónico pero rodeado de una naturaleza bien racionalizada, en jardines perfectamente ordenados. Ese príncipe que se rodeó de sabios y miles de libros para bien gobernar, sí existió. Pero no, no fue Lorenzo, el Magnífico, ni el papa Julio II. No fue el emperador Carlos V, ni el rey Francisco I de Francia.

El príncipe que sí supo ajustarse a todos los principios que defienden los grandes teóricos del Renacimiento fue Felipe II. ¿Le sorprende esta afirmación? Entremos en materia, recorra este libro y descubramos, al final, por qué fue así.

1

LA VANGUARDIA ANTES DEL RENACIMIENTO: EL ARTE BORGOÑÓN

El 19 de septiembre de 1356, dentro de la guerra de los Cien Años, el rey Juan II de Francia (1319-1364) fue derrotado y hecho prisionero por las tropas del príncipe de Gales en la batalla de Poitiers. Junto al rey había combatido su hijo pequeño, Felipe (1342-1404), que solo tenía catorce años, que también fue capturado, y que demostró tal bravura en el combate que pasó a ser conocido como el Atrevido.

Juan II y su hijo Felipe fueron enviados como prisioneros a Inglaterra, donde permanecieron hasta 1360. A su vuelta a París, con Francia debilitada por los ataques ingleses, y también por las revueltas de los campesinos y los burgueses, el rey Juan II decidió establecer un modelo de *apanages* o infantazgos con los que hacer sobrevivir su reino. El heredero de la Corona sería su hijo mayor, el futuro Carlos V (1338-1380), y sus otros hijos serían señores de importantes dominios por toda Francia.

La idea era que Carlos V pudiera contar con el concurso de sus hermanos, fortalecidos con esos importantes dominios. En gran medida, lo que habían hecho los ingleses, que, además de las tropas que traían de la Gran Bretaña, contaban con el apoyo de los señores del Poitou o la Guyena.

Entre los infantazgos que estableció Juan II, a su hijo Felipe el Atrevido le correspondió, primero, la Turena (la región de Tours) y, a partir de 1363, el ducado de Borgoña, que el propio Carlos V había recibido en herencia dos años atrás.

Esa idea del rey Juan II de que su hijo Carlos V contaría con el apoyo de sus hermanos, reforzados por grandes señoríos, habría de funcionar hasta la muerte de Carlos V en 1380. En ese momento, la Corona de Francia pasó a Carlos VI (1368-1422), un niño de once años que hubo de dejar el gobierno en manos de sus tíos, incluido Felipe el Atrevido, duque de Borgoña.

Pero, en 1392, Carlos VI se vio afectado por un ataque de delirio que le imposibilitó para el gobierno buena parte de su vida. La regencia volvió entonces a manos de sus tíos y, más tarde, de sus primos, que iniciaron una guerra entre ellos por el control de la Corona (el famoso conflicto de los armagnacs contra los borgoñones), lo que favoreció a los ingleses, que seguían enfrentados a los franceses dentro de la guerra de los Cien Años.

Pero volvamos a 1380. El rey Carlos V había muerto. Le sucedió su hijo Carlos VI. Y Felipe el Atrevido, tío del nuevo monarca, controlaba la regencia. En el momento de su fallecimiento, Carlos V estaba rematando las obras de su castillo favorito a las puertas de París, el castillo de Vincennes. Felipe el Atrevido siguió adelante con las obras en nombre de su sobrino Carlos VI.

Se estaba construyendo, en concreto, la Santa Capilla, que había de convertirse en el espacio sagrado más destacado de la fortaleza. El arquitecto a cargo era Raymond du Temple (†1404), a quien Felipe el Atrevido le encargó que prosiguiese la obra, pero con unas formas más audaces. Que ese repertorio de lo que con el tiempo se conocería como gótico radiante fuera más allá de repetir una y otra vez los motivos circulares en las tracerías de las ventanas. Raymond du Temple puso manos a la obra e hizo unas tracerías con formas alargadas, flameantes, lo que hará que con los siglos los historiadores del arte denominen esta variante del gótico como flamígero.

Fue un cambio puramente formal. Para ese año de 1380, las grandes soluciones estructurales y constructivas del gótico estaban plenamente asentadas. Lo que Felipe el Atrevido quería era mostrar una arquitectura más osada. Para ello, había que tener unos escultores, unos canteros con la mano más fina, a los que, obviamente, había que pagar mejores salarios.

El resultado debió gustar, pues, como veremos, en unas pocas décadas esas formas arquitectónicas más intrépidas se expandieron por toda la cristiandad occidental. Recordemos, no había un cambio en la forma de construir, sino, sencillamente, en sus acabados. Por supuesto, Felipe el Atrevido había contado con el buen hacer de un arquitecto reputado, Raymond du Temple, que contaba con un equipo notable y, sobre todo, con el dinero de las arcas reales, que era con lo que se pagaba toda aquella obra.

Aquello no fue más que el comienzo de un ambicioso plan. Quizás no fuera a desplazar a su sobrino del trono de Francia, pero, a partir de Borgoña, Felipe el Atrevido podía construir un nuevo Estado que, quizás, en el futuro, se convirtiera en un reino. Un Estado que iría desde los Alpes al mar del Norte (desde las actuales Suiza a Bélgica). En 1369, Felipe el Atrevido se había casado con su prima Margarita de Dampierre (1350-1405), heredera de Luis II de Flandes (1330-1384), que aportó una notable dote a su matrimonio: los derechos a los ducados de Brabante y Limburgo, así como el Franco-Condado y los condados de Nevers, Artois, Rethel y, sobre todo, Flandes.

Cuando Luis II murió en 1384, Felipe el Atrevido, en nombre de su esposa, se hizo con todos los dominios de su suegro. No solo se trataba de ampliar los territorios del ducado de Borgoña, sino, sobre todo, de controlar Brujas, en Flandes, la principal ciudad comercial del norte de Europa, a donde acudían desde los mercaderes italianos a los de la Hansa del mar del Norte y el mar Báltico.

Esa posición de privilegio se vio mejorada tras la Peste Negra. Esa epidemia, que a partir de 1347 se llevó por delante a más de la mitad de la población de Europa, afectó en muy escasa dimensión a Flandes. De modo que, pasado lo peor de la Peste Negra, los mercaderes de Brujas lograron posicionarse allí donde sus rivales sencillamente habían desaparecido por la epidemia.

Así, cuando en 1384 Felipe el Atrevido tomó el control de Brujas gracias al patrimonio heredado por su esposa, sus arcas se llenaron con todo ese dinero que necesitaba para su ambicioso programa artístico-político. Porque si quería hacer de Borgoña un reino, tenía que ser capaz de demostrar a los otros príncipes de Europa la grandeza de sus pretensiones. Ya había dado una prueba en Vincennes. Hacer un arte más audaz, más epatante.

Un año antes de asumir la herencia de su suegro, Felipe el Atrevido había lanzado la construcción del que había de ser el panteón real de su dinastía borgoñona, la cartuja de Champmol, y allí logró reunir a un grupo de destacados escultores dirigidos por Jean de Marville (†1389), donde lucía de forma sobresaliente Claus Sluter (1340-1406), que, por cierto, ya había trabajado en Vincennes.

Claus Sluter fue quien definitivamente puso de moda la escultura realista. Esta idea de que las imágenes esculpidas se parecieran a la realidad ya se había dado desde un siglo y medio atrás, con los trabajos de Pierre de Montreuil (1200-1267) o el maestro de Naumburgo (siglo XIII). En todas aquellas ocasiones habían trabajado para clientes muy específicos que trataban de romper con la iconografía medieval antinaturalista. Y lo lograron haciendo figuras muy realistas pero sobrias, contenidas.

Claus Sluter lo que hizo fue dotar a sus esculturas de alma, de pasión, de sentimiento. El sepulcro para Felipe el Atrevido fue un ejemplo notable, con esos monjes plañideros que en verdad lloraban la pérdida del duque, insertos en una arquitectura que se ajustaba perfectamente a las formas flamígeras.

A partir de ahí, los duques de Borgoña harían que todas las manifestaciones artísticas que emanasen de su corte epatasen en las cortes rivales. En arquitectura y en escultura, pero no solo; también en pintura, en las miniaturas de los libros, en los vestidos y en los peinados de la nobleza. Todo encaminado a cantar las glorias de la ambiciosa corte borgoñona. La idea caló: si un Estado quería sentarse entre los grandes podía hacerlo a través del arte. Solo tenía que apostar por unas soluciones artísticas novedosas, inesperadas, impactantes.

Curiosamente, los primeros seguidores de estas modas impuestas por el duque de Borgoña fueron sus propios hermanos, comenzando por Juan de Francia (1340-1416), duque de Berry, quien no lejos de su corte de Bourges, en el valle del Loira, se hizo acondicionar el castillo de Mehun-sur-Yèvre dentro de las nuevas formas góticas más atrevidas. Pero, sobre todo, Juan de Francia destacó por su rica colección de obras iluminadas, entre las que destaca *Las muy ricas horas del duque de Berry*, un libro de oraciones con numerosas miniaturas, elaborado por los hermanos Limbourg (originarios de los Países Bajos) a partir de 1410. El libro sería concluido décadas después por Jean Colombe (1430-1493), lo que no impide que la primera parte, la de los Limbourg, se convirtiese en un referente para los libros iluminados del siglo XV, una producción artística muy exitosa y que había de ser una de las formas más populares de extender los gustos borgoñones.

La labor de Felipe el Atrevido de establecer esos gustos borgoñones fue continuada por su hijo Juan sin Miedo (1371-1419), también regente en Francia, y en cuyo tiempo en Brujas se estaba formando un joven pintor, Jan van Eyck (1390-1441), que había de marcar en breve la gran pintura borgoñona gracias al detallismo conseguido por el uso del óleo. Algo que demostró ampliamente en uno de sus cuadros más conocidos, *El matrimonio Arnolfini*, ya pintado en 1434, cuando en Borgoña gobernaba Felipe el Bueno (1396-1467), hijo de Juan sin Miedo.

Estas soluciones escultóricas y pictóricas muy naturalistas, cargadas de detalles y sentimientos es lo que los libros han llamado gótico internacional.

El éxito del arte borgoñón fue tal que desde 1400 encontramos toda una pléyade de artistas borgoñones que emigraron por toda Europa. Por supuesto, llegaron pronto a la corte de Francia, donde, recordemos, Felipe el Atrevido y Juan sin Miedo llegaron a ser regentes. Pero también viajaron a la península ibérica, en principio a la Corona de Aragón, gracias a la protección de Benedicto XIII, el papa Luna, muerto en 1422, para después llegar a la Corona de Castilla, sobre todo bajo la protección del sobrino nieto del papa Benedicto XIII, Álvaro de Luna (1390-1453), condestable de Castilla.

En su viaje a España, ese arte borgoñón supo incorporar algunas costumbres hispanas, sobre todo el mudéjar, que se había puesto de moda desde los tiempos del rey Pedro I el Cruel (1334-1369), a mediados del siglo XIV. El resultado es lo que los especialistas llamaron durante mucho tiempo arte hispano-flamenco.

En todos los casos, el gótico flamígero, el gótico internacional, el arte hispano-flamenco u otros términos que podemos emplear nos están llevando al mismo fenómeno, ese arte cortesano que los duques de Borgoña pusieron en marcha a finales del siglo XIV para reivindicar sus Estados, con un carácter claramente epatante, que terminó por expandirse y convertirse en la marca distintiva de todo príncipe de la cristiandad occidental que quisiera estar en la vanguardia artística hasta las primeras décadas del siglo XVI.

La idea era interesante: un Estado incipiente, que tenía que hacerse sitio entre una serie de viejas monarquías, lo hacía a golpe de renovación artística. Por supuesto, no era la primera vez que un príncipe se vanagloriaba recurriendo a un arte diferente, en este caso, borgoñón. Lo llamativo era ese objetivo político: hacerse un sitio destacado en la mesa de los grandes señores.

Esa propuesta lanzada en 1380 no cayó en el vacío. Vamos a ver cómo dos décadas después, en 1400, se puso en marcha otro programa artístico revolucionario, esta vez en Florencia, la ciudad toscana que en su caso reclamaba la primacía en Italia. Solo que en Florencia no apostaron por las formas góticas tratándolas de manera temeraria, sino por buscar en la propia historia florentina un pasado de gloria y recuperarlo en su versión estética. Ese pasado fue el viejo Imperio romano, y el programa artístico-político que se puso en marcha en Florencia habría de conocerse como Renacimiento.

Adelantemos un titular. Durante todo el siglo XV, los dos grandes movimientos artísticos de vanguardia fueron el arte tardogótico borgoñón y el Renacimiento florentino. Y el que ganó la partida en esa centuria fue el arte borgoñón. El Renacimiento empezó en la Toscana y a finales del siglo XV a duras penas se había impuesto en el resto de Italia. Fuera de Italia, solo de manera muy anecdótica y residual.

El Renacimiento no tuvo éxito durante un siglo, porque las formas borgoñonas eran mucho más impactantes, un realismo más sentido, unas soluciones arquitectónicas más atrevidas. Hubo que esperar hasta bien entrado el siglo XVI para que el Renacimiento por fin triunfase y solo lo hizo cuando ese arte renacentista se había convertido en la bandera del catolicismo en un mundo en el que la cristiandad latina se dividía entre católicos y protestantes.

Sin embargo, la mayor parte de los manuales de historia del arte insisten en mostrar al Renacimiento del siglo XV como una ola imparable que fue inundando toda la Europa occidental, sobre todo, de la mano de su aliado intelectual, el Humanismo, ese empeño, también del Quattrocento, por poner al hombre como centro del mundo frente a la época medieval en la que todo había quedado supeditado a Dios.

No es cierto.

El Renacimiento se propagó muy lentamente. El Humanismo estuvo supeditado a la fe y la moral cristianas. Tal como acabamos de decir, el Renacimiento humanista triunfó por ser el arte católico por antonomasia, pero no lo logró hasta bien entrado el siglo XVI, cuando por fin derrotó a las modas borgoñonas.

2
FLORENCIA CONTRA EL IMPERIO: EL ORIGEN DEL RENACIMIENTO

En la Navidad del año 800, el papa León III (750-816) coronó a Carlomagno (h. 742-814), rey de los francos, como emperador. De esa manera, el título imperial regresaba a la Europa occidental tras haber sido enviadas las insignias imperiales a Constantinopla más de tres siglos atrás.

A partir de ese momento, con una cruel periodicidad, cada pocas décadas un rey de más allá de los Alpes, primero los descendientes de los carolingios y luego las distintas dinastías alemanas, cruzaba los Alpes para hacerse coronar emperador. Hablamos de cruel periodicidad, porque cada vez que el candidato imperial se presentaba en Italia lo hacía acompañado de sus multitudinarias huestes, que no dudaban en arrasar las tierras por las que pasaban por mucho que vinieran en son de paz.

A finales del siglo XII, ya hubo un intento por parte de los italianos de crear un Estado en el norte y centro de Italia que frenase a las tropas imperiales. Fue promovido por la condesa Matilde de Canossa (1046-1115), quien contó con el apoyo de los papas, sobre todo de Gregorio VII (1020-1085), y que incluso lanzó un programa político-artístico para distinguirse de los bárbaros del norte, lo que conocemos como románico lombardo.

Aquel empeño, inicialmente exitoso, terminó por fracasar y los bárbaros imperiales siguieron cruzando los Alpes para coronar como emperador a su rey.

Hemos empleado ya dos veces el término bárbaro para referirnos a esas gentes de más allá de los Alpes que caían sobre Italia. Los propios italianos utilizaban esa expresión para referirse a los alemanes que llegaban con el emperador y volvieron a utilizarla para denominar a los franceses o los españoles que invadieron Italia a finales del siglo XV.

Eran bárbaros por dos razones: por su comportamiento vandálico según avanzaban y también por su lejanía del mundo clásico, según el entender de los italianos, pues por mucho que vinieran a reclamar la Corona del viejo Imperio romano esos bárbaros sabían poco de Roma.

La situación era tal que en la propia Italia se crearon dos grandes partidos: el de aquellos que trataban de contemporizar con las tropas imperiales y el de los que se oponían a estas y, en cierta medida, buscaban el liderazgo del papa.

En el caso de Florencia, esos dos partidos tuvieron numerosos enfrentamientos entre ellos. Surgieron a mediados del siglo XII, cuando los intentos de autonomía que había abanderado Matilde de Canossa habían desaparecido. Los partidarios de los imperiales se denominaron gibelinos. Los seguidores del papa, güelfos. Como decíamos, llegaron a enfrentarse entre ellos en la propia ciudad de Florencia, pero para 1400 algo había cambiado.

Ya hemos mencionado antes la Peste Negra iniciada en 1347 y que había arrasado Europa, aunque con poco daño en Flandes, lo que había permitido un rápido crecimiento de la ciudad de Brujas.

En Italia, la situación fue mucho más grave y todas las ciudades italianas vieron morir a la mitad de su población. La recuperación en Italia fue más lenta que en los Países Bajos, pero Florencia contó con una singular ventaja. Sus principales rivales en la península italiana, Génova y Venecia, estaban enfrentados entre ellos, y los comerciantes y banqueros florentinos aprovecharon la ocasión para ir ocupando las plazas que antes dominaron sus vecinos.

En ese sentido, por ejemplo, los genoveses a finales del siglo XIII fueron los primeros italianos en instalarse en Brujas. Para comienzos del XV esa posición privilegiada la tenían los florentinos, quienes lograron establecer un estrecho lazo de apoyo comercial con los duques de Borgoña, como los Arnolfini del cuadro de Van Eyck, que fueron los mercaderes toscanos que abastecían de sedas a los duques borgoñones.

En esa Florencia enriquecida, tras superar la Peste Negra, a finales del siglo XIV, y controlada por la oligarquía de mercaderes y banqueros fue donde se puso en marcha el Renacimiento.

Florencia estaba en la ruta que unían los pasos de los Alpes con Roma. De modo que los florentinos sabían desde hacía siglos lo oneroso que era soportar el paso de las tropas imperiales. Ya hemos visto como incluso dentro de la ciudad hubo esos bandos enfrentados de güelfos y gibelinos. Pero en 1400 el contexto internacional había cambiado.

En el Imperio, muerto el emperador Carlos IV en 1378, varios candidatos pugnaban por ser reconocidos como el nuevo emperador. Algo parecido ocurría en el papado. Los papas habían trasladado su sede de Roma a Aviñón en 1309. En 1377, el papa Gregorio XI había regresado a Roma, donde murió al año siguiente. Entonces, los cardenales en Roma eligieron un nuevo pontífice y los de Aviñón otro, habiendo así dos papas, un problema que se agravó en 1409, cuando llegó a haber hasta tres papas.

Los florentinos supieron aprovechar la ocasión. Sin señores externos que pudieran imponer su voluntad y con una economía saneada, se lanzaron a ampliar los dominios territoriales de la ciudad. En 1403, ocuparon Castrocaro, en la vertiente oriental de los Apeninos. Y en 1406, tomaron Pisa, con lo que se hicieron con el control de toda la Toscana septentrional.

Fue entonces cuando decidieron poner en marcha un programa político-artístico que les distinguiese de sus vecinos y les dotase de prestigio. Recordemos, estamos hacia 1400. Veinte años antes, Felipe el Atrevido, duque de Borgoña, había iniciado su propio programa artístico para enaltecer su señorío. Los mercaderes y banqueros florentinos tenían a los duques de Borgoña como uno de sus mejores clientes y los visitaban con regularidad en sus ciudades de Dijon, Bruselas o Brujas, de modo que esa oligarquía florentina fue una espectadora de excepción del éxito de la apuesta artística de los borgoñones y decidió imitarles.

La primera ocasión fue en 1401, en el concurso de las puertas del baptisterio de Florencia. Allí, varios artistas, entre los que se encontraban unos jóvenes Ghiberti (1378-1455) y Brunelleschi (1377-1446), compitieron por ganar el concurso. Todos habían de presentar el mismo tema, extraído del Antiguo Testamento: el sacrificio de Isaac.

La victoria se la llevó Ghiberti. Conocemos las propuestas de todos los candidatos. Si miramos el medallón que presentó Brunelleschi, las figuras son realistas, perfectamente distinguibles, pero, incluso pese a haber algún escorzo atrevido, la imagen es plana y poco proporcionada.

La propuesta de Ghiberti fue más atrevida, con las figuras bien proporcionadas e Isaac con la apariencia de efebo clásico.

Esa idea de recuperar el mundo clásico gustó al jurado. Ghiberti ganó y Brunelleschi decidió que había de aprender bien cómo funcionaba el arte del viejo Imperio romano.

En este punto, hemos de entender que lo que hizo Ghiberti no fue realmente novedoso. Imitar las esculturas clásicas era algo que ya se había hecho antes en Italia, por ejemplo, en el púlpito del baptisterio de Pisa, realizado por Nicola Pisano (1220-1284) a mediados del siglo XIII, es decir, ciento cincuenta años antes de Ghiberti. Es más, podemos preguntarnos si lo que hizo el propio Ghiberti, en su propuesta para el concurso del baptisterio de Florencia, fue seguir la lección de Nicola Pisano.

De todos modos, lo importante es que al jurado florentino le gustó esa vuelta al mundo clásico y lo consideró como la forma estética que se estaba buscando para el programa artístico-político con el que Florencia quería presentarse frente a sus rivales en Italia.

Insistamos de nuevo en este punto: así como los duques de Borgoña apostaron por su gótico epatante para sobresalir sobre el resto de los príncipes, los florentinos decidieron recuperar el arte clásico para mostrarse como los dignos herederos del Imperio romano, por encima de los bárbaros de más allá de los Alpes y sus súbditos italianos.

Acabamos de aludir a como Brunelleschi decidió que, puestos a imitar arte romano, él estaba dispuesto a aprender de las obras de arte que aún subsistían en Roma y allá se fue de viaje de estudios en 1402 junto con su amigo Donatello (1386-1466), quien por entonces solo era un adolescente. Un viaje que resultó clave, pues Brunelleschi tenía muy claro que no quería inspirarse vagamente en el arte romano, sino entender hasta su raíz cómo los romanos habían creado su arquitectura, para lo que analizó en detalle las ruinas conservadas.

Hemos de entender que el reto que se propuso Brunelleschi era más complejo que el que había tenido Raymond du Temple veinte años atrás en Vincennes, en el origen de ese gótico epatante de los borgoñones. Raymond du Temple, sin cambiar un ápice de las formas constructivas o de composición de la arquitectura gótica, se limitó a mostrarse más audaz. Brunelleschi tuvo que empezar de cero. Sí que podía aprovechar, y así lo hizo, la tecnología gótica. Pero en la forma de diseñar los edificios, todo era nuevo.

En este sentido hemos de contraponer las dos grandes obras arquitectónicas de Brunelleschi en Florencia. Por un lado, la cúpula de la catedral, cuyo concurso le ganó, precisamente, a Ghiberti, en 1418. El proyecto de Brunelleschi respondió aún a los grandes logros del mundo gótico. Diseñó una cúpula octogonal, apoyada sobre arcos torales ojivales, y cuyo desarrollo se realizó a partir de nervaduras también ojivales.

En realidad, Brunelleschi no tuvo que ir muy lejos para conocer ese modelo de cúpula octogonal con nervaduras ojivales. Era la solución que se había empleado en la cúpula del baptisterio de la propia catedral de Florencia, de comienzos del siglo XII. Es cierto que la cúpula de Brunelleschi es mucho más esbelta y mucho más grande que la del baptisterio. Fue, pues, más un reto en las dimensiones que en la tecnología. Aquí Brunelleschi se aseguró construyendo como se habían hecho las grandes catedrales en los siglos previos.

Sin duda, que Brunelleschi ganase el concurso de la cúpula de la catedral en 1418 fue lo que le permitió presentar al año siguiente, en 1419, un proyecto, este sí, totalmente novedoso: el hospital de los Inocentes, para el que diseñó un pórtico exterior configurado por una sucesión de arcos de medio punto sobre columnas de orden corintio.

Ahí sí llegó la vuelta al mundo clásico en la arquitectura, esa sí fue la primera obra del Renacimiento, y no la cúpula de la catedral, perfectamente gótica tanto desde el punto de vista constructivo como en su solución formal.

Es posible que cuando vemos ese pórtico del hospital de los Inocentes nos puede parecer de lo más sencillo, por no decir corriente. Y es cierto, porque la solución propuesta por Brunelleschi fue tan genial que sería reproducida cientos de veces por toda Florencia, el resto de Italia, toda Europa y hasta Hispanoamérica en los siglos siguientes.

Es más, cuando pensamos en una solución renacentista, la primera idea que nos viene a la cabeza es un pórtico con arcos de medio punto sobre un orden clásico. Lo curioso es que este tipo de pórticos fue realmente inhabitual en el mundo romano y prácticamente es un invento de Brunelleschi tras entender cómo trabajaban esos romanos. Es decir, no hizo algo propio del Imperio romano, pero si un arquitecto imperial hubiera visitado la Florencia de 1400 le habría dado su visto bueno.

Esa fue la principal lección que Brunelleschi había de dar a las siguientes generaciones. La idea no era copiar al pie de la letra el mundo romano. Podía hacerse. Pero lo mejor era entender cómo funcionaba ese mundo romano y adaptarlo a las necesidades de cada momento. En el caso de Brunelleschi, las necesidades de comienzos del siglo XIV.

De ahí la otra gran aportación de Brunelleschi al Renacimiento. Si para la arquitectura se fue a estudiar las ruinas del Imperio romano en su capital, para la pintura el problema era mayor, pues Brunelleschi no tuvo la oportunidad de ver pinturas romanas del mundo antiguo en directo. De modo que hizo el ejercicio de plantearse cómo harían los romanos para conseguir unas pinturas realistas, donde la perspectiva, la profundidad de campo, estuviera tan lograda que parecieran esculturas de tres dimensiones, solo que plasmadas en un plano.

El resultado fue la elaboración de lo que hoy conocemos como perspectiva cónica, la que se basa en líneas de horizonte y puntos de fuga. Desde el momento en que Brunelleschi planteó su perspectiva cónica, comenzó a ser utilizada por todos aquellos artistas que trataban de emular una supuesta pintura romana claramente realista.

Lo sorprendente fue que, tras el descubrimiento de las pinturas de Pompeya en el siglo XVIII, se pudo comprobar que los romanos no manejaban esa perspectiva cónica, que la forma de obtener profundidad se basaba sobre todo en la superposición de planos y que, por tanto, las verdaderas pinturas romanas eran menos realistas que las elaboradas a partir del Renacimiento, con lo que Brunelleschi volvió a demostrar que partiendo de Roma era capaz de superar el arte del viejo Imperio.

Tras el proyecto del hospital de los Inocentes, a Brunelleschi le fueron llegando solicitudes de nuevos clientes que le reclamaban ese uso del lenguaje clásico.

Fue entonces cuando Brunelleschi comenzó a trabajar con el patriarca de una familia de banqueros que estaba emergiendo en ese momento en Florencia, Juan de Medici (1360-1429). De partida, a Brunelleschi le encargaron en 1420 la Sacristía Vieja de la iglesia de San Lorenzo, que había de convertirse en la capilla familiar de los Medici. Al año siguiente, Juan de Medici consiguió que Brunelleschi se hiciera cargo de la reforma general de la propia iglesia de San Lorenzo. Esa unión profesional de Juan de Medici y Brunelleschi supuso el espaldarazo definitivo a la apuesta renacentista.

Es cierto que Juan de Medici murió en 1429, pero su hijo Cosme el Viejo (1389-1464) tomó el relevo. Cosme se enfrentó abiertamente contra la otra gran familia que había dominado Florencia desde hacía décadas, los Albizzi. Los Medici salieron triunfantes a partir de 1434 y en su empeño por hacer de Florencia la más grande de las ciudades italianas promocionaron ese programa político-artístico del Renacimiento. Por supuesto, Cosme el Viejo contó con Brunelleschi, y también con toda esa pléyade de artistas toscanos que ya habían nacido y se habían ido formando en la moda renacentista, como el escultor ya citado Donatello, los pintores Fra Angelico (1395-1455), quien aún se movió a medio camino entre las formas medievales y las renacentistas, o Masaccio (1401-1428), posiblemente, el primer artista que hizo un uso sistemático de la perspectiva cónica. O los arquitectos Michelozzo (1396-1472), que reemplazaría a Brunelleschi como constructor para los Medici, o León Bautista Alberti (1404-1472), uno de los principales difusores de las ideas artísticas florentinas fuera de la Toscana.

Porque hemos de entender que, cuando Brunelleschi murió en 1446, sus innovaciones artísticas ya habían cuajado en todos esos seguidores que acabamos de mencionar, pero el Renacimiento seguía siendo un movimiento esencialmente florentino. De esas élites florentinas que querían tener una marca distintiva, de prestigio, frente a los bárbaros del norte. Pero una marca distintiva, de prestigio, que en el resto de Italia se miraba como una anécdota singular, alguna vez imitada, pues lo que primaba en ese resto de Italia, en Roma, en Nápoles, en Milán, seguían siendo las formas medievales.

Todo iba a cambiar desde mediados del siglo XV, cuando los condotieros, los señores de la guerra italianos, que habían empezado a dejarse ver en las guerras de la Lombardía, desarrolladas entre 1425 y 1454, aspiraron a convertirse en dueños de sus ciudades y crear sus propias cortes, unas cortes que buscaron imitar el prestigio de Florencia y su arte renacentista.

3
HUMANISMO INVENTADO Y HUMANISMO CRISTIANO

Retomemos la idea de partida. En torno a 1400, las élites de la ciudad de Florencia decidieron recuperar el lenguaje de la vieja Roma como una marca distintiva de la superioridad de la Italia de comienzos del siglo XV frente a los bárbaros del norte, encarnados por las tropas imperiales.

Ese Renacimiento fue empleado en las principales manifestaciones artísticas de su tiempo, muchas de las cuales estaban vinculadas con la espiritualidad cristiana. Así, los Medici le encargaron a Brunelleschi arreglar la iglesia a la que acudían, la de San Lorenzo, y levantar una capilla familiar, la Sacristía Vieja.

Por supuesto que había otro tipo de obras. Al propio Brunelleschi, Cosme de Medici le encargó su palacio familiar, el palacio Medici Riccardi, que terminaría por diseñar y ejecutar Michelozzo.

Lo mismo podíamos decir de Donatello, una de cuyas obras más famosas es la escultura del condotiero Gatamelata, en principio, una estatua ecuestre de un militar, no una obra religiosa, aunque el 99 % restante de los trabajos de Donatello sean altares, púlpitos, cantorías o esculturas cristianas, con temas del Antiguo Testamento, como su famoso David en bronce (realizado hacia 1440), o del Nuevo Testamento.

Es decir, estos renacentistas de comienzos del Quattrocento eran, ante todo, cristianos. Pero, además, unos cristianos que hacían manifestación pública de su fe a través de estas obras de arte.

El Renacimiento nunca perderá su carácter de arte mayoritariamente cristiano. Cada príncipe renacentista que encargue su retrato y el de su familia, algunos cuadros de mitología pagana, su residencia palaciega o reúna una buena colección de libros de filosofía clásica, además, encargará muchísimas más obras de arte cristianas, ya sean capillas, iglesias, esculturas, retablos, frescos o publicaciones.

Insistamos en esta idea, el Renacimiento del siglo XV, del Quattrocento, y del siglo XVI, el Cinquecento, fue sobre todo un arte cristiano y, tras la Reforma protestante, esencialmente católico. De partida, de los católicos italianos. Porque los renacentistas florentinos hacen gala de su italianidad con raíces en el mero Imperio romano y también de su indudable fe cristiana.

Después veremos como el Renacimiento se convirtió, sobre todo tras 1527, en el arte de todos los católicos de la cristiandad occidental. Con una raíz clásica, cierto, pero al servicio del cristianismo.

Sin embargo, hay una confusión habitual en la historiografía sobre el Renacimiento a partir de otro fenómeno, más intelectual, que corre en paralelo con el movimiento artístico, el del humanismo.

¿Qué solemos entender por humanismo renacentista? Pues, en gran medida, la actitud de una serie de eruditos de los siglos XV y XVI que se alejaron de la cultura teocéntrica medieval, aquella que supeditaba todo a Dios, para volver a poner al hombre como centro del universo, para lo cual apelaron a los filósofos grecorromanos, que, por ser anteriores al cristianismo, habían podido evitar ese dominio teocéntrico.

Esa creencia de un humanismo renacentista laico tiene su razón de ser. En 1453, Constantinopla cayó en manos de los turcos. Una diáspora de eruditos bizantinos huyó y se instaló en Italia, trayendo con ellos algunos textos de filosofía clásica, sobre todo griega, en algunos casos poco conocidos en la Europa occidental.

La influencia de estos eruditos bizantinos provocó la constitución en 1459 de un cenáculo intelectual en la Florencia de los Medici, conocido como Academia Platónica. Años después, a esa academia llegó un filósofo especialmente rupturista, Giovanni Pico della Mirandola (1463-1494), que abogó por una dignidad humana (en un famoso texto escrito en 1486) defendiendo un antropocentrismo que fue considerado herético. Pero ese antropocentrismo tuvo escasísimo recorrido. Pico della Mirandola se desdijo poco después. Y la academia fue clausurada en 1523, cuando sus miembros se mostraron prorrepublicanos y, por tanto, contrarios a los Medici.

En cuanto al término «humanista», ya aparece en el mundo italiano de finales del siglo XV, sobre todo para referirse a los profesores universitarios de Gramática y Retórica que basaban sus clases en textos de los filósofos clásicos, bien es cierto que para crear nuevos argumentos en favor del cristianismo.

A partir de ahí, en la historiografía se han mezclado ambas ideas: el antropocentrismo de Pico della Mirandola con los retóricos humanistas que traducían a los clásicos. Y, desde entonces, a cualquier erudito del siglo XV que le gustaran los libros o leyera a un filósofo clásico le hemos convertido automáticamente en un humanista antropocéntrico.

La situación se complicó aún más en el siglo XVI con la Reforma de Lutero (1483-1526) que trataba de renovar la iglesia cristiana. Aquí, vamos a tener a personajes como Erasmo (1466-1536), que apoyaba esa renovación del cristianismo sin por ello dejar de ser un hombre profundamente religioso, junto al propio Lutero, que lo que invocaba era un cristianismo mucho más riguroso, mucho más teocéntrico, lo que no ha impedido que estos dos personajes también hayan sido incluidos en el saco de los humanistas.

Resulta necesario despejar este bosque de ideas confusas. Los eruditos y artistas del Renacimiento fueron mayoritariamente cristianos y muy creyentes, lo que no evitó que durante el siglo XV y comienzos del XVI se debatiera mucho sobre filosofía clásica, dejando claro, eso sí, que la meta final era la salvación cristiana. Esa apertura de pensamiento fue cerrada de forma abrupta por los reformadores tipo Lutero o Calvino, que impusieron dogmas muy estrictos.

Ahora bien, esa autonomía de pensamiento a través de la filosofía clásica no era exclusiva del Renacimiento. Los filósofos de los siglos XV y XVI eran hijos de los filósofos medievales que ya tradujeron, leyeron y comentaron ampliamente a los filósofos clásicos, en especial, a Aristóteles (384 a. de C.-322 a. de C.).

Es más, una vez que el cristianismo fue oficializado en la Antigüedad tardía, comenzó por abrazar el neoplatonismo. El idealismo de Platón (h. 427 a. de C.-347 a. de C.) casaba bien con la filosofía detrás de los escritos bíblicos, tal como hizo ver san Agustín ya en el salto del siglo IV al V. Solo que desde el siglo XIII los estudios filosóficos de las escuelas de la cristiandad occidental se centraron más en Aristóteles. No fue una elección gratuita. En 1204, año de la cuarta cruzada, encabezada por los venecianos, en lugar de dirigirse hacia Tierra Santa, se optó por conquistar Constantinopla, y de esta manera muchos de los textos de la filosofía clásica griega llegaron a las bibliotecas de Occidente, donde rápidamente se pusieron a traducirlos al latín.

Es muy conocido el caso de Guillermo de Moerbeke (1215-1286), quien en 1260 tradujo la *Política* de Aristóteles del griego al latín a petición de santo Tomás de Aquino (h. 1224-1274). Es decir, ya había traductores de los filósofos clásicos mucho antes de los retóricos humanistas del siglo XV, una filosofía clásica que no había dejado de leerse durante toda la Edad Media y que desde el siglo XIII giró en torno a los trabajos de Aristóteles.

¿Entonces no fueron los eruditos bizantinos huidos de Constantinopla tras la toma de la ciudad por los turcos en 1453 los que trajeron la filosofía clásica a una Europa occidental ignorante y teocéntrica? No. Esos filósofos, como el cardenal Besarion (1403-1472), trajeron algunos autores menores y, sobre todo, quisieron reivindicar la filosofía platónica, esa que había dominado buena parte de la Edad Media hasta el resurgir de Aristóteles en el siglo XIII.

Por cierto, la mayor parte de la obra escrita del cardenal Besarion fue de carácter teológico. Habiendo sido formado en la Iglesia ortodoxa, su paso a la Iglesia católica le llevó a escribir numerosos tratados acerca de la superioridad del mundo católico sobre el ortodoxo.

Pero no nos quedemos en el terreno de la filosofía clásica, que siempre estuvo viva en los centros de enseñanza medievales. Otra de las características del supuesto humanismo antropocéntrico es la capacidad para poner al hombre en el centro, reclamando a las grandes figuras del mundo grecorromano, tipo Julio César.

En realidad, tener a los grandes gobernantes de la Antigüedad como modelos a los que seguir se había utilizado durante toda la Edad Media en el género llamado espejo de príncipes, con el que se buscaba mostrar las virtudes que había de tener el buen gobernante, tomando continuos ejemplos de los líderes grecorromanos. Entre estos espejos de príncipes tenemos desde la *Via Regia* de Esmaragdo de Saint-Mihiel, escrito hacia el 814, hasta el *De regimine principum* de Egidio Romano, de 1292, que es todo un tratado aristotélico del buen gobierno.

Pero es que, además, en la literatura más popular, los personajes clásicos estaban presentes, y buen ejemplo de ello es *La Alejandreida*, de finales del siglo XII, un largo poema dedicado a la vida y hechos de Alejandro Magno que tendría numerosas traducciones durante los siguientes siglos, aunque hemos de reconocer que los libros de héroes más populares fueron las novelas de caballería, hijas de los cantares de gesta de los siglos XI y XII. De mediados de ese siglo XII ya tenemos la obra de Chrétien de Troyes (h. 1130-h. 1183), que creó la figura del buen caballero cristiano con personajes como Perceval (y su búsqueda del grial) o Lanzarote.

Quedémonos con este dato. Si hubo una literatura exitosa en los siglos XV y XVI, no fue la de los tratados filosóficos basados en el mundo grecolatino ni la de los ensayos teológicos, sino la de las novelas de caballería, y veremos que monarcas como el emperador Carlos V (1500-1558) o los reyes de Francia Carlos VIII (1470-1498) o Francisco I estuvieron realmente obsesionados por imitar a estos caballeros novelescos y no a ningún programa político de un humanista antropocéntrico.

Teniendo entonces claro que ese supuesto humanismo antropocéntrico fue una auténtica rareza, lo que vamos a ver durante el siglo XV, y tal como explicábamos al principio de este capítulo, es cómo el Renacimiento, que había surgido como una marca de identidad propia de los florentinos, insignes italianos y buenos cristianos frente a los bárbaros del norte, se va a ir expandiendo por el resto de Italia hasta que los papas lo hacen suyo tanto para reclamar Italia como dominio pontificio como para demostrar que los más grandes saberes, incluida la filosofía clásica, venían a confirmar la grandeza del Credo cristiano.

4

Documentos falsos y bibliotecas nuevas: los papas de mediados del siglo XV

¿Por qué los papas de Roma, en principio soberanos espirituales de la cristiandad latina, querían reclamar, además, el dominio territorial de Italia?

Esa es una larga historia que comenzó en el momento de la oficialización del cristianismo en el siglo IV.

Los papas habían tenido bienes inmuebles en Roma desde esa oficialización del cristianismo tras el llamado edicto de Milán del 313, pero como propietarios particulares. Unos bienes que fueron creciendo con el paso del tiempo gracias a las donaciones de los fieles.

Al ir acumulando propiedades en Roma, los papas empezaron a tener cierta querencia por convertirse en los señores de la ciudad, aunque tuvieron que seguir reconociendo la autoridad de los soberanos que regían Roma, ya fueran los emperadores de Occidente (hasta finales del siglo V), los reyes ostrogodos (desde finales del siglo V a mediados del siglo VI) o los emperadores bizantinos (desde mediados del siglo VI).

Todo cambió con la invasión de Italia por parte de un nuevo pueblo germano, los lombardos, a finales del siglo VI y que numerosas veces acosaron Roma, prácticamente desvalida por sus soberanos bizantinos.

En el año 712, Liutprando (h. 685-744) fue coronado rey de los lombardos e hizo del catolicismo la religión oficial de su Estado, con lo que quería unificar a romanos (mayoritariamente católicos) con los germánicos (entre los que aún había numerosos arrianos, que ya era una corriente marginal del cristianismo latino).

Liutprando mantuvo una relación compleja con los papas de Roma precisamente por su fervor católico. Si el rey consideraba que el papa no actuaba como un buen cristiano, no dudaba en atacarlo. Pero, con todo, en el año 728, Liutprando le entregó al papa Gregorio II (669-731) una serie de castillos, entre los que destaca el de Sutri, que pasó a quedar bajo el dominio directo de los papas, ya como señores territoriales, sentando así la base de los Estados Pontificios.

A partir de ese momento, los sucesivos papas fueron logrando cesiones territoriales de los diferentes monarcas que reinaron sobre Italia. Tras Liutprando, el siguiente monarca que hará entrega, esta vez sí, de una serie destacada de dominios al papa fue Pipino el Breve (714-768), padre de Carlomagno, en el año 756, en la llamada *Promissio carisiaca*. Los herederos de Carlomagno, los carolingios, no solo respetaron esta donación de Pipino, sino que siempre que pudieron fueron reforzándola.

Fue en ese momento, a mediados del siglo IX, cuando se inventó uno de los documentos más controvertidos de la historia de la Iglesia católica: la Donación de Constantino. En el año 833, Luis el Piadoso (778-840), hijo de Carlomagno, fue desposeído de sus derechos imperiales por sus propios hijos. Buena parte de los obispos carolingios apoyaron la medida. Pero a los pocos meses Luis recuperó el poder.

Muchos de los obispos levantiscos fueron perseguidos y encarcelados, y fue entonces cuando surgió la figura del Pseudo-Isidoro, un falsificador o grupo de falsificadores que comenzaron a crear decretos papales fraudulentos, en muchos casos datados falazmente siglos atrás, en los que se prohibía esa persecución a los obispos. Muchos de estos decretos fueron descartados en la gran recopilación de derecho canónico que realizó Graciano en el siglo XII.

Pero en ese ir y venir de documentos falsos de mediados del siglo IX, la curia papal aprovechó para meter uno más, esa Donación de Constantino mediante la que el papa se convirtió en soberano de la cristiandad occidental o latina. El trato, en ese momento, debió verse justo: el papa aceptó los decretos que salvaron los cuellos de los obispos carolingios y estos defendieron esa primacía papal.

Con todo, la falsificación fue denunciada pronto. Hacia el año 1000, la corte del emperador Otón III (980-1002) puso en duda la Donación de Constantino. No ha de sorprendernos. El título imperial ya no pertenecía a la dinastía de los carolingios, sino a estos otónidas, que no querían hipotecas con el pasado. Es más, Otón III aspiraba a ser emperador no solo en Roma, sino también en Constantinopla, por lo que no quería como rivales a los papas en la parte occidental de ese imperio total.

Precisamente, desde Constantinopla llegó el siguiente ataque contra la Donación de Constantino a mediados del siglo XI, cuando se produjo el cisma entre las Iglesias católica y ortodoxa de 1054 tras un arduo debate entre el papa León IX (1002-1054) y el patriarca de Constantinopla Miguel I Cerulario (1000-1059).

Entre los motivos del cisma estaba la lucha por la primacía en la cristiandad, y uno de los argumentos que el papa mostró fue la Donación de Constantino. Curiosamente, el patriarca constantinopolitano aceptó esa Donación, pero considerando que el papa había hecho mal uso de ella al nombrar emperador a Carlomagno y tras él a todos sus sucesores, con lo que la Donación había perdido su valor.

A partir de ese momento, la Donación de Constantino fue utilizada casi de forma exclusiva durante los siglos XII y XIII por los papas para reclamar su derecho a gobernar Italia frente a las intromisiones del emperador.

En el momento en que los papas trasladaron su sede a Aviñón, en el sur de Francia, a partir de 1309, el interés por Italia disminuyó. Este traslado supuso un duro golpe político para Roma, que perdió su condición de cabecera de la cristiandad latina, y también cultural. Al partir la curia de los papas, Roma se quedó sin buena parte de sus artistas, sus eruditos, e, incluso, una porción nada desdeñable de la biblioteca laterana, que los sumos pontífices llevaban casi diez siglos reuniendo, se marchó a Aviñón. Retengamos este dato. Los papas contaron con una notable biblioteca desde la Antigüedad tardía. Fue este traslado a Aviñón lo que hizo que buena parte se perdiera.

Cuando Gregorio XI (1329-1378) decidió regresar a Roma en 1377, donde murió al año siguiente, se provocó una ruptura de la Iglesia latina, el llamado Cisma de Occidente. Los cardenales que acompañaron a Gregorio XI a Roma nombraron un nuevo papa. Pero un grupo de cardenales rebeldes eligieron otro papa que habría de permanecer en Aviñón.

La cosa se fue agravando con el tiempo. Llegó a haber tres papas a partir de 1409 y luego se fueron sucediendo los concilios que trataron de solventar el problema, hasta que en el de Constanza de 1417 se logró que solo quedase un papa oficial, Martín V (1369-1431), a la cabeza de la cristiandad latina, de nuevo con su sede en Roma.

Pero entonces se abrió una nueva polémica, el llamado conciliarismo, que debatió si la autoridad religiosa final en esa cristiandad latina le correspondía al papa o al concilio. Este debate se mantuvo hasta 1445, cuando se dio por finalizado el llamado concilio de Basilea-Ferrara-Florencia (por haber ido desarrollándose sucesivamente en estas ciudades), momento en el que se volvió a aceptar como autoridad última la del papa, que en esos momentos era Eugenio IV (1383-1447), sucesor de Martín V.

Cuando Martín V regresó a Roma en 1420, se encontró con una ciudad arruinada y, aunque puso gran empeño en rehabilitarla, el problema del conciliarismo le distrajo un tanto de esta actividad edilicia. Martín V murió en 1431 y fue sucedido por Eugenio IV. Este nuevo papa también quiso restaurar la ciudad, pero la presión de los conciliaristas le empujó a partir al exilio, viéndose obligado a residir en Florencia entre 1434 y 1444.

Entre los argumentos que ofreció para reforzar su autoridad, Eugenio IV esgrimió la Donación de Constantino, pero encontró el rechazo de uno de los conciliaristas más destacado del momento, Nicolás de Cusa (1401-1464), quien denunció la falsedad del documento. Nicolás de Cusa con los años pasaría a formar parte de la curia de otro eminente conciliarista, Eneas Silvio Piccolomini, quien, cambiando de postura, llegó a ser papa como Pío II (1405-1464).

Fue entonces cuando entró en escena Lorenzo Valla. Nacido en Roma en 1407, hijo del abogado Luca della Valle, desde muy joven Lorenzo destacó por su dominio de los idiomas, manejando, además del italiano, el latín y el griego. Con solo veintidós años, en 1429, quiso incorporarse a la curia pontificia de Martín V, pero fue rechazado. Comenzó entonces un peregrinaje por diferentes universidades italianas, donde impartió docencia hasta que en 1435 entró al servicio de Alfonso V, rey de Aragón (1396-1458).

Para entonces ya era papa Eugenio IV, quien quería no solo acabar con el conciliarismo, sino restaurar Roma y convertirla en la cabeza de un reino propio en Italia. Para ello, había de enfrentarse en el norte con los Visconti de Milán y en el sur con los reyes de Nápoles. En 1435, había muerto Juana II de Nápoles (1373-1435) y Alfonso V de Aragón, que ya era rey de Sicilia, reclamó el trono napolitano. Eugenio IV se opuso, pero Alfonso V terminó por lograr el apoyo de los milaneses y en 1443 conquistó Nápoles, haciéndose nombrar rey.

Fue durante ese enfrentamiento entre el papa Eugenio IV y el rey Alfonso V cuando Lorenzo Valla presentó en 1440 el *De falso credita et ementita Constantini donation*, donde con argumentos filológicos demostró que la Donación de Constantino era una falsificación de los tiempos carolingios y, por tanto, los supuestos derechos del papa a gobernar sobre Italia no eran válidos, tal como había señalado Nicolás de Cusa, y menos aún el de inmiscuirse en la cuestión napolitana.

No podemos negar que la curiosidad de Valla puede explicar el interés que este estudioso tuvo por analizar la Donación de Constantino, pero es indudable que Alfonso V debió incentivar la investigación buscando quitarle argumentos a su enemigo el papa Eugenio IV.

Es decir, Valla no fue un humanista antropocéntrico empecinado en restarle poder a los papas, sino un erudito que en un momento dado puso su saber al servicio de los intereses políticos del rey de Nápoles, enfrentado en ese momento con los papas.

Es más, el trabajo de Valla no llegó a publicarse en vida de este autor. Como hemos señalado, Alfonso V fue coronado rey de Nápoles en 1443 con el visto bueno de Eugenio IV, quien había de morir en 1447, siendo sucedido por Nicolás V (1397-1455). En el momento en que el papa validó los derechos de Alfonso V, este ya no quiso seguir insistiendo con la falsedad de la Donación de Constantino.

Lorenzo Valla dejó entonces la corte de Alfonso V y se trasladó a Roma, donde entró en la curia pontificia de Nicolás V como encargado de la traducción de obras griegas y allí estuvo hasta que murió en 1457. Su obra sobre la falsedad de la Donación de Constantino no se publicó hasta sesenta años después de morir, ya en plena reforma luterana, por iniciativa del protestante Ulrich von Hutten (1488-1523).

De esta manera, a mediados del siglo XV, los papas seguían reclamando el dominio territorial de Italia y trataron de hacerlo efectivo durante las siguientes décadas, pero sin aún abrazar del todo las modas renacentistas florentinas.

Si acabamos de ver como Valla no fue ese modelo de humanista del que nos hablan, sino un filólogo más entre los muchos que trabajaron los textos clásicos a lo largo de la Edad Media, y que si su nombre ha brillado fue por un motivo político, que no intelectual, centrémonos ahora en la figura de su protector papal, Nicolás V, quien fue el primer pontífice que hizo llegar a Roma, en esos mediados del siglo XV, a los artistas de las vanguardias no solo florentina, sino también borgoñona.

Nicolás V nació en Génova en 1397, siendo su nombre en el siglo Tommaso Parentucelli. Era hijo de un médico y desde joven tuvo afición por los estudios, lo que le permitió trasladarse a Florencia en 1415, donde con solo dieciocho años trabajó como preceptor de los hijos de la familia de banqueros Albizzi.

En 1419, Parentucelli se trasladó a Bolonia, donde se doctoró en Teología, entrando al servicio del obispo y futuro cardenal Niccolo Albergati (1373-1443), uno de los hombres más poderosos de la curia pontificia. Gracias a la estrecha relación con el papa Martín V, el cardenal Albergati logró que su pupilo Parentucelli fuese enviado como diplomático al Sacro Imperio Romano Germánico y, más tarde, a Francia e Inglaterra.

Fue entonces cuando Parentucelli pudo dar rienda suelta a su pasión: los libros, que iba reuniendo allá donde viajaba. Además, aquellos viajes le permitieron conocer las novedades artísticas que se habían fraguado en torno a los duques de Borgoña y que ya se estaban imitando en otras cortes europeas.

Ya hemos visto antes como cuando murió el papa Martín V y fue sucedido por Eugenio IV, este hubo de exiliarse en Florencia entre 1434 y 1444. Gracias a ello, Tommaso Parentucelli, nuestro coleccionista de libros, volvió a residir en Florencia acompañando al papa, donde tuvo ocasión de codearse con la élite intelectual artística florentina, como Leonardo Bruni (1370-1444), traductor al latín de algunos autores griegos, comenzando por Aristóteles y Platón, y que elaboró una notable historia de Florencia justificando la república oligárquica de los Medici. O con Poggio Bracciolini (1380-1459), discípulo de Bruni, quien en su juventud se dedicó a recuperar algunos textos clásicos de, entre otros, Cicerón, Virgilio o Quintiliano, en las bibliotecas de las abadías de Cluny o San Galo. También se relacionó con Ambrogio Traversari (1386-1439), traductor de algunos destacados teólogos de la Iglesia bizantina. Es decir, un grupo de eruditos que se movían por igual en la filosofía clásica, la historia o la teología. En definitiva, lo propio de los intelectuales medievales.

Pero, además, Parentucelli (el futuro Nicolás V) volvió a entrar en relación con el arquitecto León Bautista Alberti, a quien ya había conocido en Bolonia.

En 1444, el papa Eugenio IV ya había regresado a Roma y trataba de renovar la ciudad, en cierta medida, siguiendo las modas florentinas, para lo que hizo que acudiesen a la Ciudad Eterna algunos artistas toscanos, como el Filarete (1400-1469) o Fra Angelico, de quien hablaremos más adelante.

En ambos casos, Eugenio IV pareció optar por los artistas más comedidos. Si observamos la principal obra que el Filarete hizo para el papa, las puertas de la basílica de San Pedro del Vaticano, que se conservan hasta hoy, vemos como las (des)proporciones de las figuras o la forma de conseguir la profundidad, a base de planos superpuestos, aún beben de ciertas tradiciones medievales. Sí, hay un mayor realismo, pero para entonces ya había muerto Masaccio o ya estaba trabajando Piero della Francesca, más dotados para lograr la perspectiva.

Pero, además, a la corte de Eugenio IV llegó un notable artista francés, Jean Fouquet (1420-h. 1481), originario de Tours, en el valle del Loira. No sabemos mucho de la formación de Fouquet, pero es indudable que estuvo claramente influenciado por las modas borgoñonas en pintura y en la iluminación de libros, que fueron las dos actividades a las que dedicó su vida.

¿Por qué viajó a Italia Fouquet entre 1445 y 1448? ¿Por qué llevar a cabo ese «viaje de estudios» cuando la vanguardia artística del momento era el mundo borgoñón? ¿Influyeron las embajadas de Parentucelli por Europa, la última en 1444? Es decir, ¿Parentucelli pudo cruzarse con un joven Fouquet y animarle a viajar a Roma? ¿O Fouquet viajó por su propia cuenta a Roma y allí fue bien recibido en la curia pontificia gracias precisamente al viajero Parentucelli que conocía ese arte borgoñón?

En cualquier caso, Fouquet dejó una impronta clave en el arte italiano. Todo indica que él fue quien popularizó el uso del óleo en Italia. Y, por supuesto, a su vuelta a Francia, donde ya le tenemos trabajando desde 1450, Fouquet supo llevarse las novedades renacentistas. Eso sí, mostrando muy bien cómo utilizar las soluciones florentinas o las borgoñonas dependiendo de sus clientes. De esta manera, podremos tener pinturas de Fouquet más renacentistas, las menos, y otras más dentro de las modas del gótico epatante, las más. E, incluso, una combinación de ambas, como el famoso *Díptico de Melun*, realizado hacia 1452, que Fouquet pintó para la capilla funeraria de Étienne Chevalier (h. 1410-1474), el tesorero del rey Carlos VII de Francia (1403-1461), en la colegiata de Nuestra Señora de Melun, un díptico que hoy se encuentra dividido entre la Gemäldegalerie de Berlín y el Museo Real de Bellas Artes de Amberes.

En la tabla conservada en Berlín, aparece Étienne Chevalier junto a su santo patrón, san Esteban. Las figuras están bien proporcionadas, con un alto grado de detalle y bien insertas en un espacio donde se ha trazado una correcta perspectiva cónica para lograr la profundidad.

Por el contrario, en la tabla derecha, la conservada en Amberes, aparece una Virgen de la leche con el Niño en sus rodillas rodeada de ángeles. El detallismo de las figuras o del trono de la Virgen choca con la irrealidad de la escena (en sus colores, en su composición, en la rigidez de los propios personajes). Algo que encaja bien con cuadros como los de Van Eyck.

Es indudable que Fouquet supo ofrecerle a su cliente, Étienne Chevalier, una solución de compromiso entre las dos vanguardias artísticas de la época, aunque, como señalábamos antes, la mayor parte de la obra de Fouquet, a su vuelta de Italia, siguió los cánones borgoñones, que era lo que, en definitiva, lo pedía el mercado francés para el que trabajó el resto de su vida.

Pero volvamos a la Roma de los papas, donde Eugenio IV murió en febrero de 1447, dejando muchas de sus obras inconclusas. Para sucederle, fue nombrado Tommaso Parentucelli, que se convirtió en Nicolás V.

Entre los primeros logros del nuevo papa, estuvo la firma del Concordato de Viena de febrero de 1448 que puso fin al conciliarismo, al tiempo que logró la renuncia del antipapa Félix V (1383-1451), que había subsistido, en gran medida, por el favor imperial.

Con todo, Nicolás V, tras contar con el visto bueno del emperador Federico III (1415-1493), hubo de ir negociando con cada uno de los príncipes alemanes hasta lograr el visto bueno de todos, en muchos casos, a regañadientes.

En este ambiente de éxito moderado es en el que Nicolás V continuó con el programa de mejora para Roma en general y el Vaticano en particular. El papa quiso aprovechar el hecho de que 1450 era año santo, y con objeto de celebrar ese jubileo Roma se iba a llenar de peregrinos recorriendo las numerosas iglesias de la ciudad buscando la indulgencia plenaria.

De esta forma, Nicolás V pretendió recuperar la ciudad para los romanos, bastante descuidada por la larga ausencia de los papas, y que esas mejoras pudieran ser financiadas gracias a la afluencia de peregrinos.

Comenzó por acondicionar las diferentes iglesias romanas, para lo que hizo llamar a un grupo heterogéneo de artistas, entre los que se encontraban aquellos que se mantenían en la tradición medieval, como Antonio Vivarini, Bartolomeo di Tommaso o Benedetto Bonfigli, con otros que ya se habían apuntado a las modas clásicas, como Andrea del Castagno o Piero della Francesca.

E incluso logró que llegara otro artista del área borgoñona, Rogier van der Weyden.

Nicolás V, además, rehízo las murallas urbanas y, sobre todo, rehabilitó el sistema de distribución de aguas, que databa de los tiempos del Imperio romano. Destaca el trabajo que había de efectuarse sobre el *aqua virgo*, un acueducto del siglo I a. de C., que había de ser rematado por una fuente diseñada por Alberti en el mismo emplazamiento donde hoy tenemos la fontana de Trevi.

La colaboración entre Alberti y Nicolás V, pese a la amistad que les unió, parece que no fue más allá de esta obra hidráulica. Es cierto que cuando Alberti presentó su tratado de arquitectura en 1452, el *De re aedificatoria*, se lo dedicó al papa, pero el arquitecto era un tanto crítico con las obras papales. Alberti soñaba con resucitar la vieja Roma, mientras que Nicolás V se iba conformando con recuperar restos de las ruinas romanas con los que parchear los monumentos que iba arreglando. Volveremos más adelante a la figura de Alberti y sus tratados, pero retengamos esa idea de que el papa Nicolás V no estaba llevando a cabo el sueño renacentista que tenía en su cabeza Alberti. Y retengamos esa idea porque es precisamente uno de los principales adalides del Renacimiento, Alberti, quien no consideró a Nicolás V como un papa renacentista.

Pero más allá de las intervenciones urbanas, la principal apuesta arquitectónica y artística de Nicolás V fue el palacio Apostólico, que comenzó a construir al noreste de la basílica de San Pedro, en el sector que hoy encontramos en torno al patio del Papagallo. La idea era que la sede de los papas se alejara del centro de Roma y se vinculara con más fuerza al Vaticano de San Pedro, es decir, tal como ocurre hoy.

Con todo, esta idea de concentrar el poder pontificio en el Vaticano no fue asumida de manera inmediata por sus sucesores. Así, Paulo II (1417-1471), papa entre 1464 y 1471, se hizo levantar otro palacio Apostólico, el Palazzo Venezia, cerca del Capitolio, pero fuera del Vaticano.

El palacio Apostólico de Nicolás V había de estar constituido por sus apartamentos privados que debían incluir un oratorio propio, así como su estudio personal, al que había de vincularse la rehecha Biblioteca Vaticana.

El oratorio es la conocida como Capilla Nicolina, una estancia cuya decoración fue encargada a Fra Angelico y sus discípulos, que crearon dos series de frescos. Ya hemos visto como Fra Angelico había llegado a Roma en tiempos de Eugenio IV. La primera serie estaba dedicada a san Esteban, diácono del siglo I que fue martirizado en Jerusalén, y la segunda serie a san Lorenzo, otro diácono, pero del siglo III, también martirizado, pero, en su caso, en Roma.

La elección de los temas por parte de Nicolás V no fue gratuita. Por un lado, los restos de ambos santos se encontraban en la iglesia romana de San Lorenzo Extramuros. Pero, además, la historia de los dos diáconos fue sabiamente aprovechada por el papa.

San Esteban fue martirizado después de debatir con el sanedrín de Jerusalén y hacerles ver a sus integrantes que no seguían la palabra de Dios. Nicolás V quiso así hacer una comparación entre el sanedrín judío y los conciliaristas de Basilea, colocándose el propio papa como un perseguido por los injustos (los conciliaristas), como ya le ocurriera a san Esteban (perseguido por el sanedrín).

En el caso de san Lorenzo, el diácono fue condenado tras negarse a entregar los bienes de la Iglesia al emperador, pues los había repartido previamente entre los pobres. El emperador solicitó a san Lorenzo esos bienes tras el martirio del papa Sixto II, al que servía el diácono.

En las pinturas de Fra Angelico, Sixto II aparece con el rostro del papa Nicolás V, quien, de nuevo, aprovechó una historia del santoral para criticar los eventos de su tiempo, pues él, Nicolás, había tenido que pelear con los emperadores para que le permitieran recuperar el dinero de la Iglesia alemana que el papa consideraba necesario para sus obras.

En estas pinturas de la Capilla Nicolina, Fra Angelico mostró su destreza para lograr una composición proporcionada de las figuras humanas, así como establecer una perspectiva válida de los espacios. Sin embargo, y es algo que ocurre en el resto de la obra de Fra Angelico, hay un problema de relación entre las personas, demasiado grandes para los edificios. Sin duda, el artista quería mostrar su dominio de esa nueva perspectiva cónica, al mismo tiempo que evidenciaba su gusto por las arquitecturas clásicas, pero con esa solución de edificios pequeños que le hacía perder realismo y que le devolvía a las desproporciones medievales. Quizás eso fuera lo que Eugenio IV y Nicolás V más valoraron de Fra Angelico: que pese a haber asumido la perspectiva cónica, el resultado final tenía aún un sabor medievalizante que debía ser bien comprendido por el público de mediados del siglo XV.

Junto con su capilla privada, la gran obsesión de Nicolás V fue rehacer la Biblioteca Vaticana, habilitando un espacio al respecto dentro de su nuevo palacio Apostólico, una biblioteca que le ha valido a Nicolás V, también a él, el apelativo de humanista. Veamos, una vez más, por qué es un apelativo incorrecto.

Los papas habían ido reuniendo todo tipo de documentos y códices desde el siglo IV en un incipiente archivo-biblioteca, situado en su palacio de Letrán. Desde el siglo VI, el *primicerius notariorum*, el secretario de Estado papal, se hizo cargo de la supervisión del archivo, y desde el 784 tenemos documentado el puesto de bibliotecario (el primero se llamaba Teofilatto).

Es cierto que los avatares sufridos por Roma a lo largo de la Alta y la Plena Edad Media fueron afectando a la biblioteca, que hubo de buscar nuevos fondos con regularidad. Entre los más destacados, la colección de manuscritos griegos de Federico II

(1194-1250), reunida en la primera mitad del siglo XIII por este emperador de carácter extravagante y vasta cultura, autor él mismo de algunos tratados.

Comenzó entonces el enfrentamiento entre el papado y los reyes de Francia que había de concluir con el traslado de la sede pontificia a Aviñón. En septiembre de 1303, cuando Bonifacio VIII (1230-1303) cayó preso de las tropas francesas en Anagni, la biblioteca en Roma sufrió un primer saqueo.

En 1310, el nuevo papa Clemente V (1264-1314) ordenó trasladar la parte más valiosa de la colección desde Roma a Asís para luego enviarla a Aviñón. Por el camino, se produjo un nuevo saqueo. Con todo, los pontífices lograron reunir una cantidad notable de documentos en su nueva sede aviñonense, la mayor parte de los cuales se quedaron allí cuando Gregorio XI regresó a Roma y hoy están en la Biblioteca Nacional de Francia.

Hubo entonces que comenzar a rehacer la Biblioteca Vaticana con algunos libros que habían quedado en Roma, los pocos que regresaron de Aviñón y, sobre todo, la colección que logró reunir Nicolás V, que llegó a juntar más de mil doscientos documentos.

Para ello, a los libros que el propio Nicolás V había obtenido en sus viajes sumó los que consiguió rescatar de la biblioteca imperial de Constantinopla tras la caída de esta ciudad en manos de los turcos en 1453.

Pero, además, Nicolás V quiso favorecer la difusión del conocimiento, para lo que encargó a Lorenzo Valla la traducción de los textos griegos reunidos (clásicos y cristianos) directamente al latín. Hemos visto antes como Valla había servido a Alfonso V de Aragón en Nápoles contra el papa Eugenio IV al desmontar la falsa Donación de Constantino. Pero con ese conflicto napolitano resuelto, Nicolás V no tuvo inconveniente en contratar a Valla, mientras su trabajo sobre la Donación de Constantino quedaba en el olvido por siete décadas.

Es cierto que la fundación oficial de la Biblioteca Apostólica Vaticana le habría de corresponder al papa Sixto IV con la emisión de la bula *Ad decorem militantis Ecclesiae* de 1475, pero el trabajo más difícil, reconstruir la biblioteca, ya había sido realizado por su predecesor Nicolás V.

Como decíamos antes, esa reconstrucción de la biblioteca le ha valido a Nicolás V en la historiografía el ser considerado como el prototipo de papa humanista. Pero, tal como acabamos de ver, desde el siglo IV los papas trataron de tener una gran biblioteca, de modo que, si cada papa que apostó por hacer crecer la colección de libros del Vaticano fuera un humanista del Renacimiento, tendríamos papas renacentistas durante toda la Edad Media.

Es necesario entender cómo concebían estos papas medievales su labor. La idea era enaltecer al papado, apelando a todos los medios. De ahí que en esa Biblioteca Vaticana hubiera sitio para los saberes clásicos (esos que traducía Lorenzo Valla), pero sobre todo para los teológicos, que eran la mayoría (y que también traducía Lorenzo Valla).

Porque al final, y queda muy claro en el programa iconográfico de la Capilla Nicolina de Fra Angelico, Nicolás V sobre todo defendía su posición como papa, es decir, como el legítimo representante de Dios en la Tierra. Su objetivo no era humanizar el cristianismo, sino seguir supeditando la humanidad a la fe en Cristo, con la ventaja de que, a través de Fra Angelico, se apuntó a las modas renacentistas de Florencia, pero en esa versión más moderada, con un sabor más medievalizante. Es decir, un sí a la vanguardia, pero con prudencia y sin abandonar el objetivo fundamental: poner todos los saberes al servicio de la fe.

Es más, Nicolás V terminaría su papado con una clara reivindicación de su papel como máximo representante de la cristiandad al llamar a los príncipes de Europa a acudir a la cruzada contra los turcos que habían tomado Constantinopla.

5

LA VIEJA CAPILLA SIXTINA

El 29 de mayo de 1453, Constantinopla caía en manos de los turcos otomanos, poniendo así fin al Imperio romano que Octavio Augusto había creado mil quinientos años atrás.

La situación de los bizantinos que resistían en Constantinopla se había vuelto dramática desde 1451 y el último emperador, Constantino XI (1405-1453), había hecho numerosos llamamientos a los príncipes occidentales, comenzando por el papa de Roma, Nicolás V.

Pero el papa, antes de buscar esos apoyos militares, quería que los bizantinos terminasen de aceptar la bula *Laetentur Caeli*, acordada en 1439 en el concilio de Florencia entre los delegados católicos y los enviados ortodoxos del emperador Juan VIII (1392-1448), hermano y predecesor de Constantino XI. En esta bula, se ponía fin al cisma entre católicos y ortodoxos, producido cuatrocientos años antes, solventando las diferencias teológicas entre ambos y reconociendo la superioridad del papa de Roma.

Pero cuando la bula llegó a Constantinopla poco después, buena parte del clero ortodoxo se opuso, y aún estaba su aceptación en debate en 1451 cuando comenzó el sitio otomano de la ciudad.

Si la reacción del papa Nicolás V fue lenta debido a su empeño por la unión eclesiástica antes de enviar ayuda, la de los otros príncipes occidentales prácticamente no existió. El emperador

Federico III amenazó con atacar, pero nada más. Algo similar hizo Alfonso V de Aragón desde su reino en Nápoles. Y los venecianos sí decidieron enviar una flota de auxilio que no llegó a tiempo.

El sultán Mehmed II (1432-1481) entró en Constantinopla ese 29 de mayo tras la derrota y muerte de Constantino XI, y, solo cuando esta noticia llegó a Roma, Nicolás V llamó a la cruzada tratando de unir, para comenzar, a los señores italianos que llevaban décadas enfrentándose entre ellos.

Pero Nicolás V murió en 1455. Su sucesor, Calixto III, que solo gobernó tres años, también se empecinó por llamar a la cruzada, para lo que envió legados por todo el Occidente y hasta Hungría, donde se logró formar un pequeño ejército. Es más, Calixto III vendió parte de su ajuar de mesa personal, así como algunos de los libros más costosos que había conseguido Nicolás V, para financiar ese ejército.

A la cabeza del mismo se colocó al noble húngaro Juan Hunyadi (1406-1456), quien, pese a haber sido ya derrotado previamente por los turcos, esta vez logró soportar el sitio de Belgrado de 1456, derrotando al mismísimo Mehmed II.

Cuando Calixto III murió en 1458, ese espíritu de cruzada había de durar, pero ya de forma muy atenuada. Su sucesor, Pío II, convocó en 1459 un congreso en Mantua con objeto de llevar a cabo una verdadera cruzada. Pero de nuevo, el intento fracasó. El marqués de Mantua, Luis III Gonzaga (1412-1478), había sido el encargado de organizar el congreso. Para su corte trabajaba Andrea Mantegna (1431-1506), quien, al hilo de esta reunión, pintó una *Oración en el huerto*, donde la Jerusalén que aparece en el horizonte es en realidad una recreación de Constantinopla, con varios de sus campanarios coronados por las lunas crecientes de los otomanos, esa Constantinopla que había que recuperar.

Luis III Gonzaga fue uno de esos condotieros de mediados del siglo XV que pelearon para los grandes señores de Italia (Milán, Venecia, Florencia, Génova o Nápoles) hasta que logró construir su propia corte en Mantua, donde quiso replicar el modelo florentino de una corte renacentista como símbolo de una italianidad católica. Eso explica que contratase a artistas como Piero della Francesca, León Bautista Alberti y, sobre todo, Andrea Mantegna. Frente a los dos primeros, formados en la Toscana, Mantegna llegó desde Padua, donde había tenido por maestros a Francesco Squarcione (1397-1468), un apasionado coleccionista de antigüedades, y, sobre todo, a Jacopo Bellini (h. 1400-h. 1470), suegro de Mantegna y quien le mostró las novedades florentinas, a las que Mantegna supo sacarle el máximo partido, como pudo demostrar en una de sus obras cumbre, *Lamentación sobre Cristo muerto*, que el artista pudo concebir para su propia capilla funeraria.

Acabamos de citar a tres artistas. Mantegna y los ya varias veces mencionados Piero della Francesca y León Bautista Alberti. Estos dos últimos formaron parte de los llamados artistas itinerantes del Renacimiento, aquellos que apostaron por viajar en la búsqueda de unos clientes que no habían terminado de encontrar ni en Florencia ni en las otras grandes capitales italianas, como Milán o Roma.

La difusión del Renacimiento les debe mucho a estos viajeros. Era posible que el artista acudiese a Italia a formarse, como pudo ser el caso de Fouquet. O, sobre todo con la popularización de la imprenta, el Renacimiento se difundiese gracias a tratados o grabados (lo veremos en un próximo capítulo). Pero fue más destacada la labor de aquellos artistas formados en Florencia que marcharon a otras cortes.

Es más, tendremos ocasión de ver cómo el arte clásico se difundió por toda la Europa occidental cuando los reyes de ese Occidente empiecen a «importar» artistas italianos. El caso más conocido es el de Leonardo da Vinci (1442-1519), que trabajó para Francisco I de Francia (1494-1547). Pero no deja de ser algo excepcional, pues, por lo general, los artistas viajeros parecían estar en una segunda división: no habían encontrado acomodo en los notabilísimos mercados de Florencia y Roma y habían tenido que emigrar.

Esto no impide que alguno de ellos fuera especialmente dotado y que su obra fuese equiparable a la que se hacía en esas cortes florentina y romana. Como el caso de Mantegna, que acabamos de ver. Con todo, retengamos esa idea de los artistas renacentistas de Italia menos queridos por ese mercado italiano que partieron, porque puede explicar cierto desnivel entre la recuperación del mundo clásico en Italia y los primeros conatos de Renacimiento fuera de la península italiana.

Ahora regresemos a la Roma de los papas. Nos habíamos quedado con Pío II convocando el congreso de Mantua de 1459 para ir a combatir contra el turco, un congreso que no tuvo la participación esperada, por lo que el papa optó por una solución más original. En 1460, hizo circular una carta escrita por él mismo en la que invitaba al sultán Mehmed II a convertirse al cristianismo y, a cambio, el papa le concedería el título de emperador romano. Obviamente, el sultán no aceptó el ofrecimiento.

Pío II, Eneas Silvio Piccolomini en su nombre secular, antes de ser elegido papa había sido un destacado intelectual. Nacido en 1405 en Corsignano, por aquel entonces parte de la República de Siena, en el seno de una familia de la pequeña nobleza local venida a menos, Piccolomini se esforzó por construirse una educación lo más amplia posible, sirviendo a los maestros más señeros del momento en Siena, Florencia o Ferrara.

Ya hemos señalado como en 1431 se convocó el concilio de Basilea que dio origen al conciliarismo, un movimiento que consideraba que la autoridad del papa quedaba por debajo del propio concilio. Piccolomini acudió allí al servicio del obispo de Fermo, convirtiéndose, como también hemos señalado, en fervoroso conciliarista. Pero en los años siguientes fue cambiando de señor, y de opinión, hasta entrar al servicio del emperador Federico III en 1442.

En aquel tiempo, Piccolomini viajó por el occidente y el centro de Europa, al tiempo que escribía buena parte de sus libros, donde había desde relatos históricos (como el que hizo sobre el concilio de Basilea) a poesías, comedias de enredos o novelas románticas, como la *Historia de duobus amatibus*, en la que crea la correspondencia entre Lucrecia, una mujer casada de Siena, y su enamorado Eurialo, servidor del duque de Austria.

Esta imagen del escritor capaz de abordar los temas más variados le ha valido a Piccolomini el ser también incluido en la nómina de los humanistas, olvidando de nuevo la larga lista de intelectuales que fueron capaces de esos gestos de creación literaria durante la Edad Media. Desde los ya antiguos Isidoro de Sevilla (h. 560-636), Beda el Venerable (h. 672-735) o Alcuino de York (h. 735-804) hasta el rey Alfonso X el Sabio (1221-1284), Dante Aligheri (1265-1321), Pedro López de Ayala (1332-1407), Geoffrey Chaucer (1343-1400) o Christine de Pizan (1364-1430), todos autores que pudieron escribir por igual sobre religión, sobre filosofía, tratados políticos o ensayos históricos.

La solución ha sido incluir a muchos de esos escritores en la categoría de prerrenacentistas, sin darnos cuenta de que personas con amplísimas inquietudes intelectuales puede haber, afortunadamente, en cualquier periodo histórico, sin necesidad de apuntarse a una etiqueta (el Renacimiento) para mostrar sus ganas de aprender y escribir.

En 1446, Piccolomini fue consagrado como diácono y en marzo de 1447, como sacerdote. En ese mismo mes, había sido nombrado papa Nicolás V, quien había sido compañero de estudios de Piccolomini años atrás en Florencia. Nicolás V aupó rápidamente a su viejo amigo, haciéndole obispo de Trieste ese mismo año de 1447 y arzobispo de Siena en 1449. En 1456, el siguiente papa, Calixto III, le nombró cardenal. Para entonces Piccolomini ya se había convertido en un ferviente defensor de la autoridad papal frente al concilio.

Como ya hemos señalado antes, a la muerte de Calixto III, Piccolomini, que además se había vuelto furibundo antiturco, fue elegido papa con el nombre de Pío II, organizando de inmediato el congreso de Mantua y llamando a una nueva cruzada que no se produjo.

Esto no disminuyó su empeño por combatir a los otomanos, pero durante su pontificado también tuvo tiempo para dos trabajos muy singulares. Por un lado, los *Comentarii*, escritos hacia 1463, una verdadera autobiografía que le sirvió para explicar tanto los acontecimientos que vivió como su evolución desde el conciliarismo hacia la supremacía papal, una supremacía que quiso reforzar mediante una serie de bulas.

Por otro lado, la mejora de su pueblo natal, Corsignano, que pasó a llamarse Pienza en honor al papa, tras las construcciones que este financió allí. Corsignano era una aldea de origen etrusco. Para mediados del siglo XV, era una pequeña localidad completamente amurallada con una planta rectangular irregular, cuya calle principal atravesaba de manera serpenteante en dirección este-oeste.

A media calle es donde se había levantado una iglesia románica, orientada al este, que fue demolida, junto con otras edificaciones en torno para levantar la nueva catedral y los palacios anexos, abriendo una plaza de forma trapezoidal.

La obra le fue encargada a Bernardo Rossellino (1409-1464), discípulo de León Bautista Alberti. Tradicionalmente, se ha considerado que el trabajo de Rossellino en Pienza es el reflejo de las teorías urbanísticas de Alberti y, con ello, el arranque del urbanismo renacentista.

Sin embargo, hay que tener en cuenta que Alberti no tuvo una teoría urbanística muy desarrollada, y que las referencias que dio ya se daban en el mundo medieval, como la necesidad de buscar lugares saludables para las ciudades o que estas estuvieran amuralladas. Solo en el libro octavo de su tratado de arquitectura entra en la forma de trazar las calles y las plazas. Por ejemplo, que las plazas sean más largas que anchas, que puedan tener soportales e, incluso, algún arco monumental a modo de acceso, y que los edificios de las calles no fueran tan altos como para no permitir la correcta ventilación e iluminación del lugar. Es posible que Alberti estuviera pensando en antiguas ciudades de origen romano.

Pero nada de esto hizo Rossellino en Pienza. Las calles siguieron siendo estrechas y la nueva plaza era más ancha que larga.

¿Dónde se dieron las novedades entonces? En el diseño de los edificios. La nueva catedral sí utilizaba el repertorio clásico que había recuperado Brunelleschi décadas atrás de columnas clásicas, arcos de medio punto y frontones. O en el palacio Piccolomini, que había de convertirse en la residencia de recreo del papa, situado al oeste de la catedral, y que imitaba el palacio Rucellai, que el propio Alberti había comenzado a construir en Florencia en 1446.

Sin embargo, en los otros edificios que cerraban la nueva plaza, el palacio Episcopal al este y el palacio Comunal al norte, esa pureza clásica se diluía.

En definitiva, como ya había ocurrido con Nicolás V cuando encargó la Capilla Nicolina del Vaticano, en Pienza, Pío II requirió una serie de edificios que se apuntaban a las modas que venían desde Florencia, otros seguían las tradiciones medievales y en ningún caso el papa planteó una remodelación total de la ciudad siguiendo un supuesto modelo renacentista.

Podemos pensar que, en realidad, el proyecto no llegó a concluirse por la muerte de Pío II en 1464. Pero es que el corazón de ese proyecto fue la plaza de la catedral y esta sí quedó terminada.

Insistamos en este punto. No es que en Pienza se hiciera un conato de urbanismo renacentista que no llegó muy lejos por ser de los primeros. Es que la ordenación urbana no difería de las formas empleadas hasta entonces en el mundo medieval.

Algo más de diez años antes, a partir de 1452, el marqués de Santillana hubo de rehacer la villa de Torija, en Guadalajara, destruida tras la guerra contra los infantes de Aragón. Y siguió una fórmula similar a la que se emplearía después en Pienza. Un recinto amurallado con una calle principal semirregular que conduce a la plaza principal, donde se abren los edificios más significativos, comenzando por el castillo del señor. Cuando se reconstruyó Torija, Alberti estaba terminando su manuscrito de arquitectura, que no sería conocido en España hasta décadas después. Porque el marqués de Santillana en Torija, como Pío II en Pienza, no estaban haciendo ordenamientos urbanos renacentistas, sino siguiendo soluciones prácticas ya conocidas en la Edad Media.

Como decíamos antes, Pío II no llegó a ver terminados los trabajos en Pienza, pues, empecinado en combatir a los turcos, había vuelto a convocar la cruzada en 1464, para lo que esperaba contar con el apoyo de la flota veneciana. El propio papa acudió al puerto de Ancona para liderar a sus huestes, miles de voluntarios llegados sobre todo desde Alemania y la península ibérica. Pero los venecianos no acudieron. Abandonado y enfermo, Pío II murió en agosto de 1464. El supuesto humanista Pío II murió esperando poder embarcar rumbo a Constantinopla a la cabeza de los cruzados para volver a imponer la voluntad del Dios cristiano en Oriente.

Le sucedió en el trono de san Pedro el cardenal Pietro Barbo, que tomó el nombre de Paulo II (1417-1471). Barbo había nacido en Venecia en 1417. Era sobrino del papa Eugenio IV, también veneciano, quien a su vez era sobrino de otro papa veneciano, Gregorio XII (1406-1415). Estas prácticas nepóticas fueron muy habituales en el papado y aún habrían de permanecer durante décadas.

Es más, el propio término nepotismo deriva del latín *nepote*, sobrino, por ser los sobrinos de los religiosos los que se favorecían del puesto de poder de sus tíos, tal como hicieron estos papas venecianos. Curiosamente, dos de las grandes promesas que Paulo II hizo al comenzar su pontificado fueron acabar con ese nepotismo y organizar, por fin, la cruzada contra los turcos. No hizo ninguna de las dos cosas.

No fueron sus únicas contradicciones. Impulsó la restauración de los antiguos monumentos romanos, aunque aprovechó parte de ellos para su gran obra, el palacio Venecia.

Fundó la primera imprenta de Roma en 1467, favoreciendo la difusión de los textos escritos, pero que debían ceñirse a los autores cristianos.

En este sentido, hizo cerrar una efímera Academia Romana, que existió entre 1464 y 1468 y que fue un cenáculo de literatos, donde destacaron Bartolomeo Platina (1421-1481) o Pomponio Leto (1428-1498), devotos de la literatura clásica y que, incluso, abogaban por recuperar la religiosidad pagana. Algunos académicos llegaron a conspirar, incluso, para instaurar una república en Roma. De ahí el cierre de la academia y el encarcelamiento de sus miembros. Aquellos que fueron liberados, como Platina o Leto, regresaron con ideas menos subversivas.

Años después, en 1478, se reinstauró la academia, ya bajo el patrocinio papal y como sociedad religiosa. Esta segunda academia desapareció con el saqueo de Roma de 1527.

Pero sin duda lo más chocante de Paulo II fue su empeño en adelgazar la administración de Roma (tanto la municipal como la religiosa) con objeto de reducir los gastos, al tiempo que abandonaba el palacio Apostólico que había comenzado a construir Nicolás V en el Vaticano, y se hacía construir una nueva residencia: el palacio Venecia, que ejemplifica bien ese debate que había entre tradición medieval y moda clásica.

Hemos de tener en cuenta que el aspecto que ofrece hoy el palacio Venecia es el resultado de la construcción del monumento del rey Víctor Manuel II (1820-1878) que transformó toda esta parte de la ciudad de Roma, incluyendo la demolición de uno de los pabellones de esa edificación de Paulo II.

El palacio Venecia fue levantado reuniendo varias de las construcciones que rodeaban a la basílica de San Marcos en el Capitolio, un templo levantado ya en el siglo IV y que desde época medieval se convirtió en la iglesia de los venecianos en Roma (recordemos que Paulo II era veneciano).

Frente a la iglesia, el papa pidió al arquitecto encargado de la obra, Francesco del Borgo (1415-1468), discípulo de Alberti, que se habilitase una gran plaza, parte de la cual había de estar ajardinada y donde habían de celebrarse buena parte de los grandes eventos de su pontificado.

El palacio propiamente dicho estaba constituido, primero, por el *palazetto*, que cerraba la nueva plaza por el este y que, junto con los jardines, fue la parte desmontada en 1909 (sería remontada en el ángulo suroeste de forma algo libre); segundo, por el palacio en sí, y, tercero, por la unión entre ambos edificios, la torre de la Biscia. Si vemos imágenes de la estructura original, desde el exterior, tiene un claro sabor medievalizante. Los dos palacios tenían matacanes corridos en su fachada (esos voladizos que permitían atacar en vertical al enemigo que estuviera al pie del muro, pero que ya se habían convertido en un elemento decorativo) que estaban rematados por almenas. La sensación de fortificación se agudizaba aún más con la propia torre.

En los patios interiores, la situación cambiaba. Ahí sí que el arquitecto del Borgo se atrevió a manejar los órdenes clásicos, aunque con ciertas limitaciones, como podemos ver en los pórticos inferiores del palacio, con pilares, que no columnas, rematados por un orden que pareciera corintio.

Ese lenguaje más clásico está mejor resuelto en la nueva fachada que Paulo II requirió para la basílica de San Marcos. La portada está constituida por un pórtico de arcos de medio punto sobre pilares con semicolumnas jónicas que soporta una galería también con arcos de medio punto sobre pilares con semicolumnas, esta vez corintias.

No debió ser una elección gratuita. Para la parte residencial, Paulo II se mantenía en las soluciones de las residencias urbanas fortificadas medievales. Era en el espacio religioso donde sí apostaba por el lenguaje clásico. Veremos que esa idea de vincular espacio católico y arte clásico no cuajaría de inmediato, pero sí estamos ante el antecedente de lo que se hará en la gran Roma renacentista, la del nuevo San Pedro del Vaticano. Es decir, el Renacimiento, como ya hemos anunciado varias veces, estaba llamado a convertirse en el arte católico por antonomasia.

Paulo II murió en 1471. Le sucedió el cardenal Francesco della Rovere, quien había de convertirse en el papa Sixto IV (1414-1484). Nacido en 1414 en una aldea de la Liguria, parece que su familia era de condición modesta.

Francesco fue enviado al convento franciscano de Savona y allí brilló como estudiante, lo que le permitió estudiar en las universidades de Pavía y Bolonia, llegando a obtener un doctorado en Teología, gracias a lo cual logró convertirse en profesor de diferentes universidades hasta llegar a la de Roma, donde captó la atención del colegio cardenalicio hasta ser él mismo nombrado cardenal por Paulo II en 1467.

Muerto Paulo II, la elección de Francesco della Rovere como Sixto IV causó cierta sorpresa. No estaba en la lista de los favoritos y todo apunta a que uno de sus sobrinos, Pietro Riario (1445-1474), pagó a los diferentes cardenales para que eligieran a su tío.

El peso de su familia marcaría el gobierno de Sixto IV. Ya veíamos antes como Paulo II se había comprometido a acabar con el nepotismo, pero con Sixto IV esta práctica aumentó de forma notable. Es cierto que nada más ser elegido papa Sixto IV predicó una nueva cruzada contra los turcos, que financió con los bienes y joyas que había dejado Paulo II, logrando que una coalición de ejércitos italianos atacase Esmirna en 1472. Las operaciones no fueron más allá, porque rápidamente Sixto IV centró su atención en Italia, lanzando su política nepótica.

Así, a buena parte de sus sobrinos, les dio prebendas eclesiásticas. Pensemos que uno de ellos, Giuliano, llegaría a ser papa con el nombre de Julio II (1443-1513). Pero la figura más destacada en esos momentos fue otro de sus sobrinos, Girolamo Riario (1443-1488), convertido en capitán general de la Iglesia y para quien el papa quería crear un principado en el centro de Italia.

El principal escollo en ese momento era la Florencia de los Medici, que habían ampliado sus dominios en la Toscana y amenazaban a los propios Estados Pontificios. Desde 1469, gobernaba la ciudad Lorenzo el Magnífico (1449-1492), cuya relación con Sixto IV se había ido degradando con los años. Los Medici habían sido los banqueros de los papas desde hacía décadas. Sixto IV les quitó el monopolio y lo pasó a otra familia florentina, los Pazzi.

A partir de entonces, aumentaron los roces entre las tropas papales y las de los Medici hasta que, en abril de 1478, los Pazzi, apoyados por Montesseco (†1478), un reputado condotiero del papado, organizaron un atentado contra Lorenzo el Magnífico. La conspiración fracasó. Varios miembros de la familia Pazzi fueron ajusticiados y los florentinos declararon la guerra al papado.

Esta llamada guerra Toscana había de durar de 1478 hasta 1480, cuando, sin cambios reales, los contendientes decidieron firmar la paz debido a la amenaza turca. El sultán Mehmed II, viendo que los italianos peleaban entre ellos, aprovechó para atacar Otranto. El ataque logró ser repelido.

Pero rápidamente, en 1482, el papa y su ambicioso sobrino Riario volvieron a la carga para ocupar Ferrara con la ayuda de Venecia. La guerra terminó en 1484, cuando, tras cambiar de bandos, fue Venecia la que ganó nuevos territorios. Riario no logró su señorío y Sixto IV murió poco después.

En paralelo con estas ambiciones políticas familiares, durante su pontificado, Sixto IV no dejó de ser el gobernante de Roma, además de un teólogo de peso. En la ciudad, retomó los trabajos de urbanismo que ya había emprendido Nicolás V décadas atrás: mejoró algunas calles, construyó un nuevo puente sobre el Tíber, el Ponte Sisto, y reordenó los mercados.

Pero, sobre todo, lanzó la construcción de la nueva capilla mayor que había de servir como lugar de reunión de la corte pontificia. La capilla había de estar dedicada a la Asunción de la Virgen. Sixto IV tenía especial predilección por la devoción mariana. En ese sentido, propició el culto a la Inmaculada Concepción, pese a que ese dogma de la Inmaculada no fue instaurado hasta cuatro siglos más tarde. En relación con esa devoción mariana, Sixto IV promovió el rezo del Rosario, aunque su institucionalización también habría de tardar otro siglo.

Esa capilla mayor es la que hoy conocemos como Capilla Sixtina. Se situó al norte de la basílica de San Pedro, entre esta y el palacio Apostólico de Nicolás V, donde posiblemente ya había una capilla mayor previa. El edificio fue diseñado por Baccio Pontelli (1450-1492), un arquitecto florentino especializado, sobre todo, en arquitectura militar. La ejecución la llevó a cabo Giovannino de Dolci (h. 1435-h. 1485).

Se trata de una capilla rectangular orientada hacia el oeste. En elevación dispone de cuatro plantas. Dos, bajo rasante, que pudieron servir de bodegas (hoy albergan las colecciones de arte contemporáneo); el nivel principal, que es la capilla propiamente dicha, y un piso superior por encima de las bóvedas. Desde este piso superior se accede al adarve sobre matacanes que rodea toda la capilla, lo que, en su momento, hizo de la Sixtina el elemento de fortificación norte de la basílica de San Pedro.

Para garantizar la correcta iluminación de la capilla, se abrieron ventanas en los lados norte, oeste y sur. Las del lado oeste fueron cegadas para posibilitar que Miguel Ángel (1475-1564) pintase *El Juicio Final* setenta años más tarde, momento en el que, además de eliminar esas ventanas, se quitaron las pinturas que decoraban esta parte y que habían sido realizadas por el Perugino (1446-1523).

En este sentido, la decoración de la Sixtina encargada por Sixto IV fue toda una declaración de intenciones de su política papal. Para llevarla a cabo, en 1480 el papa hizo venir al Perugino acompañado de un destacado grupo de artistas florentinos: Ghirlandaio (1448-1494), Botticelli (1445-1510) y Rosselli (1439-1507). No fue una elección casual. Más allá del gusto por la moda clásica que podían encarnar estos artistas, Sixto IV buscaba reconciliarse con Lorenzo el Magnífico tras los años previos de enfrentamiento.

Pero lo hizo a su manera. Porque estos artistas no venían a reproducir las modas neoplatónicas que en ese momento imperaban en la Florencia de los Medici. Sixto IV quiso todo un programa de enaltecimiento del papado. En el lado sur, había de pintarse la historia de Moisés, reflejando la antigua ley. En el lado norte, estaría el relato evangélico, la historia de Cristo, en definitiva, la nueva ley, incluyendo el momento en el que Jesús entregaba las llaves de su iglesia a Pedro y, por tanto, a los papas. Sobre estas dos series de relatos, en los espacios entre las ventanas, se colocaron los retratos de los papas martirizados. Y en el techo (hasta que Miguel Ángel treinta años después repintó las bóvedas) un cielo estrellado. El mensaje era claro: la ley divina (la antigua de Moisés y la nueva de Cristo) que daba la salvación permitía llegar al cielo pero con la intercesión de los papas.

Un mensaje que quedaba aún más reforzado si recordamos que en el muro oeste, donde hoy está *El Juicio Final* de Miguel Ángel, lo que inicialmente había pintado el Perugino era una Asunción de la Virgen con el propio Sixto IV arrodillado frente a María. La Madre de Dios se convertía en encarnación de la Iglesia que llevaba hasta la salvación y, de nuevo, el último peldaño antes de llegar a María era el papa Sixto.

Decíamos antes que Sixto IV había hecho llegar a ese grupo de artistas toscanos en su empeño por congraciarse con Lorenzo el Magnífico tras la conjura de los Pazzi. Pero también había un reconocimiento por parte del papa del éxito de los Medici en Florencia. Un éxito en el que una de sus caras había sido ese programa artístico de recuperación del mundo clásico. De modo que Sixto IV sí dio un paso adelante en el reconocimiento del Renacimiento como una herramienta de proyección política.

Después de todo, hemos de pensar que ese grupo de Perugino, Ghirlandaio, Rosselli y Botticelli ya eran una tercera generación de pintores formados en el espíritu renacentista. Tras la primera de Masaccio y Fra Angelico, contemporáneos de Brunelleschi, quienes habían experimentado con la perspectiva cónica como forma de plasmar la realidad, y tras la segunda generación de Piero della Francesca, que había mejorado esa aproximación a la realidad, estos pintores de la Sixtina ya no tenían que aprender a ser realistas. La formación les venía dada y ahora sí eran capaces de mostrar unos trabajos más consolidados. Me atrevería a decir incluso que con un realismo que superaba al detallismo del mundo borgoñón. En el arte derivado de las novedades borgoñonas, el de los pintores como Van Eyck o Fouquet, el realismo se lograba gracias al dominio del óleo que permitía un nivel de detalle espectacular, aunque luego las proporciones fueran inadecuadas o la volumetría falsa.

Pero con esta tercera generación de los florentinos, ese dominio de la perspectiva y la composición ya podía rivalizar con el detallismo de tradición borgoñona. Y prueba de ello es que, tras los experimentos de Eugenio IV y Nicolás V, que habían hecho venir por igual artistas apuntados a las formas medievales que a las renacentistas, para la Sixtina Sixto IV ya solo quiso pintores renacentistas. La vanguardia florentina había ganado puntos suficientes para que el papa no tuviera que buscar artistas tardomedievales.

Con todo, como hemos visto, Sixto IV no se atrevió a romper por completo con ese mundo medieval, pues la Capilla Sixtina fue concebida arquitectónicamente como una fortaleza gótica. Probablemente el papa consideraba que, mientras en el arte plástico el Renacimiento ya había logrado un impacto destacado, en la arquitectura aún le faltaba recorrido y apostó por lo seguro, esa solución tardomedieval. Al final, estamos ante una capilla-fortaleza decorada con formas renacentistas, pero una decoración que era una loa a la ley cristiana y, sobre todo, al papado como intercesor ante Dios.

A la muerte de Sixto IV, había de sucederle, en el trono de san Pedro, Inocencio VIII (1432-1492), elegido ante la imposibilidad de llegar a un acuerdo entre los dos grupos dominantes del colegio cardenalicio: los Borgia, encarnados por el sobrino de Calixto III, el futuro Alejandro VI (1431-1503), y los Della Rovere, encabezados por el sobrino de Sixto IV, futuro Julio II.

Inocencio VIII fue un papa profundamente religioso. Recortó los gastos suntuosos y militares de Sixto IV. Pero, sobre todo, mostró su preocupación por el riesgo de las herejías. Algunas que podían venir de aquellos eruditos que, como el ya mencionado Pico della Mirandola, trataba de unir el saber cristiano, el judío y el pagano, dando igual valor a todos ellos, lo que le valió su condena.

Asimismo, Inocencio VIII mostró su preocupación por la brujería, y en la bula de 1484 *Summis desiderantes affectibus* aceptó su existencia, abriendo la posibilidad de perseguir a las brujas, algo que comenzaría poco después con la publicación del *Malleus maleficarum* (*Martillo de las brujas*) por parte de dos dominicos alemanes que dieron así comienzo a la caza de las brujas.

Inocencio VIII murió en 1492, siendo sucedido por Alejandro VI Borgia, sobrino de Calixto III. Pudiera parecer que Inocencio VIII había sido un paréntesis en la evolución de la política artística de los papas, en ese acercarse al Renacimiento como emblema de una Italia católica unida bajo un mando único, el de los papas. Pero es que esa idea de que Italia fuera unificada por los papas, que no había dejado de ser más que un deseo, con Alejandro VI se hizo necesaria.

Si el Renacimiento se había puesto en marcha en el momento en que Florencia se vio liberada de las autoridades externas, el emperador y el papa, y se atrevió a lanzarse a la unificación de la Toscana y quizás más allá, reclamando las viejas glorias del Imperio romano frente a los bárbaros del norte, con Alejandro VI los bárbaros del norte regresaron. Se trataba de las tropas imperiales, y, sobre todo, los ejércitos de los reyes de Francia que asaltaron Italia en 1494 y habían de guerrear allí hasta 1559, cuando otro monarca extranjero, Felipe II de España (1527-1598), terminó por imponer su voluntad en Italia.

Fue en esa necesidad de ofrecer una Italia unida frente a los invasores cuando, además de enfrentarse en el campo de batalla, los papas consideraron que habían de enarbolar el Renacimiento como la principal seña de identidad de la Italia católica, sobre todo cuando esos invasores, franceses, alemanes, españoles, seguían dominados esencialmente por las modas borgoñonas tan ajenas al pasado clásico del Imperio romano.

6
LA IMPRENTA Y EL ARTE DOGMÁTICO

Entre los años 27 y 23 a. de C., fueron publicados en Roma los diez libros de la arquitectura de Marco Vitruvio Polión, más conocidos como *De Architectura*. Se trataba de un ensayo que recogía una serie de principios genéricos sobre arte y específicos sobre cómo construir no solo edificios públicos y privados, sino también máquinas, incluidos relojes.

No fue el primer tratado de arte de este mundo antiguo, pues el propio Vitruvio citó obras previas. Eso sí, tras su publicación, Vitruvio se volvió famoso entre los arquitectos. Así, en el trabajo de Frontino sobre acueductos, escrito a finales del siglo I d. de C., se cita a Vitruvio.

También cita a Vitruvio en el siglo IV Rutilio Tauro Palladio en sus tratados de agronomía, en los capítulos dedicados a la ingeniería agrícola, sobre todo, a los acueductos.

Con todo, la referencia más importante a Vitruvio la realizó Marco Cecio Faventino, quien también en ese siglo IV sacó un compendio del *De Architectura* vitruviano, un manual más sencillo, de gran trascendencia en los primeros siglos de la Edad Media.

Es decir, a Vitruvio se le conoció y se le siguió durante el Imperio romano, esencialmente, por una serie de conocimientos técnicos que había explicado en su obra.

Este punto es importante. En principio, Vitruvio no escribió un manual de cómo hacer correctamente un templo o un acueducto, sino todo un tratado de arquitectura, en donde se partía de una visión genérica de lo que había de ser un arquitecto para después ir desarrollando cada una de sus habilidades.

Pero a esos autores que hemos citado (Frontino, Palladio, Faventino) lo que realmente les preocupó de Vitruvio fueron soluciones técnicas precisas, obviando las reflexiones iniciales genéricas sobre qué significa ser arquitecto.

Recordemos que esas reflexiones giraban en torno a tres principios fundamentales: *firmitas*, *utilitas*, *venustas*. Es decir, solidez, utilidad y hermosura. Un edificio debía estar hecho para perdurar en el tiempo y cumplir una función, todo envuelto en unas formas bellas.

Posiblemente, la mayor parte de los arquitectos que ha habido a lo largo de la historia firmen estos principios y cuenten con ellos sin necesidad de haber leído a Vitruvio. Quizás por ello la parte más repetida de la obra vitruviana durante la Antigüedad tardía y la Edad Media fueran sus observaciones técnicas y no las filosóficas.

Pero, además, hemos de preguntarnos el valor que puede tener para un artista leer un tratado del pasado. Por supuesto, ese valor de las enseñanzas técnicas que aporta. Además, conocer las propias obras del pasado para evitar creer estar haciendo algo nuevo cuando solo se está copiando.

En este sentido para un artista puede ser mucho más interesante ver en directo la catedral de Chartres que leer un ensayo sobre el gótico, o estudiar directamente los frescos del panteón de San Isidoro de León en vez de leer acerca de ellos en un manual sobre el románico.

Porque estos tratados en muchos casos son más bien una declaración de intenciones personal del autor, quien, con cierta vanidad, considera que puede establecer determinadas soluciones universales, que en realidad tienen un recorrido un tanto limitado.

Pudiera parecer una herejía considerar que la obra de Vitruvio es más un ejercicio de vanidad que un verdadero vademécum artístico. Pero es que, a la larga, son pocos los artistas que quieran aceptar a pie juntillas un recetario, por profundo que sea, que limite su creatividad. Prueba de ello es que, durante el Renacimiento, cuando Vitruvio adquirió una fama destacada, fue, sobre todo, cuando cada artista que se preciaba de sí mismo escribía su propio tratado partiendo del romano, pero buscando superarlo.

Esto no quiere decir que los artistas no miren y aprendan del pasado. Tal como decíamos antes, lo hacen por capturar las ventajas técnicas (o evitar determinados errores) o por no pasar por un copista sin creatividad alguna. Pero, sobre todo, porque el que aspira a la genialidad solo puede alcanzarla cuando, estudiando el arte del pasado, entiende en qué momento los artistas que le precedieron tocaron ese don de la genialidad.

Mas regresemos a Vitruvio y su influencia en el tiempo. Tal como decíamos antes, allá por el siglo IV, Faventino hizo un compendio del trabajo vitruviano, compendio que había de tener cierto predicamento en la Alta Edad Media. Sabemos que las referencias a la arquitectura que maneja san Isidoro de Sevilla en el siglo VII d. de C. parten de Faventino.

Pero este compendio terminó por ser dejado de lado para recuperar directamente a Vitruvio, que fue copiado y citado a lo largo de la Edad Media.

El ejemplar más antiguo conservado es de comienzos del siglo IX. Posiblemente copiado en la corte carolingia, hoy se conserva en el British Museum (manuscrito Harley 2767). Desde ese momento, Vitruvio fue recurrente hasta el siglo XIV, cuando es citado por autores como Petrarca o Boccaccio.

Es decir, Vitruvio no fue olvidado al caer el Impero romano de Occidente y redescubierto en la Florencia del Quattrocento, cuando el letrado Poggio Bracciolini encontró una copia de Vitruvio hacia 1415-1416 en la biblioteca del monasterio de San

Gall. Esa copia, tal como venimos señalando, era una de las tantas que había de la obra vitruviana por todo Occidente.

Pero es que, además, recordemos, el principal valor de Vitruvio fueron sus recomendaciones técnicas. Y ese tipo de manuales prácticos se siguieron creando durante la Edad Media. El más antiguo conocido es el *Compositiones at tigenda*, del siglo VIII, que trata sobre metalurgia, vidriería y tintados de materiales, un tratado posiblemente elaborado en el mundo bizantino.

Quizás de estos escritos utilitarios el más singular sea el *Schedula diversarum artium*, del siglo XII, firmado por el monje Teófilo, posiblemente un pseudónimo de Roger de Helmarshausen, destacado orfebre del valle del Mosa. En este tratado, volvían a abordarse cuestiones sobre metalurgia, vidrios o pintura.

Entre los temas que abordó Teófilo estuvo la pintura al óleo, demostrando que dicha técnica no fue inventada en Flandes a comienzos del siglo XV, sino popularizada por estos artistas de la corte borgoñona (y traída a Italia por Fouquet, como vimos antes).

De la obra de Teófilo se conservan al menos cinco ejemplares completos y nueve parciales repartidos por toda Europa, demostración de que estos manuales prácticos fueron bien recibidos en los talleres artísticos de la cristiandad.

Pero es que también había una producción de literatura sobre la creación artística en el mundo islámico medieval. Un caso significativo fue el de Abu Ali al-Hasan Ibn al-Hasan, más conocido como Alhacén, que llevó a cabo notables investigaciones en el terreno de la óptica a comienzos del siglo XI.

Su principal obra, el *Kitab al-Manazir*, fue traducida al latín a finales del siglo XII, siendo empleada por los eruditos cristianos de la Baja Edad Media hasta llegar a la Florencia de comienzos del siglo XV, donde los estudios de perspectiva que analizábamos más arriba propulsados por Brunelleschi partieron de ese trabajo de Alhacén.

Por tanto, cuando en 1415 Bracciolini encontró el libro de Vitruvio en San Gall y lo copió para llevarlo a Florencia, Vitruvio no era un desconocido, se había utilizado durante toda la Edad Media. Y la idea de escribir manuales prácticos para los artistas había sido una constante durante toda esa Edad Media.

Entonces, ¿por qué Vitruvio se convirtió en todo un revulsivo del arte italiano del Quattrocento y del arte de Europa occidental en general del Cinquecento? En realidad, por una serie de circunstancias ajenas al valor de la obra en sí.

Por un lado, recordemos una vez más que el objetivo de los florentinos de comienzos del siglo XV era generar un programa político-artístico que les permitiera marcar distancias con los imperiales que desde allende los Alpes asaltaban Italia cada pocas décadas al ser coronado un nuevo emperador.

Frente a esos bárbaros del norte, Florencia se presentaba como la reencarnación del viejo y civilizado Impero romano, y cualquier objeto de ese mundo romano fue enaltecido, incluido el libro de Vitruvio.

Y eso que su supuesto descubridor, Bracciolini, fue un hombre criticado por los más puristas. Bracciolini apostaba por escribir en latín, pero un latín que había de evolucionar con el tiempo, frente a los ciceronianos, como el ya mencionado Lorenzo Valla, que exigían que el único latín válido era el de la Roma clásica (es decir, como si el único castellano que deberíamos emplear hoy fuera el del *Quijote*).

Decíamos que el empeño de recuperar todo lo romano como símbolo de prestigio implicó esa puesta en valor de Vitruvio. Pero aún resultó más importante cuando el texto cayó en manos del ya varias veces mencionado León Bautista Alberti, un ejemplo de esos ciceronianos, de esos defensores de la recuperación del mundo romano sin mácula, pero, en su caso, en el terreno del arte.

Alberti nació en Génova en 1404, hijo de un rico comerciante florentino que se había visto obligado al exilio. El joven Alberti tuvo una amplia educación en Letras, Derecho y Arte en Venecia, Padua y Bolonia.

Llegó a dominar con tanta soltura el latín clásico que en 1424 se atrevió a escribir una comedia, que firmó bajo el pseudónimo de Lépido, haciendo creer a sus coetáneos que era una obra recuperada en un manuscrito de la Roma clásica.

Tras demostrar ese conocimiento fino de la Antigüedad, Alberti se empeñó en casar la gloria de la Roma clásica con las necesidades modernas de su tiempo. Por ejemplo, si bien escribió todos sus libros en latín, él mismo se preocupó en traducirlos al italiano.

En 1434, llegó a Florencia, donde tuvo ocasión de sumergirse en esa recuperación de la vieja Roma que, a su vez, había provocado una serie de innovaciones, como la de la perspectiva cónica de Brunelleschi (a quien Alberti llegó a conocer en persona). Esto le llevó a escribir uno de sus primeros tratados de arte, el *De Pictura*, en 1436, que circuló de forma manuscrita hasta su tardía edición en 1540.

Siguiendo el modelo de Vitruvio, Alberti reflexionó sobre el papel del pintor como artista antes de entrar en una serie de recomendaciones prácticas, como esa de la perspectiva cónica. Y así fue como Vitruvio adquirió su segundo protagonismo.

Si antes decíamos que una de las razones para enaltecerlo, tras su supuesto redescubrimiento por Bracciolini, era que venía desde la Roma clásica, la más importante era que Vitruvio ofreció a estos artistas del Renacimiento la posibilidad no solo de recuperar el arte romano, sino de establecer las normas universales que habían de fijar cómo hacer el arte correcto.

No ha de sorprendernos este ejercicio de soberbia intelectual. Ya hemos visto que, en 1459, por iniciativa de Cosme de Medici, se puso en marcha la Academia Platónica florentina, de la que fue miembro el propio Alberti.

Esa recuperación de Platón encajaba bien en ese espíritu que dominaba a parte de la élite intelectual florentina: establecer una serie de principios racionales, eso sí, sin entrar en contradicción con el cristianismo, que mostrase cómo esa élite intelectual estaba llamada a dirigir a la masa. En definitiva, Platón en todo su esplendor, pues este filósofo clásico creía en un modelo político según el cual el líder militar fuerte se apoyaba sobre un exclusivo consejo de sabios.

Por tanto, el modelo platónico pasaba por establecer las normas que mostraban cuál era el camino correcto de hacer las cosas, incluido el arte, y por admitir que quien sabía seguir esas normas merecía ese plus de reconocimiento por el que abogaba Alberti cuando decía que el pintor había de superar el estatus de artesano.

En realidad, Alberti erró en su forma de abordar el arte. Por un lado, no podía constreñir la creatividad del artista a una serie fija de normas. Pero es que, además, creadores de arte que habían sabido trascender desde el papel de mero artesano al de artista genial habían existido durante toda la Edad Media, con reconocimiento social y éxito económico incluido, sin haber tenido que ceñirse a esas normas rígidas albertianas.

Es posible que para 1450 Alberti hiciese un segundo tratado, el *De statua*, aunque la fecha es discutida. Su publicación se efectuó en 1464, siendo el único ensayo de arte que Alberti vio editado en vida.

Siguiendo ese empeño de normativizar toda la creación artística, Alberti escribió un nuevo tratado, esta vez sobre arquitectura, en 1452, el *De re aedificatoria*. En él, Alberti partió del libro de Vitruvio, dividiendo su trabajo en diez partes, como ya había hecho el arquitecto romano.

Pero, obviamente, Alberti hubo de actualizar el trabajo de Vitruvio. Así, al hablar de los edificios públicos, una parte importante la dedicó a la construcción de las iglesias (algo que Vitruvio, quien nació y murió antes de Cristo, por supuesto, no podía conocer).

Otro añadido interesante de Alberti fue el último capítulo, dedicado a la restauración. Desde el momento en que estos artistas del Renacimiento tenían que resolver cómo preservar el legado llegado desde la Roma clásica había que plantear esas técnicas de restauración.

El *De re aedificatoria* de Alberti no fue publicado hasta 1485, trece años después de la muerte de su autor, que había acontecido en 1472. Es decir, ese trabajo de Alberti no tuvo una repercusión inmediata, pues solo circuló como manuscrito entre unos pocos entendidos.

Eso sí, en el momento en que se imprimió el tratado de arquitectura de Alberti se consideró necesario editar el de Vitruvio, que había permanecido también en forma de manuscrito. Esa primera edición de Vitruvio fue realizada en Roma en 1486 bajo la supervisión de Fra Giovanni Sulpicio (†h. 1490).

De esta manera, esa versión de Vitruvio corregido que era el trabajo de Alberti quedó opacada casi de inmediato por la edición del Vitruvio original. Pero, sobre todo, porque rápidamente comenzaron a aparecer otros tratados de arquitectura de otros teóricos que consideraban que ellos sí podían establecer los principios correctos de la arquitectura válida.

Así, en 1465, Antonio Averlino, conocido como el Filarete, a quien vimos antes trabajando en la corte del papa Eugenio IV, culminó su *Trattato d'architettura*, profusamente ilustrado y que había de circular en manuscrito durante siglos, pues no fue publicado hasta 1894.

Filarete había nacido hacia 1400 en Florencia y se formó en el taller de Ghiberti. A partir de 1433, comenzó a trabajar en Roma y en 1451 ya estaba en Milán. Allí, además de continuar con su trabajo como escultor y también como arquitecto, se lanzó al proyecto de redactar su tratado a partir de 1460 en un extenso diálogo entre el autor con el duque de Milán, Francesco Sforza (1401-1466), y el hijo de este, Galeazzo (1444-1476).

Partiendo tanto de Vitruvio como de Alberti (citó a ambos), Filarete fue más lejos que sus predecesores. No apostó por establecer una forma adecuada de construir los edificios, sino una ciudad entera, un modelo ideal al que denominó *Sforzinda* en honor de sus patronos.

Aquí sí estaríamos ante un primer tratado urbanístico renacentista, concluido en 1465, por tanto, seis años más tarde de haberse iniciado los trabajos de Pienza, recordemos, la ciudad natal de Pío II, cuya reforma se ha considerado el primer ejemplo de la aplicación de esos tratados que, sin embargo, se escribieron años después.

Filarete no solo trató de escribir un manual práctico, sino todo un ensayo a la gloria de los príncipes, en este caso, los Sforza, los únicos con el nivel óptimo para entender el valor de esa ciudad ideal diseñada por el artista. De nuevo, el modelo platónico de que solo la élite intelectual podía hacer las grandes obras.

Por cierto, en su tratado, de 1465, Filarete criticó abiertamente la arquitectura que se hacía en ese momento en Milán y a la que denominó como moderna, aunque hoy en los manuales esa arquitectura del Milán de mediados del siglo XV la conocemos como gótico tardío. Es normal que Filarete hablase de una mala arquitecta moderna, pues, para él, la buena arquitectura solo podía ser la antigua de la Roma clásica.

Una vez más, frente a la obsesión de muchos historiadores actuales de ver el Renacimiento por doquier en esa Italia de mediados del siglo XV, los que vivieron ese tiempo solo veían edificios góticos.

El modelo defendido por Alberti y Filarete de crear el manual de la obra de arte perfecta no sería ya retomado hasta varias décadas después, con el trabajo de Serlio (1475-1554), a partir de

1541. Es posible que las vicisitudes políticas vividas por los señores italianos a finales del siglo XV no fueran propicias para que los eruditos escribieran nuevas obras defendiendo una arquitectura ideal romana como modelo para los príncipes del Renacimiento en un momento en el que las tropas francesas fueron cayendo en sucesivas oleadas sobre Italia a partir de 1494.

Sí hubo, sin embargo, al menos, dos tratados más, de esos que hemos de calificar como eminentemente prácticos. Uno de ellos es el *Trattato di architectura civile e militare*, de Francesco di Giorgio Martini (1439-1501).

Giorgio Martini fue un arquitecto sienés nacido en 1439 que se formó inicialmente como pintor. Pero desde 1475, ya en la corte de Urbino, mostró sus habilidades como ingeniero, que plasmó en una primera obra menor sobre cómo construir.

La corte de Urbino fue otro de esos señoríos de condotiero, como la que veíamos antes en la Mantua de los Gonzaga. En el caso de Urbino, estuvo bajo el dominio de Federico de Montefeltro (1422-1482), buen amigo de Luis III Gonzaga. El duque de Urbino también se hizo rodear de una corte de artistas renacentistas, como el citado Giorgio Martini o el omnipresente Piero della Francesca, que se convirtió en el pintor favorito de Montefeltro.

Federico de Montefeltro se vio envuelto en la conjura de los Pazzi de 1478, cuando Sixto IV trató de eliminar a los Medici de Florencia. Cuando estalló la guerra posterior, con Montefeltro del lado del papado, Giorgio Martini se dedicó, sobre todo, a levantar fortificaciones para su señor. El resultado de su experiencia edilicia lo plasmó en su tratado de arquitectura civil y militar antes mencionado, con una primera parte aparecida hacia 1481 y una segunda ya elaborada en la década de 1490.

Giorgio Martini murió en 1501 sin que su obra fuera editada, algo que no ocurriría hasta 1841. Pero el manuscrito corrió de mano en mano y sabemos que Leonardo da Vinci lo tuvo. La copia anotada por Leonardo se conserva hoy en la Biblioteca Laurenziana de Florencia.

Precisamente, a Leonardo le debemos el segundo tratado de fines del siglo XV de carácter eminentemente práctico. En concreto, el *Libro della pittura*, un ensayo que pudo haber estado concluido en 1498, pero que no vio la luz hasta 1540, cuando Francesco Melzi (1491-1570), discípulo de Leonardo que había heredado los manuscritos leonardescos a la muerte del maestro, decidió empezar a distribuirlo. Con todo, su edición no habría de llegar hasta un siglo más tarde, publicada en francés e italiano en París en 1651.

El *Libro della pittura* muestra todas las obsesiones de Leonardo de hacer de la pintura una actividad científica a base de estudiar la naturaleza una y otra vez hasta lograr una comprensión plena de esa realidad. Todo ello, apoyado sobre un largo repertorio de técnicas de dibujo.

Frente a los modelos platónicos defendidos por Alberti y Filarete, Leonardo partía del principio aristotélico de que solo podíamos llegar a la verdad a través de los sentidos. No había por qué empecinarse en buscar un supuesto modelo ideal del que el artista solo era capaz de mostrar un reflejo.

Es decir, Leonardo no abogaba por establecer un recetario abocado a un resultado único, el arte ideal, sino por mostrar las herramientas con las que contaba el pintor (el punto, la línea, la superficie, el cuerpo, la sombra, el color…), a partir de las cuales crear, sin definir un resultado único.

A la larga, Leonardo siguió el modelo ya empleado por Brunelleschi. Partir del original, en el caso de Brunelleschi, las ruinas romanas, pero muy pronto, tras entender estas, dejarse llevar por su creatividad en el pórtico de los Inocentes o con la invención de la perspectiva cónica. Lo llamativo es que un tipo como Alberti, que había descubierto ese Renacimiento a través del propio Brunelleschi, quisiese ponerle puertas al campo con sus tratados.

Unos tratados que habrían de popularizarse a medida que la imprenta se fue imponiendo a partir de 1467, en muchos casos acompañados de unos grabados que resultaban más atractivos para los artistas que las explicaciones anexas. ¿Esos grabados podrían imponerse como la forma de hacer el arte perfecto, tal como hubiera querido Alberti? Aunque la pregunta que realmente se plantearon esos artistas de finales del siglo XV fue: ¿cuál es el arte perfecto?

7

LAS BATALLAS DEL ARTE: LEONARDO CONTRA MIGUEL ÁNGEL

El 23 de mayo de 1498 fue ahorcado el monje dominico Girolamo Savonarola (1452-1498) en la plaza de la Signoria de Florencia. Su cuerpo fue incinerado y sus cenizas, arrojadas al río Arno.

Savonarola había tomado el poder en Florencia en 1494, tras derrocar a Piero de Medici, el hijo de Lorenzo el Magnífico, y había instaurado una república teocrática que se oponía tanto al gobierno mundano de los Medici como a las aspiraciones imperialistas de los papas de Roma.

Para lograr afianzar su poder, Savonarola contó con el favor del rey de Francia Carlos VIII, quien había invadido Italia en ese año de 1494, reclamando el trono de Nápoles y considerando además que él era el nuevo Carlomagno que venía a salvar a la Iglesia de la corrupción.

Pero Carlos VIII fue derrotado en Nápoles, regresó a Francia y allí murió, en un accidente, en abril de 1498. Al llegar la noticia a Florencia, cansados de sus abusos, los florentinos depusieron a Savonarola y lo ejecutaron.

La muerte de Savonarola no supuso el regreso de los Medici. La república quedó en manos del gonfaloniero Pier Soderini (1450-1522). Miembro de una ilustre familia florentina, había trabajado para los Medici y ejercido como embajador en Francia. Sin hijos que le heredasen, sin vicios aparentes, grave y elocuente, los florentinos consideraron que Soderini era la solución y le nombraron gobernador vitalicio a partir de 1502, puesto que ocupó hasta que Florencia fue recuperada por los Medici en 1512 con la ayuda del papa Julio II.

Tras los excesos teocráticos de Savonarola, Soderini decidió recuperar el modelo de la Florencia clásica que se había puesto de moda un siglo atrás y que ya estaba siendo imitado en toda Italia. Para ello, reunió a los artistas más reconocidos del momento y lanzó un ambicioso programa decorativo para cantar las glorias de la República Florentina.

El objetivo principal a partir de 1503 fue la decoración de la sala de los Quinientos, una estancia de gigantescas dimensiones que Savonarola había ordenado acondicionar dentro del Palazzo Vecchio, la sede de la Signoria. El monje dominico quiso esta gran sala donde reunir a unos mil quinientos ciudadanos en sesión continua y así evitar que regresara un gobierno oligárquico como el de los Medici.

Soderini decidió reutilizar la sala como sede de su administración. En la pared este, estaría situada su tribuna y, a cada lado de la misma, sendos cuadros de dos batallas históricas vencidas por los florentinos, la de Cascina, encargada a Miguel Ángel, y la de Anghiari, encomendada a Leonardo da Vinci. Es cierto que ninguna de estas dos pinturas se conserva y la sala de los Quinientos que conocemos hoy es la que acondicionó Vasari en la segunda mitad del siglo XVI, pero contamos con algunas copias y grabados que nos permiten reconstruir cómo fueron esos cuadros de batalla.

Leonardo nació en 1452 en Vinci, una localidad situada a una veintena de kilómetros de Florencia. Fue hijo ilegítimo de Piero Fruosino, letrado florentino, quien, sin embargo, se preocupó por la formación del niño Leonardo, una educación un tanto heterogénea, pues mostró facilidad para las matemáticas o el dibujo, pero menos por el latín y los textos clásicos.

En 1469, antes de cumplir diecisiete años, Leonardo entró como aprendiz en el taller de Andrea del Verrocchio, un notable escultor y pintor florentino, ya de la segunda generación de artistas renacentistas, que además fue maestro de aquellos destacados pintores que decoraron años más tarde la Sixtina, como Botticelli o Ghirlandaio, quienes eran algo mayores que Leonardo.

En el taller de Verrocchio, Leonardo tuvo la oportunidad no solo de mejorar sus dotes para el dibujo o la pintura, sino que también experimentó con la carpintería, la metalurgia, la química o la mecánica.

Para 1478, con veintiséis años, Leonardo se independizó de su maestro. Poco después sufrió su primera decepción profesional, cuando en 1481 la mayor parte de los colegas con los que se había formado en el taller de Verrocchio, los citados Botticelli, Ghirlandaio, y también el Perugino, fueron llamados por Sixto IV al Vaticano, pero él no fue incluido en la partida.

Aquí hemos de recordar el debate estético que se vivía en esos años en Florencia. Ya hemos visto antes como en 1459 Cosme el Viejo había establecido en Florencia un cenáculo erudito, que fue conocido como la Academia Platónica. Una academia que había nacido por la influencia de los filósofos bizantinos huidos desde Constantinopla tras la caída de esta ciudad en manos de los turcos en 1453.

También hemos visto como el relativo éxito del neoplatonismo de esa academia se debió a la corriente filosófica que se extendió por toda Italia buscando el modelo aristocrático de Platón, según el cual el buen tirano, rodeado por su consejo de sabios, era el que había de gobernar la república. En el caso de Florencia, el buen tirano señor eran los Medici. Y sus sabios, los miembros de la academia.

Pero, además, en esa Academia Platónica se abrió un debate estético, que para entenderlo nos va a obligar a remontarnos varios siglos atrás, cuando el cristianismo se oficializó en el siglo IV.

En ese momento, las religiones paganas se caracterizaban por un culto desaforado a las imágenes que llevó a los primeros cristianos a hacer un uso limitado de las representaciones realistas de las personas sagradas del cristianismo (Dios, Jesucristo, la Virgen, los apóstoles). Hemos dicho un uso limitado, pero no totalmente excluido. Sobre todo, porque se buscaron unas imágenes que fueran identificables, pero no realistas.

Es decir, una escultura del Apolo pagano trataba de ser una representación, en piedra o en metal, de un hombre verdadero con determinados atributos que permitían identificarle como Apolo. La escultura debía ser lo más realista posible hasta el punto de confundir la estatua con el propio dios.

Pero en el mundo cristiano, durante la Antigüedad tardía, las imágenes fueron perdiendo verisimilitud. Jesucristo aparecía como un ser humano, era identificable, pero como un ser humano esculpido o pintado sin un verismo total. Algo así como si fuera el personaje de un tebeo. La razón: alejarse de las formas de representación paganas que podían llevar a la idolatría.

Esa situación aún sería más radical durante el siglo VIII, cuando se provocaron las guerras iconoclastas en el Imperio bizantino. Ya había comenzado la expansión del islam, que para esos comienzos del siglo VIII llegaba desde el norte de África hasta Persia. Para distinguirse de los cristianos, los musulmanes habían adoptado una actitud totalmente anicónica. Las figuras sagradas no podían representarse. En Bizancio se abrió entonces un debate sobre si las imágenes cristianas, por poca verosimilitud que tuvieran, no eran del agrado de Dios.

El problema iconoclasta perduró en el mundo bizantino hasta comienzos del siglo IX e influyó también en la cristiandad occidental hasta que al final se aceptó el uso de las imágenes, acentuando esos rasgos que mostraban que la imagen no era un reflejo de la realidad.

Esa idea de inverosimilitud se mantuvo en el mundo bizantino hasta la caída de Constantinopla. Pero en la cristiandad occidental, desde el siglo XII, las imágenes fueron ganando realismo, algo que quedó ya patente en el siglo XIII (más arriba ya hemos citado a estos escultores realistas medievales, como Nicola Pisano o Pierre de Montreuil).

Insistamos en esta idea. Si los artistas medievales hasta ese siglo XII huían del realismo, no fue por falta de capacidad, sino porque el «mercado teológico» no se lo permitía. Podían ser acusados de idolatría.

¿Qué había cambiado en ese siglo XII para ir volviendo progresivamente a formas más realistas? Por un lado, el capricho de los clientes, por lo general, miembros de la élite política y, sobre todo, eclesiástica, que valoraban la belleza propia del naturalismo. Por otro lado, el propio éxito del cristianismo occidental sobre el islam. Pensemos que el siglo XII fue el momento en que los cruzados cristianos lograron recuperar Tierra Santa de manos de los musulmanes. Más tarde serían expulsados, pero la sensación de que era posible derrotar al islam se mantuvo (con lo que el aniconismo islámico perdió prestigio).

Pero quizás lo más importante es que las imágenes sagradas desde esos siglos XII-XIII cambiaron su función. No solo portaban una historia, algo que habían hecho desde la Antigüedad tardía, sino que debían hacerlo añadiendo cierto sentimiento. Pensemos en el famoso *Ángel de la sonrisa* de Reims, esculpido hacia 1240. La idea no era representar un ángel, hacía siglos que se esculpían ángeles, sino que ese ángel mostrara un ánimo, un sentimiento, en este caso, de alegría.

Solo unas décadas antes de esculpirse el ángel de la sonrisa se había dado una interesante reforma entre las órdenes religiosas cristianas latinas, con la creación de los mendicantes (dominicos, franciscanos), que sacaban a los monjes de los monasterios para que vivieran entre el común de la gente. Esa normalización de la vida religiosa es la que también manifestaba el ángel de la sonrisa. Como cualquier otra persona, los ángeles sentían y lo expresaban.

Después de todo, para 1400, cuando Ghiberti y Brunelleschi disputan por ver quién hacía un sacrificio de Isaac más impactante, no se duda sobre el realismo de las figuras. Se debatía sobre la forma de conseguir ese realismo. Porque esa había sido la dinámica desde el 1200 al 1400: cómo lograr figuras cada vez más naturalistas al tiempo que se lograba que la totalidad de los fieles las aceptaran después de siglos de rechazo de ese naturalismo que podía ser idolátrico.

Pensemos que, en esa disputa, los vencedores no fueron los florentinos, sino los borgoñones, los Claus Sluter y compañía, que, como hemos visto antes, además de tratar de ser muy realistas con sus figuras, sobre todo intentaron darle la mayor cantidad posible de sentimiento: esos monjes plañideros de la tumba del duque de Borgoña que realmente están apesadumbrados por la muerte de su señor.

Es decir, el Renacimiento no recuperó la representación realista. Eso ya había ocurrido desde siglos antes. Sencillamente, se planteó cómo lograr el mayor grado de realismo, y la idea inicial fue imitar las esculturas clásicas, tal como hizo Ghiberti y como dejó formulado Alberti en su tratado *De statua*, que veíamos en el capítulo previo.

Pero tras ese arranque basado en la imitación de las obras romanas, que Alberti quiso hacer canónico, muy pronto los artistas comenzaron a investigar nuevas soluciones, porque los empeños de un Alberti por establecer un modo único de hacer chocaban con las ganas de los artistas por crear e innovar.

A la Academia Platónica de Florencia de los Medici también llegó este debate estético desde un punto de vista, obviamente, de la filosofía platónica. Si Platón consideraba que la realidad no era más que el pálido reflejo de un mundo ideal perfecto, el objetivo del artista debía pasar por tratar de recuperar ese mundo perfecto. Y eso a pesar de que Platón tenía dudas sobre la capacidad de los artistas para lograrlo al considerar que ellos solo imitaban una realidad que ya era una imitación en sí misma del mundo ideal.

Pero más allá de estas dudas del propio Platón, los neoplatónicos florentinos se plantearon cómo reflejar ese mundo ideal. Se ha considerado que los pintores que Sixto IV se llevó al Vaticano formaban parte de esta corriente platónica, en especial, Botticelli, mientras que Leonardo no seguía esos principios y por eso fue descartado. Sin embargo, repasemos la cronología para ver hasta qué punto esta idea es acertada.

Los pintores que partieron hacia el Vaticano lo hicieron a finales de 1480. Para ese momento, Botticelli ya había realizado una serie importante de obras, la mayor parte religiosas, además de algunos retratos por encargo. En esas obras, había ido mostrando el dominio que se había alcanzado en la Florencia de su tiempo en la representación de la tercera dimensión, así como en los detalles, pese a pintar mayoritariamente a la témpera y no al fresco (que permite un mayor grado de detallismo).

Botticelli antes de partir para Roma aún no había entrado en el supuesto debate estético platónico, algo que sí hará con las obras que pintará a su regreso de Roma, cuando haga las obras sobre mitología clásica. Sixto IV, por tanto, no se llevó a Botticelli por su pintura platónica, que haría después de su paso por el Vaticano. De modo que tampoco rechazó a Leonardo por no ser platónico. Hubo muchas otras razones. Botticelli había mostrado su capacidad para enfrentarse a encargos importantes y resolverlos bien. Leonardo, más joven, tenía menos obra y una constante en su vida fue la de no llevar a buen puerto muchos de sus trabajos.

Sixto IV no era un papa platónico. Ya hemos visto antes como si apostó por el Renacimiento florentino en la decoración de la Capilla Sixtina fue porque consideró que los pintores renacentistas habían logrado ya un realismo con un grado de impacto que le resultaba útil al papa para el programa político-teológico que quería mostrar en el Vaticano: la ley divina expresada a través de Moisés y Jesucristo permitía la salvación con la intermediación de los papas. Porque la pintura renacentista, gracias a su efectismo, ya lograba transmitir mejor ese mensaje es por lo que Sixto IV apostó por ella.

Decíamos que los trabajos platónicos de Botticelli los hizo a su regreso del Vaticano, a partir de 1482. Y aquí tenemos algunos de los cuadros más famosos del Renacimiento, como *La primavera*, *El nacimiento de Venus* o *Venus y Marte*.

¿Estos cuadros son platónicos por tratar temas de la mitología clásica, quizás una mitología que había sido postergada durante la cristianísima Edad Media? No. En la Edad Media, la mitología clásica había sido una fuente recurrente gracias a la carga simbólica que desprendía. Los personajes, héroes y dioses de la mitología clásica, servían como ejemplo de fortaleza, templanza, ira, fracaso.

Es más, si hubo una imagen mitológica recurrente fue la propia Venus, Afrodita para los griegos. Recordemos que la guerra de Troya comenzó con el juicio de Paris, cuando este príncipe troyano hubo de elegir qué diosa era más bella, Hera, Atenea o Afrodita.

Los relatos sobre la guerra de Troya fueron habituales en la Edad Media y más aún desde que, hacia 1170, Benoît de Sainte-Maure escribió el *Poema de Troya*, que sería numerosas veces reproducido y versionado. En italiano está la versión de Guido delle Colonne, de finales del siglo XIII. En español, la versión llamada de Alfonso XI, de comienzos del siglo XIV.

Muchos de los manuscritos sobre esta destrucción de Troya estaban acompañados de miniaturas donde aparecía ese juicio de Paris y, por tanto, la imagen de Afrodita-Venus.

Entonces, Botticelli no es platónico por utilizar la mitología clásica. En realidad, Botticelli planteaba en sus cuadros mitológicos en torno a Venus un debate platónico, pero no de orden estético, sino sobre la diferencia entre el amor espiritual y el amor terrenal, que estarían encarnados por la Venus celeste y la Venus terrestre. Es decir, en Botticelli no hay un arte neoplatónico, sino un uso del arte para mostrar una teoría neoplatónica.

Aun podríamos tener un tercer argumento, este muy cuestionado. Si el arte platónico buscaba el mundo ideal que la realidad había deformado, no parece pertinente que los personajes mitológicos pudieran ser retratos de personas reales y hay toda una corriente historiográfica que defiende que la Flora del cuadro de *La primavera* o la Venus del *Nacimiento* era Simonetta Vespucci, una joven florentina, fallecida en 1476 con solo veintitrés años, de la que estuvo enamorado Juliano de Medici, el hermano de Lorenzo el Magnífico. Que en esos cuadros mitológicos (y en muchos más) esté retratada Simonetta Vespucci, como decimos, es causa de debate entre los historiadores. Pero lo que sí es claro es que Botticelli pintó en todos esos cuadros a la misma mujer.

Por tanto, cuando Leonardo en 1482 dejó Florencia para irse a Milán al haber sido ignorado por los papas no fue por una cuestión estética neoplatónica. Esa estética neoplatónica había de llegar años después de la mano de Miguel Ángel.

Decíamos que, en 1482, Leonardo se trasladó a Milán, donde comenzó a trabajar para Ludovico Sforza (1452-1508), quien por entonces era el regente de la ciudad y, a partir de 1494, el duque titular. En Milán, Leonardo destacó como ingeniero militar, sin abandonar sus trabajos en pintura y escultura.

Entre los encargos que recibió estuvo la escultura ecuestre para Francesco Sforza, padre de Ludovico. Leonardo hizo bocetos de docenas de caballos, pues para él la representación más realista era aquella que copiaba directamente la naturaleza; de ahí la necesidad de dibujar una y otra vez del natural hasta conseguir esa imitación perfecta.

Esta idea es clave y será la que enfrente a Leonardo con Miguel Ángel en las pinturas de batallas de la sala de los Quinientos.

En 1498, Ludovico Sforza fue derrotado por los franceses y hubo de huir a Alemania. Leonardo permaneció en Milán al servicio de los invasores. Pero Ludovico regresó un año después, y Leonardo fue quien tuvo que marcharse, primero a Venecia y luego a Mantua.

Fue desde allí donde en 1503 regresó a Florencia para recibir el encargo de Soderini de pintar la batalla de Anghiari, una batalla ocurrida en 1440 en la que los florentinos, aliados con los venecianos y con el apoyo del papa, habían derrotado a los milaneses dentro de las guerras lombardas que habían agitado Italia a mediados del siglo XV. La elección de Anghiari no fue gratuita. Hasta la caída definitiva de Ludovico Sforza a manos de los franceses en 1501, Milán había aspirado a ser la cabeza de Italia, el lugar que los florentinos consideraban suyo, para lo que, entre otras cosas, habían puesto en marcha el Renacimiento en 1400.

Para 1503, Soderini, aliado de los franceses, pensaba que Florencia podía volver a ocupar ese puesto de privilegio, y qué mejor que recordarlo con la victoria más destacada de los florentinos sobre los milaneses.

Leonardo concibió su obra como un encuentro entre guerreros a caballo que se envolvían en la pelea por encima de una serie de infantes caídos. Aunque la idea inicial era mostrar la victoria de la república (encarnada por la nueva Florencia) sobre la tiranía (de los gobiernos de los condotieros, empezando por el de Milán), Leonardo prefirió exhibir la brutalidad de la guerra.

Que los guerreros estén a caballo no nos ha de extrañar. Primero, porque la batalla de Anghiari fue, sobre todo, un encuentro entre caballeros. Y, segundo, porque Leonardo supo sacar partido de todos los estudios previos que había hecho en Milán y que ahora iba a renovar de caballos al natural.

Pero también sacó partido de todos esos otros bocetos al natural que había hecho a lo largo de su vida observando en los campos de batalla. Porque para Leonardo, insistamos, el arte había de partir de la realidad y tratar de ser lo más fiel posible a ella. De modo que había que copiar y copiar y copiar del natural, utilizando todos esos recursos realistas que habían desarrollado los renacentistas, hasta lograr la imagen más fidedigna posible.

Frente a esta actitud naturalista leonardesca estaba el modo, este sí, platónico de pintar de Miguel Ángel.

Miguel Ángel Buonarroti nació en la villa toscana de Caprese en 1475. Era, por tanto, veintitrés años más joven que Leonardo. Se crio desde pequeño entre canteros, algo que el propio Miguel Ángel explicó que le marcó su gusto por la escultura. Y eso que su padre quiso ofrecerle una educación más intelectual, haciéndole seguir clases de gramática. Pero ya desde 1488, cuando solo tenía doce años, entró en el taller de Domenico Ghirlandaio, un artista de la misma generación de Leonardo y a quien vimos trabajando junto a Botticelli en el Vaticano.

El jovencísimo Miguel Ángel comenzó a frecuentar el jardín de San Marcos, en Florencia, donde Lorenzo el Magnífico exhibía las esculturas clásicas que habían logrado reunir los Medici. Es más, Miguel Ángel llegó a conocer y a tratar a Lorenzo el Magnífico, que quedó sorprendido por las habilidades del muchacho hasta el punto de instalarle en su propia casa.

Retengamos la fecha de su entrada en el taller de Ghirlandaio: 1488. Dos años antes, como parte de las actividades de la Academia Platónica, Pico della Mirandola había presentado su *Discurso sobre la dignidad del hombre*, que, ya hemos visto más arriba, fue el único texto antropocéntrico del Renacimiento florentino. Pico della Mirandola fue condenado poco después y obligado a exiliarse. Regresaría en 1492 a Florencia, donde pasó los dos últimos años de su vida, hasta su asesinato en 1494.

Las andanzas de Pico della Mirandola y también las de Marsilio Ficino (1433-1499), director de hecho de la Academia Platónica, hubieron de influir en el impresionable Miguel Ángel joven, aunque no tanto el Pico della Mirandola antropocentrista como el Ficino platónico convencido que abogaba por esa búsqueda del ideal perfecto.

Decimos que no tanto la vertiente antropocentrista porque cuando comiencen las prédicas de Savonarola en 1494 contra la licenciosa y mundana vida de los Medici, poco acorde con los buenos cristianos, Miguel Ángel fue de los que creyeron en los valores que defendía Savonarola. Es más, desde ese momento, Miguel Ángel orientará su arte hacia lo sagrado, pero con esa obsesión por un arte ideal, perfecto, platónico. Entendamos bien esta idea. Miguel Ángel fue un cristiano convencido. Podía considerar que la actitud de los papas no era nada loable (más él, que conoció a muchos pontífices), pero Miguel Ángel fue un creyente convencido y su actitud platónica fue una elección estética, no filosófica, no teológica.

Con todo, cuando las prédicas de Savonarola llegaron a tal punto que la caída de los Medici era inevitable, Miguel Ángel huyó de Florencia. Volvería brevemente a finales de 1495. Para entonces su fama de escultor ya había trascendido hasta el punto de que fue llamado a Roma, donde esculpió una de sus obras más conocidas, la *Piedad vaticana*.

Para 1501, Miguel Ángel había vuelto a Florencia, en donde ya gobernaba Soderini. Fue entonces cuando recibió el encargo de la fábrica de la catedral de hacer una escultura en mármol del rey David. Cuando la obra estuvo finalizada en 1504, Soderini consideró que era demasiado buena para no aprovecharla dentro de su programa de enaltecimiento de la república, de ahí que terminó por ser colocada en la plaza de la Signoria. Con esa aura de éxito fue por lo que a Miguel Ángel le encargaron el segundo cuadro de batalla para la sala de los Quinientos.

Le correspondió la batalla de Cascina. Ocurrida en julio de 1364, las tropas florentinas habían derrotado a las pisanas, momento que supuso el comienzo del declive de la ciudad de Pisa, que sería finalmente conquistada en 1406. En 1494, con la llegada de Carlos VIII de Francia, Pisa se había liberado del yugo florentino. Pero ahora Soderini quería reocupar la ciudad y al recordar Cascina el mensaje era claro para los pisanos: mejor bajo el dominio de Florencia que en el olvido.

Cuando en 1364 las tropas florentinas se acercaban a Cascina, decidieron hacer un alto y aprovechar la cercanía de un río para refrescarse. Fue entonces cuando las tropas pisanas atacaron y los soldados florentinos hubieron de vestirse rápidamente para acudir a la batalla. Ese es el momento que Miguel Ángel decidió pintar. Frente al horror de la guerra muy realista que había planteado Leonardo, Miguel Ángel optó por ofrecer un amplio estudio del cuerpo humano desnudo en esa búsqueda de la figura perfecta, platónica.

A la larga, a Miguel Ángel no le preocupaba la batalla en sí. Sencillamente, quería aprovechar el magnífico escenario de la sala de los Quinientos para mostrar su ideal artístico. No había que imitar la naturaleza, había que superarla.

Es más, las figuras de Miguel Ángel llegaron a ser irreales. Es indudable que el artista conocía el cuerpo humano, que sabía cómo funcionaba la estructura muscular, cómo se manifestaba en las posiciones más inesperadas. Pero ese conocimiento de la realidad no le valía a Miguel Ángel. Él quiso inventar una figura humana que superase la realidad. Al observar las pinturas de Miguel Ángel, por ejemplo, en los frescos de la Sixtina, podemos tener la sensación de que los pintados son excesivamente musculosos, demasiado fornidos. Y es cierto. Porque Miguel Ángel no quería mostrar el mundo tal como era. Frente a la obsesión de Leonardo de copiar y copiar hasta ofrecer algo que fuera profundamente real, Miguel Ángel quiso crear su modelo de mundo perfecto, el ideal platónico.

¿Quién ganó en esta guerra entre el naturalista Leonardo y el idealista Miguel Ángel? De partida, ninguno de los dos. Las investigaciones más recientes indican que Leonardo comenzó a pintar la batalla de Anghiari siguiendo la técnica del encausto, pero falló y en realidad no fue más allá de unos primeros esbozos. No es que la pintura se perdiera con el transcurso del tiempo, es que nunca se hizo.

Por su parte, el trabajo de Miguel Ángel no pasó del nivel de boceto. Antes de dar una sola pincelada en la pared, se había vuelto a Roma, donde le reclamaba el papa Julio II.

De ahí que conozcamos ambas batallas a partir de dibujos preparatorios o de copias realizadas por artistas posteriores que pudieron ver los cartones originales, o las copias de los cartones originales, como ocurre con la versión que Rubens (1577-1640) dibujó de la batalla de Anghiari.

Pero si hemos de ser sinceros hay que reconocer que, en cierta medida, ganaron ambos. La solución naturalista de Leonardo encontró acomodo en la formación habitual de los artistas, que, en las academias de bellas artes, hasta hoy, han de pintar del natural una y otra vez.

En cuanto a Miguel Ángel, pudo pintar a lo grande su propuesta de figuras idealizadas en los frescos de la Sixtina (lo veremos más adelante). Pero su obsesión por que sus pinturas se convirtieran en el modelo perfecto de idealismo no cuajó.

Generaciones de artistas han acudido a ver *El Juicio Final* para admirar al maestro, pero sobre todo para entender cómo pintar el cuerpo desnudo. Eso sí, muy pocos replicaron tal cual las figuras de Miguel Ángel. Porque sí hay seguidores al pie de la letra de Buonarroti y los veremos en el capítulo final dedicado a El Escorial. Pero la mayor parte de aquellos que han ido a contemplar la obra de Miguel Ángel, han estudiado la composición, la forma de la musculatura, cómo se llega a forzar el cuerpo, pero luego cada artista ha adaptado lo aprendido a su propia forma de hacer.

Por otro lado, siempre pensando en los copistas de Miguel Ángel en El Escorial, esas copias se hicieron porque los frescos de Buonarroti se consideraron apropiados para el mundo católico en el inicio de la Contrarreforma. Y ya. No hubo más réplicas *a posteriori*.

Y, por supuesto, hay millones de visitantes que acuden al Vaticano a ver la Sixtina por todo el mito que rodea al propio Miguel Ángel y su compleja vida. Pero tampoco ahí solemos encontrar a quienes consideren que están viendo el modelo acabado de la belleza ideal.

De modo que Miguel Ángel ganó fama eterna por ser él, pero no por su propuesta platónica.

No es de sorprender. Cuando los papas Alejandro VI Borgia y Julio II della Rovere asumieron plenamente el Renacimiento florentino como reivindicación de la superioridad de la Italia católica no solo contaron con el buen hacer de Miguel Ángel para la reforma del Vaticano. Otra serie de artistas destacados, como Bramante (1443-1514) o Rafael (1483-1520), también llegaron para dejar su huella sin estar movidos por esa obsesión platónica.

8
LA ROMA DE LOS BORGIA

El papa Borgia Alejandro VI, junto con sus hijos, César (1475-1507) y Lucrecia Borgia (1480-1519), son de los personajes del Renacimiento que más literatura de conspiraciones, crímenes y ambiciones han producido. Pero más allá del pontífice taimado, una visión en la que hoy ya pesa más la ficción que la realidad, Alejandro VI fue el hombre que siguió abriendo las puertas al Renacimiento en su afán de situar al papado como dueño político de Italia, además de soberano espiritual de la cristiandad occidental. Es cierto que los hechos de armas no le acompañaron, de modo que hubo de ser su sucesor (y su peor enemigo), Julio II, quien tratase de rematar esa ambiciosa política.

¿Por qué fue un cardenal de origen español, Alejandro VI, quien trató de poner a los papas de Roma como cabeza de Italia?

Hemos de remontarnos casi medio siglo atrás. Hemos visto como el papa Nicolás V, aquel coleccionista de libros que logró refundar la Biblioteca Vaticana, no había sido capaz de enviar ayuda al emperador bizantino y en 1453 Constantinopla cayó en manos de los turcos. Quiso entonces organizar una cruzada, pero murió en 1455, antes de lograrlo.

Fue entonces cuando se eligió como nuevo papa a Calixto III, en el siglo conocido como Alfonso de Borja. Alfonso había nacido en 1378 en Canals, cerca de Jávea, en el reino de Valencia. Era miembro de una familia de labriegos, lo que no le impidió estudiar con aprovechamiento hasta llamar en 1411 la atención de Benedicto XIII, el papa Luna (uno de los papas que gobernaron la cristiandad occidental durante el cisma que veíamos más arriba), comenzando entonces su carrera en la jerarquía eclesiástica Alfonso de Borja.

Pero pronto cambió de señor, pues a partir de 1416 entró al servicio del rey Alfonso V, aquel que terminó por convertirse en soberano de Nápoles, pese al rechazo de los sucesivos papas. En ese conflicto napolitano, Alfonso de Borja mostró una singular habilidad como mediador, lo que le hizo ganar puntos en la curia vaticana. Cuando el papa Nicolás V murió en 1455, las diferentes facciones romanas buscaron entonces un hombre de consenso y el elegido fue Alfonso de Borja, convertido en Calixto III.

En el momento de su elección, Calixto III ya tenía setenta y siete años, por lo que todo apuntaba a que su pontificado habría de ser breve. Su capacidad para negociar y lograr consensos resultaba necesaria en un momento en que había que unir a todos los príncipes italianos y también al resto de la cristiandad latina para ir a la cruzada. Además, el nuevo papa se había caracterizado por una vida austera que casaba bien con esa urgencia por recortar gastos para centrarse en la lucha contra el turco.

Pero Calixto III tenía una debilidad: sus sobrinos, en especial, los hijos de su hermana Isabel, Pedro Luis (1426-1458) y Rodrigo, el futuro Alejandro VI, a los que hizo llegar a Roma en 1449. Pedro Luis fue el primero de los Borgia que mostró su interés por dominar la política italiana, para lo que acumuló los cargos militares vinculados al papado y aspiró, incluso, a convertirse en rey de Nápoles. Pero poco después de morir Calixto III, Pedro Luis enfermó gravemente y murió en septiembre de 1458 (si no es que fue asesinado).

Mejor suerte corrió el otro sobrino de Calixto III, Rodrigo, que ha pasado a la historia, con su apellido ya italianizado, como

Rodrigo Borgia. Nacido también en Játiva en 1431, había llegado junto con su hermano Pedro Luis a Roma en 1449, pero con la idea de hacer una carrera eclesiástica. Rodrigo estudió Derecho en Bolonia, donde se doctoró en 1456.

En ese momento, su tío ya era papa y lo nombró cardenal, y un año después, en 1457, vicecanciller de la Iglesia romana, lo que le convirtió en el segundo a la cabeza del papado solo por detrás del pontífice. Rodrigo fue capaz de retener este puesto, gracias a su buena gestión, durante más de tres décadas y con cinco papas diferentes, un cargo al que sumó sucesivos obispados, destacando el de Valencia, que ostentó desde 1458 hasta 1492.

Cuando murió Calixto III, fue sucedido por Pío II. Ya hemos explicado cómo este papa mandó rehacer su ciudad natal, Pienza, donde, además de reedificar la actual catedral, se hizo construir un palacio de recreo para sí mismo y un segundo palacio para su favorito, Rodrigo Borgia.

Muerto Pío II en 1464, fue sucedido por Paulo II. Rodrigo Borgia no perdió el favor del nuevo papa, a pesar de su vida licenciosa. En 1468, nació su primogénito, Pedro Luis, al que siguieron dos hermanas, Jerónima e Isabel. Aún tendría cuatro hijos más: César (nacido en 1476), Juan (en 1478), Lucrecia (en 1480) y Jofré (en 1481).

Tras la muerte de Paulo II en 1471, fue elegido papa Francesco della Rovere, que pasó a llamarse Sixto IV. Para lograr su nombramiento, Della Rovere contó con el buen hacer de su sobrino Pietro Riario, que supo repartir prebendas entre los electores, y también con el apoyo claro de Rodrigo Borgia.

Poco después, Rodrigo Borgia fue enviado a Valencia, desde donde pasó a Castilla para legalizar el matrimonio de Isabel (1451-1504) y Fernando (1452-1516), los futuros Reyes Católicos, que, siendo primos, se habían desposado en 1469 sin contar con la dispensa papal. Además, como enviado papal, dio su bendición a que Isabel se convirtiera en la futura reina de Castilla.

Comenzó así una relación que habría de dar grandes frutos para ambas partes.

Como ocurrió a la muerte de Calixto III, cuando Sixto IV falleció en 1484, sus sobrinos quisieron seguir formando parte de la élite romana. Uno de ellos, Girolamo Riario (1443-1488), que había acumulado los cargos militares, cayó en desgracia y terminó por ser asesinado en 1488. Su otro sobrino, Giuliano della Rovere, por el contrario, supo permanecer en la curia pontificia e, incluso, convertirse en el líder de uno de los dos bandos más influyentes en el Vaticano frente al partido encarnado por Borgia.

Pero en la elección papal de 1484 ninguno de estos dos partidos logró colocar a su candidato y se buscó uno de compromiso. El elegido fue Inocencio VIII, a quien ya hemos mencionado por su obsesión por combatir las herejías y la brujería.

Durante su papado, Inocencio VIII logró restaurar las buenas relaciones con la Florencia de los Medici, a los que se había enfrentado su predecesor, Sixto IV. Para reforzar esta amistad, Inocencio VIII logró que su hijo Francisco (1449-1519), porque Inocencio VIII fue otro de esos cardenales que tuvo varios hijos antes de ser nombrado papa, se casara con una de las hijas de Lorenzo el Magnífico, Magdalena (1473-1519).

A cambio, el papa nombró cardenal a otro hijo de Lorenzo, Giovanni (1475-1521), cuando solo tenía trece años. Este nombramiento sería transcendental, pues muchos años después Giovanni terminó siendo papa como León X.

Cuando el papa Inocencio murió en 1492, los cardenales Borgia y Della Rovere volvieron a enfrentarse por el trono de san Pedro.

El elegido fue Rodrigo Borgia, que pasó a llamarse Alejandro VI. Lo curioso es que, pese a su vida licenciosa y su amor por la riqueza y el lujo, el papa Borgia era un hombre con unos principios teológicos muy claros, algo de lo que quiso dejar constancia cuando habilitó sus estancias personales dentro del palacio Apostólico del Vaticano, los apartamentos Borgia, rematados por una torre y situados al norte de la ampliación que había realizado a mediados del siglo XV el papa Nicolás V.

Hoy esos apartamentos se encuentran ubicados justo debajo de las estancias que Rafael pintó para el papa Julio II y sirven como lugar para exponer parte de la colección del arte católico contemporáneo. No es casualidad. Julio II se hizo construir sus propios apartamentos y quiso colocarlos sobre los de Alejandro VI para demostrar su superioridad sobre el Borgia.

Hay dos elementos que llaman la atención en estos apartamentos Borgia. Primero, su estructura arquitectónica. Las estancias se cubren mediante arcos apuntados y bóvedas de crucería. Para ese entonces en el Vaticano ya se habían empleado soluciones más clásicas con arcos de medio punto, como en la Capilla Nicolina. Pero aquí Alejandro VI optó por una solución constructiva tradicional. En gran medida, lo que había hecho Sixto IV cuando levantó la Capilla Sixtina con una solución medieval, más allá de que las pinturas ya respondieran a las formas renacentistas.

El segundo elemento singular de los apartamentos Borgia son los componentes decorativos más allá del programa iconográfico. Por ejemplo, la azulejería del suelo, que bien puede remontar a tradiciones alfareras valencianas (de donde venían los Borgia), aunque ya en el siglo XV ese tipo de cerámica se producía en Italia, bien es cierto que una mayólica italiana que imitaba la del Levante español. O la forma de vertebrar el propio programa iconográfico en una serie de lunetos a modo de cavidades, o los casetones del techo, con cierto sabor mudéjar. Se ha insistido mucho en ese punto mudejarizante apelando a los orígenes hispanos de Alejandro VI. Pudiera ser, pero quizás para el papa Borgia era más importante apelar a la tradición que encarnaban estos sistemas constructivos de modo que su programa teológico no fuera tan rupturista. De nuevo, siguiendo el modelo de Sixto IV. Vamos a contar una historia que utiliza las soluciones del Renacimiento florentino, pero la envolvemos en una arquitectura más tradicional para que pueda ser asumida por los clérigos más conservadores.

Ese programa pictórico teológico le fue encargado a Pinturicchio (1454-1513) y su taller. Pinturicchio había nacido en Perugia en 1454 y su primera formación pudo darse con algunos pintores de la Umbría, aunque sabemos que también pasó por Florencia, donde debió verse influenciado por el taller de Verrocchio. Pensemos que Pinturicchio forma parte de la misma generación que Botticelli o Leonardo. Es más, todo apunta a que Pinturicchio colaboró con el Perugino en los frescos que este hizo para la Capilla Sixtina, con lo que con la elección de Pinturicchio por parte del papa Borgia vemos una nueva continuidad entre el programa artístico de Alejandro VI y el que tuvo Sixto IV.

Ese programa se desarrolló, como hemos dicho, en los apartamentos Borgia a través de seis salas. En la primera, encontramos doce lunetos. En cada uno de ellos, estaban emparejados un profeta bíblico y una sibila (las profetisas del mundo clásico). La idea que se quería transmitir es que la verdad podía llegar tanto de la boca de emisarios veterotestamentarios como de la de paganos, con lo que Alejandro VI mantuvo ese maridaje del texto bíblico y la filosofía clásica que había cruzado toda la Edad Media hasta llegar al siglo XV. Pensemos que esa solución de unir profetas y sibilas la retomará décadas después Miguel Ángel para el techo de la Sixtina, mostrando cómo Miguel Ángel no inventó nada ahí, sino que continuó lo que ya había establecido Alejandro VI, a su vez heredero de la tradición medieval.

La siguiente habitación de los apartamentos Borgia es la sala del Credo, donde los profetas del Antiguo Testamento quedaban emparejados con los apóstoles, volviendo a aunar la vieja ley y la nueva ley, algo que ya había utilizado Sixto IV en la iconografía de su Capilla Sixtina.

La siguiente sala era la de las Artes Liberales, donde se exhibían los símbolos de las siete disciplinas que formaban el *trivium* y el *quadrivium*, la base de la educación clásica que se siguió empleando durante la Edad Media. Recordemos, la gramática, la lógica, la retórica, la aritmética, la geometría, la música y la astronomía.

El mensaje aquí era que la adquisición del conocimiento, siguiendo los parámetros clásicos, era necesaria, sin que eso impidiera asumir el mensaje teológico, superior, que se exhibía en las dos siguientes estancias. Porque la siguiente sala era la de los Santos, donde ya se apelaba a la necesidad de la fe, incluso con el riesgo de perder la vida por defender esa fe.

Y a continuación llegaba la sala de los Misterios Teológicos (la Concepción, la Natividad, la Resurrección, la Ascensión, Pentecostés…). Verdades absolutas que habían de ser asumidas más allá de cualquier raciocinio. La formación intelectual quedaba así plegada a la verdad revelada.

Todo este recorrido terminaba en la sala de los Pontífices, que sufrió un aparatoso accidente en 1500, perdiéndose la decoración original, por lo que el colofón de todo este programa teológico era que el camino de la verdad estaba tutelado por los papas.

Como vemos, en estos apartamentos Borgia no se rechazaba ni la mitología clásica (encarnada por las sibilas), ni la formación académica (representada por el trivio y el cuadrivio). Sencillamente, todo quedaba supeditado a la verdad teológica custodiada por los papas.

En realidad, este fue el verdadero humanismo renacentista. Lejos de ser un humanismo antropocéntrico que rechazaba la teología cristiana, apelando solo a la filosofía clásica, lo que Alejandro VI mostró fue un maridaje razonable entre el mundo clásico y el mundo cristiano, algo que se había venido dando durante la Edad Media, pero ahora con ropajes artísticos renacentistas.

Este será el humanismo que también defiendan los escolásticos de Salamanca y del que, curiosamente, se alejará un Erasmo de Róterdam más proclive a los textos cristianos que a los clásicos.

En ese sentido, el papa Borgia se caracterizó por su capacidad por aceptar las culturas que estaban fuera del cristianismo. Poco antes de ser nombrado papa, en marzo de 1492 los Reyes Católicos habían expulsado a los judíos de sus reinos. Alejandro VI tuvo a bien recibirlos en sus Estados Pontificios, aunque sí persiguió a los criptojudíos, aquellos seguidores de la ley de Moisés que decían haberse convertido al cristianismo, pero que seguían practicando el judaísmo.

De igual manera, en octubre de 1492, Cristóbal Colón llegó a América y los Reyes Católicos solicitaron a Alejandro VI que confirmase la soberanía castellana sobre los territorios descubiertos, lo que se hizo mediante las bulas alejandrinas, que servirían de base para el tratado de Tordesillas de 1494 firmado entre Castilla y Portugal, en donde limitaron sus áreas de influencia allende los mares.

Pero, además, en esas bulas alejandrinas, el papa se interesó por la suerte de los pueblos americanos, considerando que su cristianización debía ser la prioridad. Es decir, entendía que venían de una cultura pagana, pero que era posible salvar sus almas mediante la evangelización.

En definitiva, una aceptación de tradiciones diferentes, tal como hemos visto en los apartamentos Borgia, donde la estructura arquitectónica se apoyaba en las formas medievales (tardogóticas o mudéjares), pero la manera de presentar la iconografía ya responde a las modas clásicas venidas de Florencia. Una vez más, Alejandro VI no buscaba ningún tipo de sincretismo religioso, pero sí consideraba que desde diferentes caminos se podía alcanzar la salvación cristiana.

Todo este programa de aceptación paulatina del Renacimiento que desarrolló Alejandro VI en los apartamentos Borgia había de tener un complemento político. No bastaba con hacer de Roma la cabeza de una cristiandad que asumía el Renacimiento como la herramienta para transmitir esa teología del dominio papal. Era necesario que la Roma de los pontífices también se convirtiese en la cabeza política de esa Italia católica y clásica.

De partida, el primer enemigo a abatir eran los Medici de Florencia. En esta ciudad, Alejandro VI encontró un inesperado aliado en un monje dominico, Girolamo Savonarola, que desde 1491 venía predicando contra el desenfreno y la falta de moral de los Medici.

En 1494, Carlos VIII, rey de Francia, entró en Italia con intención de conquistar el reino de Nápoles. Su llegada a Florencia fue aprovechada por los partidarios de Savonarola para expulsar a los Medici. Como hemos visto antes, el dominico logró implantar una tiranía teocrática. Alejandro VI trató de pactar con él, pero Savonarola decidió enfocar entonces sus ataques contra el papa, al que consideraba tan inmoral y corrupto como los Medici.

Pero Carlos VIII, que tras ocupar Nápoles había regresado a Francia, murió en 1498. Savonarola perdió así a su principal aliado y Alejandro VI logró maniobrar a sus partidarios en Florencia para que lo derrocasen y ajusticiasen.

Ese ataque de Carlos VIII a Nápoles en 1494 había obligado a Alejandro VI a buscar la alianza de otros príncipes italianos y sobre todo del emperador Maximiliano (1459-1519) y de Fernando de Aragón (el rey Católico), que fue el primero en acudir.

Carlos VIII hubo de regresar a Francia, pero a Alejandro VI le quedó claro que había de reorganizar el ejército pontificio, a la cabeza del cual puso, en 1496, a su hijo Juan (siguiendo los pasos de Calixto III cuando puso a su sobrino Pedro Luis de Borja, o de Sixto IV cuando colocó a su propio sobrino Girolamo Riario).

Pero si en aquellos casos previos la idea de aquellos papas era crear pequeños principados para sus familiares, lo que buscaba Alejandro VI era crear un Estado propio en Italia acabando con los poderes locales y fuera de las influencias extranjeras. Sin embargo, sus planes se torcieron.

En 1497, murió su hijo Juan. Su otro hijo, César Borgia, que estaba destinado a la vida eclesiástica, abandonó esta, incluido su título de cardenal, y se puso a la cabeza de los ejércitos pontificios. Muy pronto, los Borgia entendieron que necesitaban el apoyo de los franceses frente a las ambiciones de imperiales y aragoneses.

Francia había de quedarse con el ducado de Milán, César Borgia podía aspirar a Nápoles y por el camino eliminarían a todos los señores de la Toscana y la Romaña. De partida, César, con el concurso de los franceses, fue conquistando esas ciudades de la Romaña y la Toscana que ambicionaba. Pero en 1501 se descubrió que franceses y aragoneses habían pactado para dividirse el reino de Nápoles, dejando a los Borgia fuera.

La muerte de Alejandro VI en agosto de 1503 puso fin a ese primer intento de una Italia unificada bajo el mando papal. Su hijo César hubo de huir, terminó por refugiarse en Navarra tras múltiples peripecias, y allí murió en una emboscada en 1507.

Sin embargo, la idea de una Italia unida y liberada de «bárbaros», ya fueran las tropas imperiales, los franceses o los aragoneses, quedó en el imaginario de los italianos de la época, y así ese doble programa político y artístico de hacer de la Roma papal la nueva Roma imperial que quiso poner en marcha Alejandro VI fue retomado por su rival y sucesor Giuliano della Rovere tras ser elegido papa en octubre de 1503 ya como Julio II.

Solo que Julio II consideró que él en persona había de liderar las campañas militares que pusieran Italia a sus pies, por supuesto, completado todo con el más ambicioso de los programas artísticos renacentistas que se habían conocido hasta ese momento.

9
EL NUEVO VATICANO DE JULIO II

El 26 de noviembre de 1503 fue coronado como papa Giuliano della Rovere, quien tomó el nombre de Julio II. En ese momento, el nuevo papa tenía ya sesenta años, aunque, como hemos visto, llevaba veinte años aspirando a convertirse en sumo pontífice.

Dijimos más arriba que Giuliano della Rovere había llegado a la corte papal en 1471, a poco de que su tío Sixto IV fuese nombrado papa. Durante ese pontificado de Sixto IV, Giuliano fue nombrado cardenal al tiempo que acumulaba las diócesis bajo su mando. Fue entonces, además, cuando se convirtió en el representante habitual de los papas frente a los reyes de Francia.

Muerto Sixto IV en 1484, durante el pontificado de su sucesor, Inocencio VIII, Giuliano asumió en varias ocasiones la dirección de las tropas papales, y así adquirió sus habilidades militares.

Cuando murió Inocencio VIII en 1492, Giuliano volvió a postularse para papa, pero ya hemos contado cómo su eterno rival, Rodrigo Borgia, logró ganarle la posición convirtiéndose en el papa Alejandro VI. Giuliano decidió abandonar Roma y terminó por refugiarse en la corte de Francia, donde animó al monarca francés, Carlos VIII, a que atacase Italia, reclamando sus derechos por Nápoles, y que aprovechase en su campaña militar para deponer al papa Alejandro VI.

Tampoco esta maniobra le salió bien a Giuliano. Carlos VIII invadió Italia y llegó a Roma. Pero ya para entonces Alejandro VI había sobornado a los cortesanos del monarca francés para que este respetara su pontificado.

Muerto Carlos VIII en 1498, Giuliano logró ganarse el favor de su sucesor, Luis XII, a quien animó a que retomase las campañas en Italia, algo que Luis XII hizo poco después ocupando Milán. Pero de nuevo Giuliano no logró su objetivo de acabar con Alejandro VI y hubo de volver a refugiarse en Francia.

Por fin, Alejandro VI murió en agosto de 1503. Giuliano regresó de inmediato a Roma. Pero en el cónclave para nombrar al nuevo papa, el elegido fue Pío III, un cardenal enfermo y prematuramente envejecido que murió cuatro semanas después. Solo entonces Giuliano logró su ansiada ambición de ser nombrado papa en noviembre de 1503 como Julio II.

Entre sus primeras medidas, Julio II decidió restituir los Estados Papales e, incluso, ir más allá, expulsando a las potencias extranjeras de Italia. Entre 1503 y 1510, Julio II se centró en combatir contra su principal rival italiano, la República de Venecia, para lo que contó, sobre todo, con el apoyo de su viejo aliado Luis XII de Francia.

Derrotada Venecia, Julio II se volvió contra Luis XII apoyándose en los ejércitos españoles de Fernando el Católico. Para 1512, los franceses ya habían sido prácticamente expulsados de Italia. Julio II hubiera deseado entonces acabar con la presencia española en Nápoles. No lo logró, pues la muerte le llegó en febrero de 1513, cuando ya tenía casi setenta años.

Esta intensa actividad militar, claramente encaminada a convertir al papa en el señor de Italia, se completó con un ambicioso programa artístico mediante el cual Julio II quiso enfatizar su papel religioso como cabeza de la cristiandad latina. Recordemos, el Renacimiento como símbolo de la autoridad política del papa en Italia y de su autoridad espiritual sobre toda la cristiandad occidental.

Para ello, Julio II decidió no reparar la principal iglesia de los papas, la basílica de San Pedro del Vaticano, como habían hecho sus predecesores, sino construirla completamente demoliendo el templo erigido a partir del siglo IV.

Pero antes, Julio II optó por acondicionar su propia residencia dentro del Vaticano, tanto el palacio Apostólico como la pequeña villa suburbana del Belvedere. Necesitaba un arquitecto para llevar a cabo su ambicioso programa y el papa optó por Donato Bramante.

Bramante nació en 1443 en Fermignano, cerca de Urbino. Aunque no está clara su formación, puede ser que se educase en el propio Urbino, donde hemos visto antes cómo Federico de Montefeltro, antiguo condotiero, había logrado establecer una corte renacentista a la que acudieron artistas como Piero della Francesca o Francesco di Giorgio Martini.

Con Piero della Francesca, o junto con un artista local, Melozzo da Forlí (1438-1494), Bramante pudo aprender el manejo de la perspectiva. Con Giorgio Martini, debió adquirir los conocimientos sobre arquitectura.

Para 1478, Bramante estaba instalado en Milán, al servicio de Ludovico Sforza el Moro. Allí llegó en 1482 Leonardo, con el que Bramante trabó amistad y con quien debió intercambiar no pocas ideas sobre el arte.

Dado que en aquel momento Bramante destacaba como pintor, los Sforza le encargaron la cabecera de la iglesia de Santa María presso San Satiro, un pequeño templo donde no había sido posible construir, por falta de espacio, el ábside principal. Bramante lo resolvió pintando, entre 1480 y 1482, un trampantojo que simulaba ese ábside, ya utilizando todo el repertorio clásico.

Fue un gesto muy interesante por parte de los Sforza, que aceptaron así ese repertorio clásico que había sido la marca distintiva de sus principales enemigos, los Medici. Vimos más arriba como solo unos años atrás el arquitecto Filarete había criticado a los milaneses por su excesivo apego a las formas medievales. La situación, por tanto, estaba cambiando.

Prueba de ello fue el siguiente trabajo que los Sforza le encomendaron a Bramante, el reacondicionamiento de los claustros de San Ambrosio, un encargo realizado en 1482 y que no empezó a ejecutarse hasta 1492.

Por medio, en 1486, se había impreso por fin el tratado de Vitruvio. Quizás Bramante lo leyó y aplicó los principios vitruvianos a San Ambrosio. Pero también es posible que entre 1482 y 1492 Bramante viajase a Florencia y pudiera estudiar la obra de Brunelleschi.

Porque si observamos con detalle los acabados de esos claustros de San Ambrosio, vemos una serie de detalles que nos recuerdan claramente a Brunelleschi. Por ejemplo, en el claustro de canónigos, la serie de columnas y arcos de medio punto que cierran un pórtico donde cada tramo está cubierto con una bóveda de pañuelo, y sobre dicho pórtico una breve cornisa que soporta un segundo nivel con ventanas. Una solución que se asemeja mucho al hospital de los Inocentes de Brunelleschi. Pero es que, si observamos el desarrollo de las columnas, sobre los capiteles Bramante colocó unos cimacios, esos cubos desde los que arrancaban los arcos. Eso también lo había hecho Brunelleschi en las iglesias de San Lorenzo y el Espíritu Santo de Florencia.

En 1499, Ludovico el Moro hubo de huir de Milán ante la llegada de los ejércitos de Luis XII de Francia. El Sforza logró regresar pocos meses después para ser capturado definitivamente por los franceses, que le mantuvieron en prisión hasta su muerte en 1508.

Bramante consideró oportuno dejar Milán ante lo inestable de la situación y ese año de 1499 se trasladó a Roma, donde comenzó a trabajar a las órdenes del cardenal Oliviero Carafa (1430-1511), un prelado napolitano que llevaba años formando parte de la curia pontificia y que había logrado el favor del papa Alejandro VI.

En 1500, el cardenal Carafa estaba a cargo de las obras de la iglesia de Santa María de la Paz, un templo encargado en 1482 por el papa Sixto IV, para quien también había trabajado eficazmente Carafa.

Esa iglesia de Santa María de la Paz vería numerosas reformas a lo largo de los siglos XVI y XVII hasta llegar a su aspecto actual, fruto del proyecto desarrollado por Pietro da Cortona (1596-1669) en 1656.

Pero vamos a centrarnos en las obras llevadas a cabo entre 1500 y 1504, cuando se levantó el claustro anexo a la iglesia, que el cardenal Carafa encargó a Bramante y que fue así la primera obra que este hizo en Roma. Se trata de un claustro cuadrado con dos niveles. Los pórticos inferiores están limitados por pilares dóricos sobre los que se desarrollan pilastras jónicas. En las galerías superiores, el cierre es una sucesión de pilares y columnas corintias.

Acabamos de ver como en San Ambrosio en Milán, Bramante optó, para los pórticos, por la solución de Brunelleschi de colocar columnas soportando los arcos. Pero en Santa María de la Paz, en el pórtico inferior, sustituyó las columnas por pilares dóricos que sirven como arranque de los arcos de medio punto, sobre los que a su vez colocó las pilastras jónicas que sostenían el entablamento que coronaba por encima de todos esos arcos de medio punto y que servía como soporte para la galería superior.

Es decir, hizo un curioso juego tectónico. Los arcos se apoyan en los pilares dóricos. Y el entablamento en las pilastras. Cada elemento horizontal tiene su propio soporte vertical. Es una sutilidad arquitectónica, cierto, pero que muestra cómo Bramante ha sabido desglosar cada elemento de la construcción, algo que se enfatiza en la galería superior, adintelada, y, por tanto, con solo un soporte vertical, esa sucesión de pilares y columnas.

¿De dónde le pudo venir a Bramante esa idea de separar los soportes verticales dependiendo de cuántos elementos horizontales hayan de sustentar? En realidad, no tuvo que ir muy lejos. Es algo que ya se había hecho en el viejo Coliseo Flavio de Roma del siglo I d. de C.

De esta manera, Bramante, siguiendo el ejemplo que había establecido Brunelleschi un siglo atrás, mostraba como la mejor forma de hacer renacer la arquitectura clásica era estudiando la arquitectura romana original, majestuosamente conservada en ruinas por toda Roma.

Ni Brunelleschi ni Bramante necesitaron leer a Vitruvio (ni a Alberti) para hacer renacer la arquitectura del Imperio romano. Sencillamente, había que estudiar los restos conservados de esa arquitectura imperial.

Al tiempo que Bramante trabajaba en Santa María de la Paz, es posible que fuera llamado para verificar el proyecto de otra iglesia, la de Santiago de los Españoles en la plaza Navona. Esta iglesia pudo haberse levantado a mediados del siglo XIII y fue rehecha a mediados del siglo XV por Alfonso de Paradinas, canónigo de Sevilla. En ese momento, la iglesia ya era el templo habitual de la comunidad española en Roma.

A finales del siglo XV, el papa Alejandro VI Borgia encargó una ampliación de la iglesia en la que se vieron involucrados varios artistas romanos, hasta que, en 1500, la obra quedó bajo la supervisión del cardenal Bernardino López de Carvajal (1456-1526), quien, al parecer, llamó a Bramante, al que pudo haber conocido años atrás en Milán, para que verificase el proyecto de ampliación planteado.

Con todo, de la intervención de Bramante en la iglesia de Santiago no queda evidencia, pues el templo aún sufrió una nueva reforma dirigida por Antonio da Sangallo el Joven (1484-1546), terminada en 1518, que es la que le dio el aspecto que hoy vemos. Su titularidad también ha cambiado y ha pasado a ser la iglesia de Nuestra Señora del Sagrado Corazón.

Para 1500, cuando Carvajal contrató a Bramante, el cardenal estaba en la cumbre de su poder en Roma, hasta el punto de que cuando falleció Alejandro VI pensó que podría llegar a ser nombrado papa. Pensemos que Carvajal había estado ejerciendo como embajador *de facto* de los reyes Isabel y Fernando, había conseguido las bulas alejandrinas que se plasmaron en el tratado de Tordesillas de 1494, donde se dividieron el mundo España y Portugal, y la bula *Si convenit* de 1496, que otorgó a Isabel y Fernando el título de Reyes Católicos.

En 1502, Carvajal volvió a reclamar los servicios de Bramante, esta vez para la construcción del templete de San Pietro in Montorio, uno de los proyectos clásicos más destacados del Renacimiento romano y con el que, sin duda, Carvajal pretendió presentar sus credenciales como aspirante al papado en ese momento en el que el programa renacentista ya se había convertido en el símbolo de los papas.

Por cierto, Carvajal no solo no logró el trono de san Pedro a la muerte de Alejandro VI en 1503, sino que tras el fallecimiento de su principal valedora, Isabel la Católica, en 1504, caería en desgracia con Fernando el Católico, además de enemistarse con Julio II, lo que le valió el destierro de Roma durante casi diez años.

Pero volvamos al templete de San Pietro. La iglesia de San Pietro in Montorio se encuentra situada sobre el monte Gianicolo, esa octava colina de Roma más allá del Tíber en su lado derecho, al pie de la cual, al norte, se encuentra el Vaticano.

La primera iglesia fue construida en el siglo IX allá donde la leyenda consideraba que san Pedro había sido crucificado. Pero para 1472 el lugar estaba en ruinas, por lo que, dentro del plan de mejoras que el papa Sixto IV había lanzado para Roma, entregó el lugar a la orden franciscana para su reconstrucción como monasterio, un proyecto que inicialmente contó con el apoyo del rey Luis XI de Francia.

La construcción del monasterio comenzó en 1481 y poco después la financiación de las obras ya quedó en exclusiva en manos de los reyes españoles Isabel y Fernando. Hemos de pensar que, por esas fechas, un joven Bernardino de Carvajal ya se encontraba en Roma, de modo que debió estar al tanto del avance de la construcción.

Para 1502 las obras estaban bastante adelantadas y fue entonces cuando el cardenal Carvajal contrató a Bramante para que levantase, donde había de estar el patio del monasterio, un templete que conmemorase el punto donde fue crucificado san Pedro. El proyecto inicial de Bramante resultaba grandioso respecto a lo que finalmente se hizo.

La idea era levantar un templete circular que quedaría en medio de un gran patio circular columnado, un singular espacio centralizado donde ese centro se agudizaba a través de estas estructuras concéntricas que habían de formarlo.

¿Por qué un templo circular? Esta pregunta ha provocado numerosos debates en la historia del arte, siendo la opinión mayoritaria la de aquellos que consideran que Bramante buscaba crear un edificio ideal, perfecto, y esa perfección se lograba mejor a través del círculo, una idea muy en la línea de la estética platónica de la academia florentina que veíamos antes al hablar del joven Miguel Ángel.

Sin embargo, hemos de pensar en el reto que enfrentaba Bramante. De partida, iba a enaltecer a un hombre, no a Dios, sino al san Pedro hombre que había sido martirizado en su condición de ser humano.

¿Cómo habían hecho en la antigua Roma cuando quisieron construir un templo, un espacio sagrado, pero en el que el protagonista era un ser humano y no los dioses? La respuesta fue sencilla: un espacio circular. Y en Roma estaba, y está, el templo circular más majestuoso construido en el mundo antiguo: el Panteón de Adriano.

¿Cómo funcionaba el panteón? Pues situando las estatuas de los diferentes dioses en las hornacinas colocadas en el muro perimetral. Pero el verdadero protagonista era el emperador que desde el centro del panteón iba rindiendo culto a todas las divinidades.

De esta manera, se lograba una singular combinación: un espacio sagrado en el que el protagonista era el ser humano privilegiado que ocupaba el centro del espacio, aunque en principio llegase a rendir culto a los dioses. Esa idea quedó clara en el imaginario de los arquitectos de la Antigüedad tardía.

¿Y en el mundo cristiano? ¿Había sitio para plantas centrales? Después de todo, las formas del culto cristiano, en principio, exigían un espacio longitudinal, donde el elemento protagonista, el altar que evocaba a Dios, se situaba en un extremo. Pero si en mitad de la nave se colocaba un espacio cupulado mayor donde se ubicase el emperador se lograba recuperar esa combinación del panteón: Dios en el extremo, pero el hombre, el emperador, en el centro. Es decir, lo que se consiguió en Santa Sofía de Constantinopla.

Esa idea de reservar el espacio circular para enaltecer al ser humano no se ceñía solo a las grandes iglesias áulicas. Los baptisterios también seguían esta fórmula de plantas centrales, donde el punto focal recaía sobre la pila, en medio, a donde acudía el que había de ser bautizado, el verdadero protagonista del evento. Lo mismo ocurría en muchos mausoleos, donde, de nuevo, el protagonismo recaía sobre el fallecido, que ocupaba una posición central dentro de la tumba monumental.

Es decir, la planta central, aquella que colocaba el punto focal en medio, no respondía a una reflexión platónica, sino a la forma como desde la Antigüedad tardía y durante toda la Edad Media se plantearon la manera de resolver un espacio donde el protagonista ser humano había de colocarse en medio.

Por eso Bramante, ante un problema práctico, el de establecer un monumento conmemorativo de la acción de un hombre, san Pedro, preguntó a la arquitectura clásica y llegó al panteón. La lección de Brunelleschi: para hacer arquitectura de tradición romana solo hay que mirar los monumentos romanos.

A partir de ahí, había que concebir ese nuevo templo central cristiano, y Bramante optó por la forma circular. Sobre esa planta circular, levantó dos niveles: un pórtico inferior columnado soportando un segundo nivel cerrado. Lo que ya había hecho en el claustro de San Ambrosio.

Pero, arrancando con esa idea inicial, fue innovando en uno de los ejercicios más interesantes de reinvención de la arquitectura clásica. El primer nivel terminó por recordar a un *tholos* clásico con la nave cilíndrica rodeada por un peristilo. Bramante conocía esta tipología, por ejemplo, por el templo de Hércules Víctor en el foro Boario, muy cerca del río Tíber, con lo que el arquitecto volvía a demostrar su buen uso del estudio de los monumentos romanos.

En la parte superior, retranqueó el cilindro, ajustándolo al inferior y generando una balconada que cerró mediante una balaustrada, es decir, una barandilla cuyos barrotes son columnas clásicas en miniatura.

Todo indica que el primer arquitecto en aplicar esta solución de la balaustrada fue Giuliano da Sangallo (1445-1516) en la villa medicea de Poggio a Caiano, construida para Lorenzo el Magnífico a partir de 1480. Recordemos que a su llegada a Roma el gran competidor de Bramante fue Giuliano da Sangallo, con quien, sin embargo, compartió ideas y proyectos.

Como el templete era circular, fue sencillo rematarlo con una cúpula con linterna, pues la propia base ayudaba a ello y, a su vez, la presencia de la cúpula no hacía más que enfatizar la idea de espacio central del templete.

Como decíamos antes, esa centralidad se habría visto agudizada con el claustro circular que tenía que haber rodeado el templete, un claustro que no llegó a realizarse. En su lugar, tenemos el patio cuadrangular actual, donde el templete parece encajonado.

El templete de San Pietro in Montorio debió suponer todo un revulsivo en la arquitectura de la Roma de Julio II en el momento en que este papa buscaba embarcarse en una atrevida aventura de renovación total del Vaticano.

Porque lo que Bramante mostró es que era posible retomar el lenguaje clásico en sus composiciones aparentemente más sencillas: la columna, el peristilo, la cúpula, y darles una nueva vida que, partiendo de la Roma clásica, se ajustaba a las necesidades de la Roma católica.

De esta manera ese supuesto Renacimiento antiteocrático del que nos hablan los libros con el templete de Bramante se convirtió definitivamente en un Renacimiento al servicio no solo del cristianismo, sino, sobre todo, de su máximo representante, el papa.

Más allá de estas circunstancias propias de comienzos del siglo XVI, lo cierto es que el templete de San Pietro in Montorio ha tenido una vida propia hasta hoy y se ha convertido en la forma habitual de rematar aquellos edificios de prestigio que utilizan el lenguaje clásico para darse nobleza.

La gran cúpula del capitolio de Washington es el mejor ejemplo. Es una traslación en grandes dimensiones del templete bramantesco al remate de la sede de la soberanía estadounidense. Pareciera que así el lenguaje de la antigua Roma se desnudaba por fin del ropaje cristiano si no fuera porque el lema oficial de esos Estados Unidos es «En Dios confiamos», *In God we trust*.

Pero regresemos a Bramante. El templete fue concluido para 1510. Sobre la cripta preexistente se había levantado ese primer nivel del peristilo dórico soportando un entablamento clásico de triglifos y metopas. Por cierto, los fustes de las columnas del peristilo se trajeron de las ruinas de Roma, aunque se homogenizaron con basas y capiteles de nueva fábrica.

En el segundo nivel retranqueado, con su balaustrada formando un balcón, Bramante ni siquiera se molestó en colocar un orden concreto. Se limitó a poner pilastras que separaban unas hornacinas donde se alternaban las adinteladas con las de bóveda de horno. Por encima, la cúpula.

Lo curioso es que esos tres niveles, el inferior, el superior y la cúpula, en el interior es una altura única, donde se replica el modelo del exterior: un orden dórico en la parte inferior, pilastras sin capitel en el superior y luego los gallones de la cúpula.

Es cierto que, en el muro opuesto a la entrada, se habilitó un pequeño altar para poder celebrar la liturgia, es decir, un mínimo espacio longitudinal, que se combina con el óculo en el suelo desde donde se puede ver la cripta y que vuelve a colocar el protagonismo en el centro del espacio.

Tal como señalamos, el diseño del templete de San Pietro in Montorio fue un revulsivo en la Roma de Julio II, quien no dudó en contratar a Bramante a partir de 1504 para ese ambicioso plan de reforma que el papa tenía para el Vaticano.

Como decíamos al principio de este capítulo, el primer proyecto que recibió Bramante del papa fue reacondicionar su residencia. No sabemos en qué momento Bramante comenzó a trabajar en las nuevas estancias pontificias en el palacio Apostólico, pero sí sabemos que, desde el mismo momento de ser coronado en noviembre de 1503, Julio II se negó a utilizar los apartamentos de su predecesor, Alejandro VI Borgia.

Es más, para demostrar su imposición sobre los Borgia, como ya vimos, Julio II solicitó que le acondicionaran el piso por encima de los apartamentos de Alejandro VI, queriendo así mostrar su primacía.

A partir de 1508, las obras de las estancias vaticanas para Julio II comenzaron a decorarse. El proyecto le fue encargado a un veinteañero Rafael. Aunque el papa quiso confiar el trabajo a otros pintores más consolidados, como el Perugino o Baldassare Peruzzi, Bramante logró convencer a Julio II de contratar a Rafael, pues al parecer los dos artistas, originarios ambos de Urbino, se conocían de largo tiempo.

La pintura más famosa de todas las estancias es *La Escuela de Atenas*, situada en uno de los muros de la estancia del sello.

Esta pintura, donde se reúnen los filósofos más conocidos del mundo antiguo y también de la Edad Media, se ha mostrado como el ejemplo máximo del humanismo renacentista. Incluso los papas, en sus habitaciones privadas hacían retratar a los más insignes filósofos, dejando así a la teología, ese saber que había dominado el Medievo, en una posición marginal.

Nada más lejos de la realidad. Recordemos que las estancias de Julio II eran cuatro habitaciones, que contaban cada una de ellas con cinco grandes murales, en las cuatro paredes y el techo de cada habitación. Por tanto, veinte murales entre los que *La Escuela de Atenas* es solo uno de ellos y con un propósito claro.

Aunque se tardaron dieciséis años en pintar las habitaciones y aunque hubo algunos ajustes en los temas tratados, eso no impide entender que estamos ante un discurso similar al de los apartamentos Borgia y no muy lejano de la primera decoración de la Sixtina o la de la Nicolina.

El punto de partida volvía a ser la relación entre razón y fe quedando claro que, al final, prima la fe en el Dios cristiano. A partir de ahí, el papel desempeñado por los papas en la defensa y propagación de esa fe y del propio Dios en defensa de los papas.

En la estancia del Sello, la más famosa, se reunieron los grandes saberes, tal como eran concebidos a comienzos del XVI: la poesía, con la representación del parnaso; la filosofía, con la Escuela de Atenas; la justicia, con los motivos de la virtud y la ley, y, finalmente, la teología, con el triunfo de la eucaristía (aunque se la ha conocido, tradicionalmente y por error, como *La disputa del Sacramento*).

En *El parnaso* aparece Apolo rodeado por las musas, y también le acompañan poetas notables del mundo clásico y el mundo medieval: Dante, Homero, Virgilio…

En *La Escuela de Atenas*, volvemos a tener una amplia galería de personajes, siendo los dos centrales Platón y Aristóteles, estos sí disputando por sus concepciones filosóficas. En la parte inferior, distribuidos entre los otros filósofos participantes, volvemos a tener referencias al *trivium* y al *quadrivium*, recordemos, la forma habitual de enseñar en el mundo clásico y el mundo medieval.

Pese a que este cuadro ha sido considerado como la cumbre del humanismo renacentista, el hombre dominando la realidad, no podemos olvidar que forma parte de un relato iconográfico mucho más amplio que es necesario seguir leyendo.

Así, tras la Escuela de Atenas tenemos el tema de la justicia, y aquí, junto a las representaciones de la prudencia, la templanza y la fortaleza, llama la atención como los máximos exponentes de la justicia son Justiniano recibiendo la *pandectas* (la recopilación de leyes romanas que ordenó hacer) y Gregorio IX recibiendo a su vez los decretales (esa otra recopilación, pero de derecho canónico, que ordenó este papa). El mensaje es claro: el derecho romano y el canónico no solo pudieran ser equiparables, sino que Gregorio IX encargó esa recopilación para mostrar como la autoridad papal quedaba por encima de la imperial.

Finalmente, todo el discurso elaborado en la sala se cierra en torno al fresco del triunfo de la eucaristía.

En la parte inferior, la Iglesia militante, con los teólogos más insignes, san Agustín, santo Tomás, san Ambrosio, san Jerónimo, y también otros personajes ilustres, como Dante, Fra Angelico o el propio Bramante. La Biblia y algunos tratados teológicos están en el suelo, pero no por desprecio. Sencillamente, todo el saber racional de los teólogos (o de los filósofos de la Escuela de Atenas) palidece frente a la Verdad revelada en la eucaristía. Es el cuerpo de Cristo el que redime a la humanidad del pecado original y le garantiza la salvación eterna. Una verdad revelada que se demuestra en la Iglesia triunfante de la parte superior, donde vemos a la Santísima Trinidad, rodeada por la Virgen María, san Juan Bautista, algunos patriarcas, evangelistas y apóstoles, y también a los diáconos san Lorenzo y san Esteban, lo que vincula esta obra con la cercana Capilla Nicolina.

A partir de ahí, el resto de las estancias que pintó Rafael son loas a los papas. Así, en la sala de Heliodoro, escenas que narran cómo aquellos que atacan o dudan de la institución eclesiástica son derrotados.

En la sala del Incendio del Borgo, pintada bajo el pontificado de León X, los otros papas León aparecen salvando Roma o coronando emperadores. El papa por encima de las vicisitudes y los poderes temporales.

Y, por fin, en la sala de Constantino, se narra cómo el emperador descubre la verdadera fe que le lleva a derrotar a sus enemigos y, en agradecimiento, entrega Roma a los papas.

De nuevo, estamos ante el mismo discurso que se había dado en la Sixtina o en los apartamentos Borgia. Una vez aclarada la supeditación de la verdad racional a la verdad revelada, es la Iglesia de los papas la que defiende y garantiza esa verdad revelada. En las estancias vaticanas, no hay ninguna cesión al hombre como protagonista de la realidad. No hay un discurso antropocéntrico. El mundo racional es bienvenido, los filósofos clásicos son aceptados, las sibilas comparten espacio con los profetas. Pero todo está dirigido a cantar la gloria de Dios y de sus representantes en la Tierra, los papas. A la larga, que Rafael mostrase con tanto detalle el mundo filosófico clásico para después supeditarlo a la autoridad de los papas, lejos de ser un canto al humanismo, es la mejor reivindicación de la verdad teológica.

Remachemos esta idea. Son veinticinco grandes frescos los de las estancias de Rafael. De esos veinticinco, solo uno dedicado a la filosofía clásica y para subordinarla a la fe, pero en todos los libros dedicados al Renacimiento prácticamente el único cuadro de las estancias vaticanas que se muestra es *La Escuela de Atenas*. Se olvidan los otros veinticuatro, es decir, el 96 % de los frescos pintados. De esa forma es posible vender el discurso del Renacimiento como loa al hombre clásico frente al teocentrismo medieval. Recorrer las estancias vaticanas, las de Rafael, más las de los

Borgia, más la Capilla Nicolina y la propia Capilla Sixtina es la mejor forma de desmentir esa falsa interpretación del Renacimiento romano.

Con todo, no podemos dejar estas estancias vaticanas sin señalar el hecho de que fue en 1524 cuando se terminó de pintar el fresco de *La donación de Constantino*. Ya vimos como casi un siglo atrás Lorenzo Valla había demostrado la falsedad de ese documento, una demostración que fue publicada en 1517. Es decir, cuando se pintó el fresco de la donación en el Vaticano, la falsedad de la misma ya era pública. ¿Por qué Clemente VII se empecinó en que los discípulos de Rafael, empezando por Giulio Romano, incluyeran la pintura de *La donación de Constantino*? Porque para 1524 el vanidoso papa aún se creía con fuerzas para convertirse en el señor de Italia. Tres años después, con el saqueo de Roma de 1527, esas ambiciones murieron definitivamente.

Pensemos que, cuando Julio II en 1508 encargó a Rafael la decoración de las estancias vaticanas, también había encomendado a Miguel Ángel volver a pintar las bóvedas de la Capilla Sixtina, que había sido encargada por el tío de Julio II, el papa Sixto IV, y que hasta ese año de 1508 tenía una bóveda ornamentada con un cielo estrellado.

No hemos de olvidar que en esa decoración inicial de la Sixtina, en los muros laterales se habían pintado escenas del Antiguo Testamento, la vieja ley, y del Nuevo Testamento, la nueva ley, hasta la entrega de las llaves por Jesús a san Pedro.

Por encima de estas escenas bíblicas estaban los retratos de los papas. Es decir, y como ya hemos explicado varias veces, la Sixtina, la Capilla Nicolina, los apartamentos Borgia o las estancias vaticanas eran un canto a los papas, partiendo de una justificación teológica, pero asignando a los sumos pontífices el papel más relevante en la salvación de la cristiandad.

Miguel Ángel había entrado al servicio de Julio II en 1505 cuando el papa le encargó su mausoleo (volveremos a este proyecto, que fue clave en la obra de San Pedro del Vaticano), solo que en 1508 Julio II hizo detener la obra de su propia tumba, quizás por falta de presupuesto o, como dice la leyenda, porque un vivo no debe construir su propia sepultura.

Al producirse esa interrupción, y dado que Miguel Ángel seguía al servicio del papa, Julio II le encargó la tarea de repintar la bóveda de la Capilla Sixtina. De nuevo, la leyenda dice que Bramante, enemistado con Miguel Ángel, estuvo detrás de esta propuesta, pues Miguel Ángel, insigne escultor, no era tan ducho en pintura y quizás así, al no poder hacer el trabajo, caería en desgracia.

Miguel Ángel pintó la bóveda de la Sixtina entre 1508 y 1512 con una sucesión de pasajes del Génesis que complementaban las historias del muro sur de la capilla dedicadas al Éxodo.

En los lunetos, se pintaron una serie de profetas y sibilas, esas profetisas de la mitología clásica, reforzando la idea que el Pinturicchio ya había empleado en los apartamentos Borgia. Todos los saberes, incluyendo las profecías paganas, iban en el mismo camino: anunciar la salvación que había de traer Jesucristo.

Es cierto que Miguel Ángel aprovechó para desarrollar su ideal de belleza perfecta, algo que chocaba con las otras pinturas que estaba haciendo Rafael al mismo tiempo en las estancias vaticanas, donde el empeño por ser naturalista, que no idealista, era evidente. Es decir, el modelo platónico era un empecinamiento personal de Miguel Ángel, mientras el resto de artistas se esforzaban por pintar la realidad de la forma más verosímil posible (y, por tanto, contradiciendo a Platón, que rechazaba ese realismo como una pobre imitación).

Mientras Rafael y Miguel Ángel con sus talleres se dedicaron a desarrollar todo este programa pictórico teológico, Bramante siguió avanzando en las diferentes obras que realizó por todo el Vaticano.

Así, al tiempo que acondicionaba las estancias vaticanas que pintó Rafael, se lanzó a un notable proyecto que consistía en unir esas estancias con la villa del Belvedere, un palacete de recreo levantado por Inocencio VIII en 1487 con objeto de que Julio II pudiera pasar de sus habitaciones a su residencia suburbana sin salir al exterior.

El proyecto inicial suponía una notable modificación de la pendiente en cuya cumbre se encontraba el Belvedere. Se crearon tres grandes terrazas organizadas en torno al eje que unía el Belvedere con el palacio Apostólico, creando así una vista urbana de unas dimensiones inhabituales en ese momento y que preconizaban las perspectivas monumentales de finales del siglo XVI, como las nuevas calles abiertas en Roma por Sixto V (1521-1590) a partir de 1585, o todo el siglo XVII, como el gigantesco escenario que supuso la nueva plaza de San Pedro levantada por Bernini (1598-1680) a partir de 1656 en el propio Vaticano.

Para cerrar esa perspectiva, Bramante planteó dos grandes galerías paralelas que ascendían por la pendiente y que además servirían para esa comunicación desde el palacio Apostólico hasta el Belvedere. Este cierre, de grandes dimensiones, acentuaba aún más la perspectiva, insistimos, en un juego en la dimensión urbana que no se desarrollaría plenamente hasta el siglo XVII.

Esas grandes perspectivas urbanas ya habían existido en el mundo romano y Bramante supo leerlas a partir de las ruinas conservadas.

Este carácter de gran intervención urbana suele olvidarse frente a otros detalles con los que Bramante remató sus galerías, como la superposición de órdenes, y, sobre todo, por los cierres posteriores que se construyeron en los siglos siguientes entre las terrazas y que vinieron a romper la gran perspectiva planteada por Bramante.

Por cierto, Bramante también intervino en el propio palacio del Belvedere, donde hizo construir, a partir de 1507, una escalera para acceder a los nuevos pisos. Para ser más exactos, lo que concibió fue una rampa helicoidal cuyos soportes interiores, los que limitan con el hueco central, son una sucesión de columnas de orden dórico, jónico y corintio unidas por un entablamento único.

Este tipo de rampas helicoidales no eran novedosas. Tan solo dos décadas atrás se habían construido escaleras helicoidales en el castillo de Amboise, en el valle del Loira.

Pero esta escalera de Bramante tiene un diseño más sutil, más elegante, y coincidió con los proyectos que Leonardo da Vinci hizo para este tipo de escaleras helicoidales y que quedaron reflejados, diez años más tarde, en la escalera de doble hélice del castillo de Chambord, también en el valle del Loira y que diseñó el propio Leonardo.

Ya hemos visto antes como Leonardo y Bramante se conocieron y trataron ampliamente en los años que los dos vivieron en Milán, trabajando para los Sforza. Es más, hemos de preguntarnos hasta qué punto algunas soluciones arquitectónicas de Bramante derivan de los trabajos de Leonardo. O, incluso, si Leonardo hizo sus proyectos a partir de ideas que Bramante le pudo compartir.

Esto nos lleva a la principal obra que Bramante concibió para Julio II: la reconstrucción de la basílica de San Pedro. Porque Julio II quiso renovar completamente la basílica, pero Bramante fue más lejos, propiciando la demolición de buena parte del entorno de San Pedro para levantar la nueva iglesia, una demolición que le costó a Bramante el apodo de Ruinante.

¿Qué era lo que deseaba construir Julio II? No solo deseaba rehacer San Pedro, sino, además, aprovechar la ocasión para dotarle de una planta central, puesto que en medio de la nueva basílica había de situarse el propio mausoleo de Julio II, aquel que el papa le encargó a Miguel Ángel a partir de 1505.

Es decir, sobre la cripta en la que se hallaba la tumba del primer papa, san Pedro, había de levantarse la tumba del nuevo papa, Julio II, y así la basílica vaticana reforzaría su papel como lugar de culto de los propios papas. En definitiva, ese programa artístico que Julio II también impulsó en sus estancias privadas o en la Capilla Sixtina, pero ahora a la vista de todos los fieles.

¿Cómo había de resolver Bramante esta solicitud del sumo pontífice? Pues como ya lo había hecho en San Pietro in Montorio: levantando un templo de planta central, es decir, donde el elemento protagonista, la tumba de Julio II, había de colocarse en medio de la iglesia.

Es posible que al final hubiera de construirse algún tipo de ábside para colocar el altar y que así la liturgia siguiera desarrollándose en una planta longitudinal. Pero, obviamente, si lo más destacado del edificio quedaba en medio, el mausoleo del papa, no habría duda de que era un iglesia en honor de los pontífices y no de Dios. El mismo ejercicio que Bramante había aprendido del Panteón de Adriano, un templo para todos los dioses, pero donde el verdadero protagonista era el emperador, que seguía el culto desde el centro.

La planta que propuso entonces Bramante jugaba con esa premisa de la centralidad. Propuso una planta de cruz griega, con una gran cúpula en el crucero, bajo la que estaría la tumba de Julio II. Uno de los brazos de la cruz griega serviría como presbiterio.

Además, en las esquinas de los brazos se levantarían nuevas cúpulas de menores dimensiones, con lo que resolvería dos problemas de un golpe. Lograba contrarrestar la descarga de la cúpula mayor sobre estas menores y, a su vez, creaba una iglesia de tres naves para seguir facilitando la liturgia.

A la larga esta solución de la iglesia de tres naves con una gran cúpula en el crucero apeando sobre cúpulas menores en los otros tramos o las naves laterales ya se había dado en Santa Sofía en Constantinopla y, de nuevo, con ese doble juego de la longitudinalidad para la liturgia, con el altar en un extremo y la centralidad bajo la cúpula, cuando se colocaba ahí el emperador. Bramante pudo conocerlo a través de algún grabado o la descripción de un viajero.

Pero es que, además, su colega Leonardo, años atrás, había planteado cómo resolver una iglesia de planta central, aportando propuestas muy similares a la que Bramante empleó en el Vaticano. Aquí hemos de recuperar lo que decíamos antes. ¿Leonardo influyó en Bramante o Bramante compartió sus ideas al respecto con Leonardo?

Pero vayamos más lejos: ¿por qué Leonardo estudiaba estas iglesias de planta central y Bramante también? ¿Tuvieron algún desliz de idealismo neoplatónico? Hemos visto hace un par de capítulos como Leonardo y Miguel Ángel se enfrentaron al hacer los cuadros de batallas para el Palazzo Vecchio de Florencia en 1503, donde Miguel Ángel hizo una obra muy platónica, creando un ejército de soldados perfectos y, por tanto, irreales, mientras Leonardo se empeñó en mostrar a sus soldados tal como eran en verdad a base de copiar una y otra vez de la realidad.

No, Leonardo no era platónico y Bramante posiblemente tampoco. Sus estudios sobre iglesias centrales debieron girar más bien en el interés de los Sforza milaneses por erigir sus tumbas familiares en donde se acentuase la importancia del fallecido sobre el espacio litúrgico. Es decir, exactamente lo que Julio II le requirió a Bramante.

¿De dónde viene el mito platónico del nuevo Vaticano de Bramante? Pues de Miguel Ángel, quien, al hacerse cargo de las obras de San Pedro a partir de 1546, criticó a sus predecesores de traicionar el proyecto de Bramante, platónico, según Miguel Ángel, pues tanto Rafael, quien se hizo cargo de las obras tras la muerte de Bramante en 1514 y hasta su propia muerte en 1520, como sobre todo Antonio da Sangallo, que dirigió los trabajos desde 1520 hasta su muerte en 1546, apostaron por una planta de cruz latina, donde se perdía el protagonismo del elemento central y se recuperaba la forma longitudinal más apropiada para la liturgia.

En este debate formalista hemos de tener en cuenta una serie de ideas clave:

- El proyecto de Bramante estaba previsto para enaltecer a Julio II. Muerto este, los papas que vinieron después ya no tuvieron interés en loar de forma tan grandiosa la figura del desaparecido Julio II.
- Pero cuando Miguel Ángel se hizo cargo de la obra, primero, defendió sus ideas neoplatónicas de la forma ideal perfecta centralizada.
- A eso se añade que, si se hubiera culminado el proyecto de Julio II, la tumba monumental que habría quedado en medio habría sido la esculpida por el propio Miguel Ángel. Como vemos, no solo había un interés filosófico en la defensa de la planta central, sino también una gran dosis de vanidad.

Cuando murió Miguel Ángel en 1564, las obras de San Pedro del Vaticano estaban lejos de concluir y cuando lo hicieron, varias décadas después, se impuso la planta longitudinal, más adecuada para la liturgia y porque ya nadie tenía interés en colocar el mausoleo de Julio II, un mausoleo que Miguel Ángel nunca llegó a hacer.

En cualquier caso, en abril de 1506, tras demoler la antigua basílica, se colocó la primera piedra del nuevo San Pedro. Julio II lanzó una indulgencia plenaria para reunir fondos para hacer frente a tan ambicioso plan artístico (San Pedro, más el Belvedere y las estancias vaticanas). Su sucesor, León X, en 1515, promulgó una nueva bula de indulgencia, cuya desaforada venta provocaría la ira del monje agustino Lutero que puso en marcha la Reforma protestante.

Las obras del Vaticano avanzaron muy despacio. Entre 1506 y 1514, fecha de la muerte de Bramante, solo se habían logrado levantar los cuatro grandes pilares sobre los que había de construirse la cúpula monumental.

Para ese 1514 ya hacía un año que había muerto Julio II. Aunque su sucesor, León X, siguió adelante con sus obras, la obsesión por la gloria eterna de un Julio II haciéndose enterrar bajo la cúpula de San Pedro quedó marginada.

Pero es que, además, Bramante no solo no pudo ver la conclusión de San Pedro, una obra que se prolongaría por ciento cincuenta años más, sino que tampoco vio el fin de sus otras obras vaticanas, desde las estancias al Belvedere.

Cuando todos estos trabajos concluyeron décadas o siglos después, los proyectos de Bramante quedaron bastante desvirtuados, con lo que se produjo la singular paradoja de que del arquitecto que provocó la mayor renovación de Roma desde los tiempos antiguos prácticamente no conservamos ninguna obra (con la excepción de San Pietro in Montorio).

No importa. Su impronta fue tal que los arquitectos que le sucedieron hubieron de seguir sus pasos.

10
EL SAQUEO DE ROMA

Como ya hemos visto, en 1494, el rey Carlos VIII de Francia invadió Italia, dando comienzo a seis décadas de enfrentamientos entre los príncipes de la Europa occidental en el territorio italiano.

Un siglo atrás, en 1400, había varios candidatos al trono imperial, Francia e Inglaterra se encontraban en medio de la guerra de los Cien Años, y en Castilla y Aragón había continuos problemas sucesorios. Mientras, las ciudades italianas habían logrado recuperarse de la terrible crisis provocada por la Peste Negra de 1347-1348 y se habían convertido en los principales centros comerciales y financieros de Europa. Solo las ciudades flamencas podían aspirar a competir con las italianas.

Fue en ese contexto cuando Florencia se atrevió a ampliar sus dominios territoriales en Italia al tiempo que lanzaba su programa político-artístico del Renacimiento como seña de prestigio frente a los bárbaros de fuera de Italia.

A partir de ese momento, las guerras dentro de la propia Italia se sucedieron entre la propia Florencia, Milán, Venecia o el reino de Nápoles, buscando la hegemonía sobre toda la península. Fue el tiempo de esos condotieros que lograron crear sus propios señoríos con sus cortes de artistas (los duques de Urbina, Mantua o Rímini que hemos visto más arriba). Desde la segunda mitad del siglo XV, el papado también entró en el conflicto.

Lo curioso es que, después de cada campaña, pareciera que los rivales italianos eran capaces, gracias a su dinamismo económico, de reponer sus fuerzas y lanzarse a una nueva guerra. En cierta medida era cierto, pero cada nuevo enfrentamiento iba debilitando a los contendientes, lo que explica por qué, cuando en 1494 Carlos VIII invadió Italia, con relativa facilidad pudo hacerse con Milán, lograr que Florencia le abriese las puertas, someter al papa y ocupar Nápoles.

A partir de ese momento, las potencias europeas pusieron todo su empeño en dominar Italia y controlar ese flujo de riquezas que movían. No ha de sorprendernos.

En Francia, los monarcas Valois habían derrotado definitivamente a los ingleses en la guerra de los Cien Años y tras pararle los pies a los duques de Bretaña y Borgoña se aprestaban a seguir haciendo crecer sus territorios.

En el Imperio, se había asentado una nueva dinastía, la de los Habsburgo, con un nuevo líder, Maximiliano, que aspiraba a aumentar sus dominios.

Y otro tanto ocurría en España, donde los Reyes Católicos habían unido las Coronas de Castilla y Aragón y Fernando el Católico se aprestaba a retomar las aventuras mediterráneas de sus predecesores.

Es decir, fue en ese doble ambiente de una Italia rica, pese a las guerras internas, y unos príncipes europeos ambiciosos en el que se produjo la invasión de Carlos VIII.

Aquí, con todo, hemos de hacer algunos matices que muestran como esos príncipes de finales del XV y comienzos del XVI que invadieron Italia creyeron apostar a caballo ganador sin realmente entender las dinámicas de su tiempo.

En primer lugar, cuando Carlos VIII entró en Italia, reclamó, como hemos señalado, dos territorios en concreto: Milán, la llave que abría la península tras cruzar los Alpes, y Nápoles, en principio, el reino más poblado y más rico.

Pero aquí se dio una clara incomprensión de la realidad italiana. Es cierto que Nápoles era el reino con más habitantes y en sus puertos paraban los barcos que viajaban por todo el Mediterráneo para abastecerse. Pero esos barcos solían ser genoveses, venecianos o florentinos. La verdadera riqueza estaba en la capacidad comercial de esos navegantes y no en la extensión de un reino como Nápoles.

Es decir, si Carlos VIII o Luis XII de Francia, o Maximiliano I o Fernando el Católico hubieran querido dominar la riqueza italiana, más les habría valido convertirse en señores de Florencia o Génova que enviar tropas y dinero sin cesar por controlar Nápoles o Milán.

Pero no se lo hemos de reprochar. Para aquellos príncipes salidos de una sociedad agraria, feudal, donde la tierra parecía el valor más notable, el comercio o la banca no dejaban de ser herramientas sutiles y poco claras.

Lo curioso es que para esos finales del siglo XV y comienzos del XVI los otomanos, que se habían hecho con Constantinopla en 1453, ya controlaban todo el Mediterráneo oriental, un evento que quedó claramente marcado con la conquista de Egipto en 1517.

Sin embargo, ni siquiera en ese momento, los príncipes cristianos tomaron plena conciencia de que la fuente de la riqueza de Italia, el comercio con oriente, se estaba ahogando. Es más, aún medio siglo después las flotas de Génova, Venecia y Felipe II se organizarán para frenar la expansión turca y tratar de volver a abrir las viejas rutas comerciales.

Mas incluso aquí volvemos a encontrarnos ante la ceguera de esos príncipes. Cuando la alianza cristiana encabezada por Felipe II derrotó a los turcos en Lepanto en octubre de 1571 y en ese momento pudieron haber vuelto a abrir de par en par el Mediterráneo oriental, algo que no hicieron, ya era tarde.

El comercio mundial ya se había trasladado al Atlántico, precisamente en los años en que Carlos VIII invadió Italia.

Teniendo entonces clara esa incapacidad de los que estamos en el presente de comprender el contexto histórico en el que vivimos (nos pasa a nosotros como le ocurrió a Carlos VIII de Francia o a Fernando el Católico), regresemos a ese año 1494, con el rey de Francia empecinado en conquistar buena parte de Italia.

Hemos visto como a partir de 1503 asumió el papado Julio II, quien decidió expulsar a todos los extranjeros de Italia y convertirse él mismo en el señor de la península. El empeño de Julio II no llegó a buen puerto, pues el papa murió en 1513 sin haber logrado todo su propósito.

Hemos de pensar que el famoso ensayo de Nicolás Maquiavelo (1469-1527), *El príncipe*, aparecido en versión manuscrita precisamente en 1513, más allá de ofrecer recursos al gobernante para acaparar el poder fue sobre todo un libro que reclamaba la italianidad de Italia, buscando esa expulsión de los extranjeros (franceses, imperiales, españoles) que había propugnado Julio II.

El nuevo papa León X había nacido en Florencia en 1475 y era uno de los hijos de Lorenzo de Medici el Magnífico. A la sombra de su padre, aprendió tanto las mañas políticas para hacer crecer el dominio florentino como el programa artístico aparejado.

Con la llegada de Carlos VIII de Francia a Italia, en 1494, los florentinos lograron expulsar a los Medici y establecer una república, dominada inicialmente por el integrista Savonarola y bajo el protectorado francés. Pero cuando el papa Julio II reunió la Liga Santa y expulsó a los franceses en 1512, los Medici lograron recuperar Florencia, que quedó bajo el gobierno del futuro León X.

De modo que cuando León X se convirtió en papa conocía de primera mano todos los enredos políticos de las guerras de Italia, lo que le llevó a tratar de preservar sus dominios de los Estados Pontificios y la Toscana a base de negociar con los Valois y los Habsburgo.

A su muerte, fue sucedido brevemente como papa por Adriano VI (1459-1523), que fungió como sumo pontífice durante poco más de año y medio entre 1522 y 1523 y quien también buscó el consenso entre Francisco I de Francia y el emperador Carlos V.

Muerto Adriano VI, fue nombrado papa Clemente VII Medici, primo de León X, quien, además de papa, también era señor de Florencia. De partida, Clemente VII trató de seguir esa política de equilibrio entre franceses e imperiales, considerando que el papado ganaba y era posible establecer el dominio territorial del papa sobre Italia. Pensemos que en 1524 es cuando los discípulos de Rafael están pintando *La donación de Constantino* en las estancias vaticanas, porque Clemente VII consideraba que estaba a punto de lograr el control sobre Italia, tal como había previsto esa falsa donación.

Todo cambió tras la batalla de Pavía. En febrero de 1525, las tropas de Francisco I fueron derrotadas por las de Carlos V y el mismo Francisco I cayó prisionero, siendo enviado a Madrid.

El papa Clemente VII consideró que aquello rompía el equilibrio que había existido hasta entonces y la balanza se inclinaba en favor de los Habsburgo. De modo que, en 1526, recuperando el viejo lema de Julio II de Italia para los italianos, creó la Liga de Cognac, con la que pretendía expulsar a los Habsburgo de Italia.

A esta liga, encabezada por el papa, se unieron Florencia (que también controlaba Clemente VII), Milán y Venecia, además de Francisco I de Francia, rechazando la paz firmada poco antes para ser liberado de su cautiverio en Madrid. Esa ruptura de la palabra dada la asumió Francisco I una vez que el papa le hizo ver que al haber sido hecho el acuerdo con el rey francés prisionero no tenía valor.

Esta actitud torticera del papa habría de tener consecuencias. En la propia Roma, Clemente VII había puesto como su segundo en el Vaticano, con el título de vicecanciller, al cardenal Pompeo Colonna (1479-1532), miembro de una de las más ilustres familias romanas, con objeto, por parte de Clemente VII, de ganarse el favor de esa nobleza romana.

El cardenal Colonna, de romper el equilibrio entre potencias que había en Italia, era más partidario del emperador que del rey de Francia. Como Clemente VII organizó la Liga de Cognac junto con Francia a espaldas de su vicecanciller Colonna, el papa se ganó la enemistad de su cardenal.

Colonna abandonó Roma, reunió varios miles de hombres y en septiembre de 1526 asaltó la ciudad, obligando a Clemente VII a refugiarse en el castillo de Sant-Angelo, la antigua tumba de Adriano. Tras dos días de saqueo, Colonna se avino a retirarse de la ciudad.

Pero, en noviembre de ese año de 1526, el papa, con Colonna lejos, le condenó por sus acciones, hizo asaltar sus posesiones en Roma y en la campiña y le despojó de todos sus privilegios religiosos. Colonna permaneció acantonado en el reino de Nápoles en espera de poder regresar a Roma y vengarse de Clemente VII.

Mientras tanto, la Liga de Cognac seguía reuniendo sus tropas para enfrentarse al emperador. A los ejércitos del papa y Venecia se les habían de reunir los refuerzos franceses. Pero Francisco I había tenido un problema serio entre sus propias tropas.

En 1515, Francisco I había logrado la victoria de Marignano, que le había permitido recuperar el Milanesado. Comandaba sus tropas Carlos de Borbón (1490-1527), de una rama menor de los reyes Capeto, que fue nombrado condestable, es decir, generalísimo de los ejércitos franceses.

Carlos de Borbón había logrado reunir una notable cantidad de dominios tanto por su propia herencia como por la que recibió de sus hermanos fallecidos sin herederos y, sobre todo, por su matrimonio con su prima Susana de Borbón (1491-1521).

Para 1521, Carlos de Borbón era uno de los nobles más ricos de Francia, además de uno de los mejores militares con los que contaba Francisco I. Pero Carlos quedó viudo con la muerte de Susana de Borbón y los bienes de esta fueron reclamados por su prima Luisa de Saboya (1476-1531), la madre de Francisco I.

El rey de Francia debió entonces elegir entre llenar las arcas reales para una nueva guerra italiana al reclamar esos bienes de la fallecida Susana de Borbón para su madre Luisa, que gustosa pagaría las campañas de su hijo, o respetar los derechos de Carlos de Borbón a la herencia de su esposa.

Francisco I decidió pleitear contra Carlos de Borbón, le hizo perder los bienes de la difunta, y en su enojo Carlos de Borbón, recordemos, condestable de Francia, en 1523 se puso al servicio de Carlos V.

Carlos de Borbón participó en la batalla de Pavía, donde fue derrotado Francisco I, y en el tratado firmado en Madrid, entre otros muchos puntos, el rey de Francia aceptaba devolver todos sus bienes a Carlos de Borbón.

Pero, como decíamos antes, cuando Clemente VII convenció a Francisco I de faltar a su palabra en Madrid, Carlos de Borbón volvió a perder todos sus privilegios. Fue entonces cuando Carlos V le encomendó a Carlos de Borbón que encabezase sus ejércitos en Italia para combatir a la Liga de Cognac.

Para reforzar estas tropas de Carlos de Borbón, constituidas mayoritariamente por soldados españoles e italianos, Carlos V llamó a otro de sus más destacados generales, Jorge de Frundsberg (1473-1528).

Frundsberg ya había estado al servicio de Maximiliano I, a quien le propuso la creación de un cuerpo de infantería de habla alemana, los lansquenetes, que comenzaron a funcionar en 1509. Cuando Carlos V le pidió a Frundsberg en 1526 que acudiese presto a Italia, el general alemán convocó a sus lansquenetes.

Frundsberg ya había mostrado ciertas simpatías por las prédicas de Lutero, aunque siempre se mantuvo católico. Por eso no tuvo inconveniente en que entre sus tropas sí hubiera luteranos, quienes, al saber que habían de acudir a Italia a combatir al papa, consideraron un privilegio poder acabar con el que pensaban que era el principal enemigo de su fe.

En la primavera de 1527, las tropas de Carlos de Borbón y Frundsberg acantonadas en la Lombardía no habían sido convenientemente pagadas y sus líderes decidieron avanzar hacia el sur, buscando una ciudad que saquear para satisfacer las demandas de dinero de la soldadesca. Ante el avance imperial, las tropas venecianas entraron en caos, mientras en Florencia sus habitantes se volvían a sublevar contra los Medici.

Aunque los imperiales ya comenzaron sus saqueos en la Toscana, no cesaron en su avance sobre Roma, adonde llegaron a comienzos de mayo de 1527. El 6 de mayo se produjo el asalto contra las murallas. En la refriega, murió Carlos de Borbón, mientras Jorge de Frundsberg, ante la violencia que estaba a punto de desatarse, decidió abandonar el mando.

Sin una cabeza que dirigiera al numeroso ejército imperial, los soldados arrasaron la ciudad, a lo que se añadió la llegada del propio cardenal Colonna con sus tropas, el 8 de mayo, también ansioso por vengarse de Clemente VII.

Desde el primer momento, Clemente VII corrió a refugiarse, de nuevo, en el castillo de Sant-Angelo, lo que le permitió salvar su vida, aunque permaneció allí prisionero durante siete meses.

El grado de pillaje fue tal que, cuando el cardenal Colonna entró en Roma el 8 de mayo con objeto de sumarse al vandalismo, quiso pararlo a la vista de lo que ya había ocurrido. No fue capaz. De la violencia solo se salvaron las iglesias de los españoles (comenzando por la de Santiago en la plaza Navona), así como los palacios de los cardenales proimperiales.

Para comienzos de junio, es decir, casi un mes después, la situación se fue calmando. Filiberto de Chalons (1502-1530), príncipe de Orange, que había estado bajo el mando de Frundsberg, logró ir recuperando la disciplina de sus soldados.

Mientras tanto, Carlos V recibió la noticia del saqueo de Roma en Valladolid, donde se encontraba junto a su esposa Isabel (1503-1539), quien dio a luz el 21 de mayo al futuro Felipe II. Es más, es posible que la buena nueva del nacimiento de su heredero se mezclase con las malas noticias que en ese momento le llegaron a Carlos V desde Roma: la muerte del condestable de Borbón, el cautiverio del papa y el saqueo de la ciudad.

Sin abandonar Valladolid, Carlos V comenzó a enviar cartas por toda la cristiandad latina apesadumbrado de lo que había ocurrido en Roma, haciendo ver que él no estaba involucrado, que respetaba la figura del papa y que reprochaba la actitud de sus tropas.

Este sentimiento de culpabilidad no había de impedir que el emperador sacase partido de la situación. Por una parte, logró que el papa pagase trescientos mil ducados para recuperar su libertad. Por supuesto, la Liga de Cognac quedó desarticulada y Clemente VII hubo de mostrarse desde ese momento fiel aliado de Carlos V.

En junio de 1529, se firmó el tratado de Barcelona entre el emperador y el papa. Carlos V restituyó todos sus bienes al papa, incluida la vuelta de los Medici a Florencia. Francisco II Sforza (1495-1535) siguió, en contra de los deseos de los franceses, como duque de Milán hasta que a su muerte, en 1535, el ducado pasase a manos del hijo de Carlos V, el futuro Felipe II.

Venecia dejó las ciudades que había ocupado en los meses previos y Francisco I de Francia tuvo que avenirse a firmar una nueva paz, la de Cambrai o de las Damas, en agosto de 1529, que puso fin, por el momento, a las ambiciones de Francisco I en Italia.

Además, Clemente VII aceptó coronar a Carlos V como emperador, algo que habría de ocurrir en febrero de 1530 en Bolonia.

Hubo otro tema que se mezcló en todo este proceso de reconciliación entre el papa y el emperador. Desde 1526, el rey de Inglaterra Enrique VIII (1491-1547) quería anular su matrimonio con Catalina de Aragón (1485-1536), tía de Carlos V. El monarca inglés inició su solicitud al papa entre 1527 y 1529.

Mal momento, pues Clemente VII no quería indisponerse una vez más con Carlos V, de modo que rechazó la petición de Enrique VIII. Años después, ese rechazo provocó la secesión de la Iglesia de Inglaterra de la obediencia de Roma.

El brutal saqueo de Roma durante ese mes de mayo de 1527 ha provocado no pocos debates historiográficos. La destrucción de buena parte de la ciudad paralizó las ambiciosas obras que se habían iniciado un cuarto de siglo antes, durante el pontificado de Julio II.

Muchos romanos huyeron de la ciudad, incluyendo no pocos artistas, que buscaron acomodo en otras cortes, hasta el punto de que se ha llegado a considerar que el Renacimiento acabó en ese mes de mayo de 1527.

Sin embargo, hemos de bajar al detalle. En ese año de 1527, la principal obra seguía siendo la reconstrucción de la iglesia de San Pedro del Vaticano. Pero desde que el proyecto había comenzado en 1506 las obras habían avanzado muy lentamente.

No ha de extrañarnos. En los años que gobernó Julio II, además de la basílica, el papa quiso rehacer las estancias vaticanas, la Capilla Sixtina y el palacio del Belvedere, al mismo tiempo que mantenía una intensa actividad militar.

Demasiado gasto para unos ingresos que, pese a ser importantes, eran limitados. Recordemos que fue entonces cuando se promulgaron las bulas de indulgencias de 1505 y las de 1515, ya con León X. Esa venta de indulgencias que provocó la sublevación de Lutero. Es decir, los fondos con los que contaba el papado eran escasos y los trabajos en el Vaticano iban despacio.

La cosa se puso aún peor con el nombramiento de Clemente VII. A las deudas heredadas de sus antecesores para sufragar el ambicioso plan artístico se unió el hecho de que los ingresos habían disminuido con el levantamiento de buena parte de la Iglesia alemana, que se alineó con Lutero. Pero, además, Clemente VII, al formar la Liga de Cognac, hubo de volver a invertir fuertes sumas de dinero para formar sus propios ejércitos.

Por supuesto, esa lentitud en los trabajos en San Pedro se vio agravada tras el saqueo de 1527, que prácticamente paralizó la construcción por varios años. Pero para 1534, cuando tras la muerte de Clemente VII fue nombrado papa Paulo III Farnesio, la actividad edilicia ya estaba recuperada y, además, con proyectos nuevos claramente en la línea de los que había establecido Bramante tres décadas atrás, por tanto, dentro de las formas del Renacimiento romano.

Es más, hemos visto como Carlos V, desde el momento que supo lo acontecido en Roma, comenzó a enviar misivas por doquier quitándose la responsabilidad y mostrando su fidelidad al papa y a la Iglesia católica.

Es cierto que el emperador supo sacar partido de las dificultades del papa, pero ya hemos visto como en el tratado de Barcelona de 1529, le permitió a Clemente VII recuperar buena parte de sus privilegios.

Además, en el plano artístico, hubo un cambio radical en las obras financiadas por Carlos V o sus cortesanos, ya fueran en España, Austria o los Países Bajos. En todos estos lugares, aún dominaban las formas artísticas de esa vanguardia borgoñona que vimos al comienzo de este libro. Tras el saqueo de Roma, esa tradición medieval se abandonó y se apostó claramente por el arte clásico que se había fraguado en la Roma de Bramante.

Es decir, lejos de morir, el Renacimiento bramantesco floreció en todas las cortes de los Habsburgo.

Algo parecido ocurrió en la corte de Francia. Francisco I había coqueteado con el mundo clásico desde su llegada al trono y con la asistencia de Leonardo da Vinci. Pero esos castillos de los años 1510-1520 aún tenían mucho de medieval.

A partir de 1530, Francisco I decidió llenar sus palacios de artistas y obras de arte italianas. Si Carlos V se había apuntado al lenguaje clásico, el monarca francés no había de ser menos, y quiso probar que había empezado antes y lo había hecho realmente a lo grande.

De ahí que cuando Carlos V cruzó Francia en 1539, Francisco I se esforzó por demostrarle que como rey clásico, y, por tanto, buen católico, el monarca francés estaba por encima del emperador.

Pudiera parecer contradictorio que el saqueo de Roma que paralizó por un lustro la creación artística en la Ciudad Eterna fuera un revulsivo para la difusión del arte clásico por toda la cristiandad occidental.

Sin embargo, así fue. No es nuestra teoría. Y vamos a verlo en los siguientes capítulos recorriendo las cortes de los Habsburgo y los Valois antes y después de 1527.

Es cierto que hubo una excepción. Un monarca de esa cristiandad occidental rompió con el papado, Enrique VIII de Inglaterra, y allí el arte clásico, que había asomado tímidamente, se apagó por siete décadas. Ser clásico era ser papista y ni Enrique VIII, ni Eduardo VI (1537-1553), ni, sobre todo, Isabel I estaban dispuestos a hacer concesiones a los papas de Roma.

En definitiva, el saqueo de Roma de 1527 (por cierto, el octavo saqueo que recibió Roma a lo largo de su historia) fue un evento brutal para la Ciudad Eterna pero con una consecuencia artística inesperada: el arte de esos papas ambiciosos del Alto Renacimiento terminó por convertirse en el arte de los príncipes católicos de la Europa occidental, empezando por el emperador Carlos V.

11
EL FIN DE LA EDAD MEDIA EN ESPAÑA: LAS CATEDRALES DE CARLOS V

El 24 de febrero de 1500 nació en Gante el futuro emperador Carlos V, hijo de los archiduques Felipe (1478-1506) y Juana (1479-1555). Cinco meses después, moría en Granada, con solo dos años de edad, Miguel de la Paz, sobrino de Juana y primo hermano de Carlos.

De esta manera, Juana se convirtió en la heredera de las Coronas de Castilla y Aragón, unas Coronas que su hijo Carlos habría de ostentar en el futuro, ya como Carlos I de España.

Sin embargo, durante sus dos primeros años de vida, Carlos vivió junto a sus padres, sobre todo en Bruselas, en el palacio de Coudenberg. En diciembre de 1501, Juana y Felipe partieron hacia Castilla y el pequeño Carlos quedó encomendado a su bisabuela Margarita de York (1446-1503), que vivía en Malinas.

Felipe regresó a Flandes en diciembre de 1502 y Juana en la primavera de 1504. Carlos volvió entonces a vivir con sus padres en Bruselas.

Pero fue por poco tiempo. Isabel la Católica murió en noviembre de 1504 y Juana hubo de regresar a asumir la Corona de Castilla. Juana dejó Flandes en enero de 1506 acompañada de su esposo Felipe. Ninguno de los dos habría de regresar nunca más.

Carlos quedó entonces bajo la tutela de la hermana de Felipe, su tía Margarita de Austria (1480-1530), que, como la abuela Margarita de York, tenía su residencia en Malinas.

Durante los siguientes diez años, Carlos pasó la mayor parte del tiempo en Malinas, si bien progresivamente fue realizando sucesivos viajes por sus futuros dominios en los Países Bajos. Lo más habitual era verle recorriendo el ducado de Brabante (donde, además de Malinas, estaba Bruselas) y el condado de Flandes (incluyendo varias estancias en su Gante natal o en Brujas).

En 1515 hizo un viaje más largo por sus dominios de Zelanda, pasando por Middelburgo, y Holanda, donde pasó por Róterdam, Delft, La Haya y llegó a Ámsterdam.

A comienzos de 1516, Carlos recibió la noticia de la muerte de su abuelo Fernando el Católico en Bruselas. Pese a que su madre Juana era la reina titular, Carlos decidió asumir el título de rey de Castilla y Aragón y se preparó para partir hacia España. Durante la mayor parte de ese año de 1516 y buena parte de 1517, el ya Carlos I permaneció en Bruselas, terminando de organizar su partida a la península ibérica, al tiempo que dejaba el gobierno de los Países Bajos en manos de su tía Margarita de Austria.

Por fin, en septiembre de 1517, Carlos I partió rumbo a España.

¿Qué educación había recibido el futuro rey durante esa infancia y esa juventud pasadas en Flandes?

Desde su infancia, una de las principales obsesiones tanto de sus padres como de sus tutores había sido imbuirle del espíritu del buen caballero cristiano. Ese carácter caballeresco quedó claramente marcado a través de dos símbolos.

Por un lado, en 1501, cuando solo tenía un año de edad, Carlos ingresó en la Orden del Toisón de Oro. Esta orden había sido creada en 1429 por el duque de Borgoña Felipe el Bueno, tatarabuelo de Carlos.

La Orden del Toisón formó parte de todo ese programa de engrandecimiento que tuvieron los duques borgoñones para sus Estados desde finales del siglo XIV.

La idea de Felipe el Bueno fue crear una orden de caballería mediante la cual los nobles borgoñones se comprometiesen aún más con su duque (es decir, el propio Felipe el Bueno) como muestra de ser honorables caballeros, además de buenos cristianos.

Se estableció como símbolo de la orden el vellocino de oro, es decir, la piel del mitológico carnero Crisómalo, cuya lana de oro fue recuperada por el héroe Jasón tras no pocas dificultades. La elección por parte de Felipe el Bueno del vellocino no fue gratuita. El carnero ya era el símbolo de Brujas, una de las ciudades más ricas del ducado de Borgoña. Pero, además, que fuera un símbolo de oro venía a recordar la riqueza general de los borgoñones, al tiempo que se evocaban las heroicidades de Jasón, comparables a las dificultades que el duque de Borgoña y sus caballeros habrían de hacer frente en su lucha contra franceses y alemanes.

Además, desde niño, Carlos se aficionó a los libros de caballería y, muy especialmente, a la obra de Olivier de la Marche (1425-1502) *Le chevalier délibéré* (*El caballero determinado* en español), un largo poema alegórico terminado de escribir en 1483.

En este libro, un viejo caballero escuchaba la historia que le relataba un personaje llamado Pensamiento, que le cuenta la muerte del duque de Borgoña Felipe el Bueno, frente a otro personaje llamado Accidente, así como la de Carlos el Temerario (1433-1477), hijo de Felipe, frente a otro personaje llamado Debilidad, que utiliza como arma la enfermedad.

El viejo caballero decide entonces volver a la lucha para acabar su vida ajustándose a su moral cristiana y de forma heroica, pero descubre así que la muerte le rehúye. Carlos conservó este libro hasta su retiro en Yuste, teniéndolo como el modelo de vida que quiso llevar a cabo.

Por otro lado, desde el momento en que Carlos quedó bajo la tutela de su tía Margarita de Austria en el palacio de esta en Malinas, a este gusto por el mundo del buen caballero cristiano se le unió una esmerada educación artística.

Como mencionamos antes, Carlos había estado bajo la tutela de su bisabuela Margarita de York en Malinas, entre 1501 y 1502, en un palacio del que actualmente solo se conserva su fachada, bastante retocada, pero donde es posible ver aún el peso de la tradición constructiva tardogótica.

El palacio había sido adquirido por Margarita de York en 1477, siendo reformado a partir de 1480, posiblemente por Antoon I Keldermans (1440-1512), notable arquitecto flamenco del que conocemos otras obras, como el ayuntamiento de Midelburgo, para el que realizó un proyecto en 1512 siguiendo las modas epatantes borgoñonas.

Cuando Carlos regresó a Malinas ya para vivir junto con su tía Margarita de Austria, esta había adquirido otro palacio en 1507 justo enfrente del de Margarita de York.

Aunque ya en 1507 Margarita de Austria realizó algunas reformas en su nueva residencia, las más importantes las llevó a cabo a partir de 1517 bajo la dirección de Rombout Keldermans (1460-1531), el hijo de Antoon I Keldermans.

El palacio de Margarita de Austria quedó muy dañado en la explosión del Zandpoort de 1546, cuando saltó por los aires el almacén de pólvora de la ciudad, por lo que hubo de ser rehecho. Con todo, la imagen que tenemos hoy del palacio es la que le dio el arquitecto Leonard Blomme (1840-1918) entre 1876 y 1885, cuando decidió mejorar el edificio en un estilo neorrenacentista. No fue una elección gratuita. Blomme consideró que era hora de mostrar como el joven Carlos V había vivido en un palacio renacentista, aunque no fuera cierto. No era posible aceptar que el duque de Borgoña de comienzos del siglo XVI vivía aún en la Edad Media, cuando lo realmente moderno, para los historiadores contemporáneos, era que optase por el Renacimiento.

No es un debate baladí. Hasta aquí hemos ido viendo como el Renacimiento surgido en Florencia en 1400 fue expandiéndose lentamente por Italia hasta conquistar definitivamente Roma a partir de 1500. Todo un siglo después. Mientras tanto, en Europa, lo que primaba era el arte derivado de las modas borgoñonas.

Pero tras el saqueo de Roma, las formas borgoñonas prácticamente desaparecieron. El Renacimiento ganó. Y ahí hemos entrado en una extraña deriva historiográfica, no en el siglo XVI, cuando el Renacimiento se impuso al arte borgoñón, sino a partir del siglo XIX. Insertos en una historia nacionalista, cada historiador, el que escribe la historia del arte de Francia, o de España, o de Bélgica, o de la Gran Bretaña, o de Alemania, no puede permitir que su país se apuntara con retraso al arte vencedor, al Renacimiento. No importa lo que ocurriese durante el siglo XV y comienzos del XVI. No importa que los Trastámara de España, los Valois de Francia o los Habsburgo hasta 1527 quisieron de manera consciente seguir las modas borgoñonas. Los historiadores contemporáneos no pueden permitir ese «error» a los personajes del pasado y hay que actualizarlos. Por eso, Blomme rehízo un palacio neorrenacentista, corrigió la equivocación de Margarita de Austria y Carlos V de querer vivir en un palacio tardogótico.

Para entender cómo pudo ser esa residencia de Margarita de Austria (el hoy palacio neorrenacentista), hemos de ver las otras obras que en esos años estaba haciendo su arquitecto, Rombout Keldermans, como el ayuntamiento de Gante, iniciado en 1519, o el ayuntamiento de Zoutleeuw (Zutleo), iniciado en 1530. En ambos casos, nos encontramos con edificios civiles dominados por las formas góticas.

Carlos gustó de los trabajos de Rombout hasta el punto de que lo ennobleció en 1516.

Por tanto, Carlos pasó buena parte de su infancia y adolescencia en Malinas, entre dos palacios, el de Margarita de York y el de Margarita de Austria, recién reformados ambos, dentro de la tradición bajomedieval gótica. Pero hemos de añadir un tercer palacio que, habiendo conocido de niño, se volvió su residencia más frecuente a partir de 1515: el de Coudenberg en Bruselas.

El palacio de Coudenberg ya existía desde antes del siglo XII, pero el edificio que pudo conocer Carlos fue el reformado a mediados del siglo XIV, constituido por cuatro crujías en torno a un patio central. La entrada principal se situaba al sur, abriéndose sobre la explanada de los *Bailles* (la explanada fortificada). A partir de 1431, en el momento en que los duques de Borgoña se convirtieron también en duques de Brabante y, por tanto, señores de Bruselas, el palacio comenzó a ser reconstruido. En 1452, se inició la edificación de una gran aula magna que se abría sobre el patio interior, bajo la dirección del maestro de obras Guillaume de Vogel.

Esta aula magna fue por largo tiempo la estancia más significativa del palacio, con su monumental escalera de acceso para salvar el desnivel entre el patio y el interior. Todo el conjunto estaba dominado por las formas góticas.

En esta aula magna sería declarado Carlos mayor de edad en 1515 y en esta misma aula abdicaría cuarenta años después en 1556. Retengamos esta idea: dos acontecimientos clave de su vida los vivió Carlos en un espacio de tradición medieval.

Entre 1515 y 1521, Carlos encargó una reforma de la gran explanada de los *Bailles*, donde deseaba exhibir las estatuas de los diferentes duques de Borgoña. El trabajo de urbanización fue concluido por Rombout Keldermans, aunque las estatuas no llegaron a colocarse.

Cuando Carlos ya había sido coronado como rey de Castilla y Aragón, además de emperador de Alemania, aún encargó en 1522 una nueva obra para el palacio de Coudenberg, una capilla en honor de sus padres Juana y Felipe, levantada como continuación del aula magna, al norte de esta, entrando en los jardines septentrionales, un trabajo trazado por Henri van Pede (†h. 1539), que diseñó una capilla tardogótica, dentro de las modas borgoñonas, y que sería ejecutada por Rombout Keldermans a partir de 1526.

Las modas clásicas no llegaron hasta 1533, cuando ya era gobernadora de los Países Bajos María de Hungría, hermana de

Carlos, quien reedificó la crujía norte del palacio, habilitando una serie de apartamentos.

Teniendo, por tanto, claro que Carlos creció entre estos palacios medievales, formándose como un buen caballero cristiano, ¿qué más sabemos de su educación y hasta qué punto pudo recibir alguna influencia de las modas de la Italia de finales del XV? Hemos de pensar que, desde niño, Carlos contó con preceptores y consejeros españoles, como Luis Cabeza de Vaca (1465-1550), el obispo Alonso de Manrique (1471-1538) o Francisco de los Cobos (1477-1547), futuro secretario de Carlos.

Pero la influencia española fue menor al lado de los cortesanos flamencos, comenzando por Charles de Croy (1457-1527), tutor de Carlos, y quien había de sucederle en el cargo, su primo Guillermo de Croy (1458-1521), señor de Chièvres, quien había de convertirse en el favorito de Carlos.

Guillermo de Croy fue quien logró que Carlos fuese declarado mayor de edad en 1515, además de favorecer el tratado de Noyon de 1516 entre Carlos y Francisco I de Francia en el que Carlos dejaría de apoyar a su abuelo Maximiliano contra los franceses a cambio de que se respetasen los derechos de Carlos sobre Navarra y Nápoles, mientras Francisco I se quedaba con Milán.

Para contrarrestar la influencia de los Croy, Margarita de Austria decidió nombrar como preceptor máximo de Carlos en 1507 a Adriano de Utrecht, futuro papa Adriano VI. Hombre de extracción humilde, nacido en 1459, perteneció a una familia muy religiosa, seguidora de la *devotio moderna*, una forma de religiosidad cristiana muy introspectiva, practicada durante el siglo XV. Ingresó en la Universidad de Lovaina en 1476, donde obtuvo el título de doctor en Teología en 1491, para más tarde llegar a ser rector de esa casa de estudios.

Frente a las ambiciones políticas de los Croy, que incentivaron más el aspecto de caballero-guerrero de Carlos, Adriano de Utrecht fue el responsable de la formación cristiana del muchacho. Cuando Guillermo de Croy forzó para conseguir que Carlos fuese nombrado mayor de edad, también logró que Adriano de Utrecht fuera enviado a Castilla, en espera de la muerte de Fernando el Católico y para preparar la llegada de Carlos a España.

Pero justo cuando Adriano había de partir para España, un nuevo preceptor religioso había de entrar en la vida de Carlos: el famoso Erasmo de Róterdam.

Erasmo está considerado por los historiadores como uno de los máximos exponentes del humanismo renacentista. Nacido en 1466, recibió una esmerada educación religiosa, obviamente en latín, y también en griego, lo que le habría de resultar muy útil para sus traducciones y comentarios de las Escrituras.

Siguió la moda espiritual de la *devotio moderna*, que acabamos de comentar, ingresó en la orden de los agustinos y se ordenó como sacerdote en 1492, aunque abandonó pronto la vida monástica y prácticamente nunca ejerció sus labores como presbítero.

A partir de ahí, se dedicó a viajar tratando de mejorar su formación, al tiempo que no cesaba de escribir. Estuvo en París, se trasladó a Inglaterra, donde conoció e hizo amistad con Tomás Moro (1478-1535), vivió en Italia entre 1506 y 1509, donde se ganó la simpatía del futuro León X. En 1509, regresó a Inglaterra, donde escribió una de sus obras más conocidas, el *Elogio de la locura*, en la que criticaba las supersticiones y la corrupción de la curia romana.

Su fama de brillante intelectual fue creciendo y fue entonces, en 1514, cuando viajó a Gante y conoció a Jean le Sauvage (1455-1518), canciller de Brabante. Sauvage fue nombrado en enero de 1515 como gran canciller de Borgoña y le propuso a Erasmo quedarse en la corte borgoñona como consejero de Carlos.

Erasmo aceptó el nombramiento con carácter honorífico, sin intención de tomarlo en realidad como un trabajo permanente, aunque, a cambio, decidió redactar un nuevo ensayo, *Institutio*

Principis Christiani, la *Educación de un príncipe cristiano*, que le dedicó al ya rey Carlos I.

La idea de Erasmo era relativamente sencilla: el príncipe que hubiera recibido una educación esmerada, no obra de sofistas, sino de verdaderos filósofos cristianos, era el mejor preparado para buscar la paz entendida como la ausencia de violencias innecesarias (desde abusos judiciales a guerras) y la posibilidad de que cada individuo actuase libremente sin el oprobio de instituciones corrompidas.

¿Dónde se podía conseguir esa educación esmerada? Para Erasmo era sencillo: leyendo a los clásicos, pero, sobre todo, siguiendo el ejemplo de Cristo a través de las Escrituras y de una vida realmente cristiana. Insistamos en este punto que ya vimos más arriba. Erasmo fue, ante todo, un defensor a ultranza de los textos cristianos, la Biblia, y también de los padres de la Iglesia. Entre la filosofía clásica y la literatura cristiana, Erasmo siempre apostó por la literatura cristiana.

De modo que no ha de sorprendernos que Erasmo renegase de los libros de caballería y su afán por las glorias militares. En 1516, según Erasmo, Carlos era la gran esperanza para recuperar la verdadera moral cristiana. Y su buen hacer provocaría que los otros príncipes de la cristiandad siguieran su ejemplo.

Carlos escuchó a Erasmo, lo leyó y durante la mayor parte de su vida hizo todo lo contrario de lo que su consejero le había sugerido, que, en grandes líneas, no se alejaba mucho de lo que ya Adriano de Utrecht le había propuesto, si bien es cierto que Erasmo logró expresarse con mejores palabras y apelando en algunas ocasiones a los autores clásicos, eso sí, siempre supeditados a las Sagradas Escrituras.

Por tanto, Carlos se educó entre palacios góticos, con la figura de los caballeros bajomedievales que guerreaban por dejar en la memoria sus hazañas y a la única persona que pudo influirle para buscar otros derroteros, Erasmo, le escuchó para no hacerle caso.

Fue con todo este bagaje medieval con lo que en 1516 Carlos I partió para España para asumir las Coronas de Castilla y Aragón. Allí se encontró con una serie de catedrales en obras que también se movían en las formas góticas. No le sorprendió. El arte que veía en España no se alejaba de lo que había disfrutado en los Países Bajos. Como explicamos en el primer capítulo de este libro, el arte de toda Europa occidental, salvo Italia, seguía mayoritariamente las modas borgoñonas.

¿Cuáles fueron esas nuevas catedrales que se encontró Carlos V? Para ver todas ellas hemos de retroceder un poco en el tiempo, a 1495, cuando murió el cardenal Mendoza (1428-1495), arzobispo de Toledo y primado de España.

Al cardenal Mendoza y a los otros miembros de la familia Mendoza se les ha atribuido la introducción de las formas renacentistas en España ya en esos finales del siglo XV. De nuevo, hay que ser muy prudentes con este tipo de afirmaciones.

Entre las obras más señeras de los Mendoza en esos finales del siglo XV tenemos, en sus amplios dominios alcarreños, el palacio del Infantado de Guadalajara, iniciado en 1480, bajo la dirección de Juan Guas (1430-1496). Juan Guas, de origen francés, se había formado junto a su padre en el taller de Hanequín de Bruselas (†1494) y sus hermanos los Egas en Toledo a mediados del siglo XV. Hanequín de Bruselas, a su vez, había llegado a Toledo a trabajar en las obras que ya dirigía otro artista del mundo borgoñón, Pedro Jalopa (h. 1386-1443), quien había llegado a España hacia 1410, junto con su colega Ysambart (†h. 1434), también formado como artista en la corte borgoñona.

El palacio del Infantado responde a esas formas epatantes borgoñonas, con la fachada muy recargada con esos picos piramidales recubriendo por doquier y la galería del piso superior de arcos mixtilíneos y abundante decoración. Ojo, en el primer nivel encontramos unas columnas y arcos clásicos, fruto de una reforma realizada a partir de 1569.

Otro de los palacios que hicieron los Mendoza fue el de Cogolludo (también en la provincia de Guadalajara), iniciado en 1488, obra de Lorenzo Vázquez de Segovia (†h. 1513), y cuya fachada fue una réplica de la Banca Medicea de Milán, un edificio que Filarete llegó a dibujar cuando criticaba la arquitectura milanesa por seguir demasiado apegada a las formas medievales. Es cierto que en la fachada de la Banca Medicea, en el pórtico, hay ciertos guiños clasicistas. Lo mismo ocurre en Cogolludo. Pero esos guiños son menores respecto a todo el resto de la estructura y el ornato que obedecía a esas modas borgoñonas ya hispanizadas.

El palacio llegó a estar completamente decorado por miles de azulejos de tradición mudéjar. En la restauración de mediados del siglo XX, el arquitecto a cargo, José Manuel González-Valcárcel (1913-1992), hizo retirar y arrojar a los escombros esos miles de azulejos. También desmontó el patio principal y una de las crujías, que no respondían a la simetría esperada de un edificio renacentista, para volver a montarlos, ahora sí, siguiendo esos cánones propios, según él, del Renacimiento. Como en el caso del palacio de Malinas, el restaurador vino a corregir al arquitecto original, un arquitecto original que había construido como se estilaba a finales del siglo XV y no como decían los manuales de texto del siglo XX que había de construirse. En definitiva, si la realidad venía a contradecir esos manuales, se cambiaba la realidad y resuelto.

El propio cardenal Mendoza propició la construcción del colegio mayor de Santa Cruz, en Valladolid, terminado en 1492, dentro de esas formas tardogóticas, aunque los añadidos clásicos posteriores que se ven en la fachada han llevado a incluirlo, equivocadamente, en la arquitectura renacentista.

En Valladolid, por esos años, se estaba levantando otro colegio mayor, el de San Gregorio, terminado para 1496, y que es otro buen ejemplo del gótico recargado hijo de las modas borgoñonas.

Otro ejemplo de ese apego a las formas tardomedievales lo podemos ver en la sillería del coro bajo de la catedral de Toledo, uno de los últimos encargos artísticos realizados por el cardenal Mendoza y que realizó Rodrigo Alemán (1470-1542) entre 1495 y 1498, una sillería donde seguimos sin tener ni elementos ni proporciones clásicas.

¿De dónde viene entonces esa asociación entre el Renacimiento italiano y los Mendoza? Pues, en esencia, por algunos encargos que habían de realizar los sobrinos del cardenal Mendoza. Aquí la figura clave fue Íñigo López de Mendoza, el Gran Tendilla (1440-1515), quien ejerció de embajador en Roma entre 1485 y 1487 y que debió traerse esas nuevas ideas renacentistas que ya bullían en la Ciudad Eterna. El Gran Tendilla se aseguró de que el sepulcro de su tío el cardenal en la catedral de Toledo, construido en 1503, siguiera las trazas clasicistas de Andrea Sansovino (1467-1529), escultor toscano que viajó y trabajó brevemente en Portugal y España. Probablemente, la idea detrás de ese sepulcro monumental es que el cardenal Mendoza apareciera enterrado en un mausoleo comparable a los de los papas de Roma, en un claro ejercicio de vanidad por parte de la familia Mendoza.

El Gran Tendilla también consiguió levantar otro sepulcro clásico en 1509 para su hermano, Diego Hurtado de Mendoza (1444-1502), arzobispo de Sevilla, obra realizada por el escultor florentino Domenico Fancelli (1469-1519).

Además, el Gran Tendilla influyó notablemente en su primo y protegido Rodrigo Díaz de Vivar (1466-1526), primer marqués de Cenete e hijo del cardenal Mendoza.

Cenete estuvo hasta en dos ocasiones en Italia, entre 1499 y 1500 y entre 1504 y 1506, donde pudo sumergirse en las novedades renacentistas. A su vuelta en España, decidió instalarse en su palacio de la Calahorra, en Granada, una construcción que había ordenado levantar el propio Cenete en 1491 a los alarifes mudéjares Abraham Moferriz y Mahoma de Brea. A su regreso de Italia, Cenete quiso volver más clásico su palacio y contrató a Lorenzo Vázquez de Segovia. El arquitecto no debió satisfacer ese nuevo gusto clasicista de Cenete y no solo fue despedido, sino que se le hizo encarcelar. Fue entonces cuando llegó el genovés Michele Carlone, que hizo en 1512 el patio clásico que hoy podemos ver.

Pero fuera de estos guiños vanguardistas del Gran Tendilla y el marqués de Cenete, el arte dominante seguía siendo el de las formas tardogóticas.

Decíamos antes que el cardenal Mendoza murió en 1495. Le sucedió en sus cargos su protegido Francisco Jiménez de Cisneros (1436-1517).

El cardenal Cisneros vivía obsesionado por la renovación de la Iglesia católica, una idea que dominaba a las autoridades cristianas de la época tras el cisma de Occidente de finales del siglo XIV y comienzos del XV y el conciliarismo que había dominado la primera mitad del siglo XV.

Quizás la forma más elaborada de renovación fue la *devotio moderna*, esa religiosidad que ya hemos citado y que apelaba a la introspección de los creyentes, que habían de tener una vida sencilla y moralmente correcta más allá de las vicisitudes que les rodeasen. Cisneros, como su maestro Mendoza, apoyaron esta *devotio moderna* que practicaba la propia reina Isabel de Castilla, y, más tarde, sus hijas, incluidas la reina Juana de Castilla o Catalina de Aragón, reina de Inglaterra.

Ese espíritu de renovación le llevó a Cisneros a tomar una serie de medidas de gran calado, como la conversión de los musulmanes del recién conquistado reino de Granada, la evangelización de los naturales americanos o, a partir de 1502, la edición de la Biblia políglota complutense.

Con objeto de garantizar que contaba con los mejores clérigos para llevar a cabo todas estas obras, Cisneros decidió crear una universidad propia dentro de su diócesis de Toledo (siguiendo el modelo de su mentor, el cardenal Mendoza, que abrió un colegio mayor en su diócesis de Sigüenza, además del colegio mayor de Santa Cruz de Valladolid, que hemos visto antes). Para ello, Cisneros aprovechó el Estudio General que existía en Alcalá de Henares desde el siglo XIII, donde él mismo se había formado. Un Estudio General que el cardenal logró refundar en 1499 gracias a varias bulas del papa Alejandro VI Borgia, buscando no solo equipararlo a la gran Universidad de Salamanca, sino creando un campus universitario *ex novo*, una verdadera ciudad de Dios académica.

Todo este plan de renovación, sin embargo, no suponía una ruptura con los modelos previos, sino una mejora. Tal como acabamos de ver, la Universidad de Alcalá no venía a revolucionar la enseñanza superior, sino a imitar lo mejor de las universidades más antiguas.

En este sentido, Cisneros ordenó reconstruir la colegiata alcalaína, una obra dirigida por Pedro Gumiel (h. 1460-h. 1519) entre 1497 y 1515, dotándola del título de magistral, lo que exigía que todos sus canónigos debían ser doctores en Teología.

La iglesia magistral fue concebida de forma relativamente sencilla: un edificio de tres naves, sin el transepto (el teórico brazo corto de una planta de cruz latina) remarcado y cabecera con girola. Las naves quedaron separadas por pilares cruciformes, siendo más alta la nave central que las laterales.

Todo el conjunto quedó cubierto por bóvedas de crucería con terceletes. En definitiva, el espacio propio de la mayoría de los templos góticos de la Baja Edad Media.

Al exterior, los muros resultan bastante sobrios. En el lateral, se aprecian los contrafuertes que sostenían las bóvedas de las naves, y en la fachada que quedaba a los pies del templo lo más destacado es el pórtico enmarcado en un alfiz que contiene un tímpano formado por un arco trilobulado.

No hubo grandes alardes ni estructurales, ni decorativos. Cisneros quiso para su nueva ciudad universitaria un templo sobrio apegado a la tradición gótica bajomedieval.

Al año siguiente de comenzarse la obra de la iglesia magistral de Alcalá de Henares, en 1498, el nuevo obispo de Plasencia, Gutierre Álvarez de Toledo (h. 1460-1506), nombrado en 1496, decidió renovar su catedral. Para ello, comenzó por modificar la cabecera del templo previo para ir avanzando y así sustituir la catedral vieja por la que él mandó construir.

El obispo Gutierre era un hijo segundón del primer duque de Alba, García Álvarez de Toledo (1424-1488), quien durante la segunda mitad del siglo XV había ido medrando a la sombra de los monarcas castellanos Enrique IV (1425-1474) e Isabel I. Con objeto de consolidar la fortaleza de su familia, además de agrandar sus posesiones, quiso poner un pie en la jerarquía eclesiástica a través de su hijo Gutierre, que comenzó como maestrescuela en la catedral de Salamanca con solo diecisiete años para terminar siendo obispo en Plasencia con treinta y seis.

Como parte del ambicioso plan de la familia Alba, el obispo Gutierre quiso significarse ordenando esa renovación de su catedral. Las obras comenzaron bajo la dirección de Enrique Egas (1455-1534), sobrino de Hanequín de Bruselas y maestro mayor de la catedral de Toledo, aunque desde 1517 fue Juan de Álava (1480-1537), un maestro muy vinculado a la casa de Alba, quien llevó los trabajos de la catedral de Plasencia.

Pero por el camino el obispo Gutierre había muerto en 1506 y sus sucesores no tuvieron el mismo empeño en continuar las obras, que avanzaron lentamente hasta quedar paralizadas en 1534.

En esta primera etapa de la catedral nueva de Plasencia, como ocurriese en Alcalá de Henares, las formas dominantes siguieron siendo góticas: desproporción vertical, pilares cruciformes, arcos ojivales, bóvedas de crucería con terceletes. Hemos de pensar que Gutierre Álvarez de Toledo buscaba aumentar el prestigio de su diócesis, y con ello el de su familia, los Alba, por lo que siguió la tradición gótica dominante en su época.

En 1498, cuando se ponían en marcha estas obras de la nueva catedral de Plasencia, estaba terminándose la iglesia del Sagrario de Málaga, quizás trazada por Enrique Egas, y que fue la primera parte renovada de la catedral malacitana, inserta en la antigua mezquita aljama. En su exuberante portada, podemos ver todo el repertorio propio de ese gótico recargado de tradición borgoñona.

A partir de ese momento, el proyecto quedó detenido y la mezquita aljama no sufrió más modificaciones hasta que las obras se retomaron a partir de 1528.

A comienzos del siglo XVI, tenemos otras dos nuevas catedrales que siguen estas formas bajomedievales góticas. La primera es la de Granada, trazada por Enrique Egas en 1506 bajo la supervisión del cardenal Cisneros. De nuevo, la idea era levantar un templo, esta vez de cinco naves, sin el transepto marcado, con una cabecera con doble girola.

Las obras no se iniciaron de inmediato, pues antes se levantó la capilla real, entre 1505 y 1517, también siguiendo las formas góticas, donde habían de ser enterrados los Reyes Católicos, así como la reina Juana y su esposo Felipe.

Por fin, los trabajos en la catedral comenzaron en 1523 y se detuvieron en 1528, cuando Egas fue destituido. En el momento de su partida, había terminado la capilla mayor, reformada más tarde, y varios tramos de las naves. En las cubiertas de la nave central podemos observar las bóvedas de crucería de esta primera etapa de la construcción.

En Salamanca, como había ocurrido en Plasencia, también se decidió levantar una nueva catedral que había de ir sustituyendo paulatinamente a la antigua. Es cierto que, como las obras de esta nueva catedral se demoraron más de dos siglos, la catedral antigua sobrevivió.

Hubo una primera petición por parte del cabildo salmantino en 1491 para levantar una nueva catedral dado el crecimiento de la universidad y lo lóbrega que resultaba para los canónigos la vieja catedral. Hemos de pensar que ese empeño de engrandecimiento de Salamanca hubo de tenerlo en mente Cisneros cuando lanzó su plan para Alcalá seis años después.

El cabildo salmantino hizo una nueva petición para levantar una nueva catedral en 1508 dirigida a Fernando el Católico, quien aceptó la solicitud. Es posible que con ello el rey buscase un contrapeso en Salamanca al exceso de poder que venía acumulando Cisneros a través de su diócesis toledana y su universidad alcalaína.

En cualquier caso, Alonso Rodríguez (†1513) y Antón Egas (h. 1475-1531), hermano de Enrique Egas, presentaron una traza para la nueva catedral, comenzándose las obras en 1512 bajo la dirección de Juan Gil de Hontañón (1480-1526), hasta la muerte de este en 1526. Tiempo después, sería Juan de Álava quien se convertiría en el maestro mayor de la catedral hasta su propia muerte en 1537.

En este proyecto inicial que dirigieron Gil de Hontañón y Álava, como ya había ocurrido en Alcalá, Plasencia o Granada, las formas dominantes siguieron siendo las góticas.

Llegamos así a 1516, cuando murió Fernando el Católico. Su hija la reina Juana, incapacitada para reinar, hizo venir a su hijo Carlos para que asumiera el poder. El joven Carlos I se hizo acompañar de una corte de nobles flamencos que fueron abiertamente rechazados por la oligarquía castellana en la revuelta de los Comuneros de 1520-1521.

Entre las consecuencias de la revuelta estuvo la demolición de la catedral de Segovia, que, estando situada en el alcázar, había servido a los comuneros segovianos para asediar dicho alcázar, donde estaban recluidas las tropas imperiales.

Hubo que reconstruir la catedral en un nuevo emplazamiento (el actual) siguiendo las instrucciones dadas por Francisco de los Cobos, secretario de Carlos V, en agosto de 1523. La obra fue encomendada en mayo de 1524 a Juan Gil de Hontañón, el mismo maestro de la catedral nueva de Salamanca. Para entonces, Gil de Hontañón ya había dado las trazas y había hecho el replanteo para la nueva catedral segoviana.

Pero Juan Gil de Hontañón murió en abril de 1525. Fue sustituido por su hijo Rodrigo Gil de Hontañón (1500-1577), quien pondría la primera piedra en junio de ese año de 1525 y mantendría las trazas de su padre, de nuevo, un templo gótico de cinco naves, sin el transepto marcado, con doble girola, una clara desproporción vertical, y pilares cruciformes para soportar las bóvedas de crucería con terceletes.

Otros dos ejemplos de catedrales reedificadas por completo en esos años 1520 son las de Almería y Córdoba.

En 1522, la catedral de Almería fue destruida como consecuencia de un terremoto. Al año siguiente, fue nombrado obispo Diego Fernández de Villalán (1466-1556), quien había sido confesor del cardenal Cisneros.

Villalán decidió construir una nueva catedral, encargando sus trazas a Enrique Egas o quizás a Diego de Siloé (1495-1563). El edificio debía servir al mismo tiempo de templo y fortificación por si los piratas berberiscos atacaban la costa almeriense. De ahí, el aspecto acastillado que presenta la catedral en el exterior, mientras en el interior, en las partes más antiguas, volvemos a encontrarnos el repertorio tardogótico ya visto antes.

Podríamos decir que en el caso de Almería es la voluntad de Villalán, siguiendo a su mentor Cisneros, la que se impone.

Pero en Córdoba sí conocemos la intervención directa de Carlos V. En 1523, el obispo de Córdoba, Alonso Manrique (1471-1538), ordenó construir una nueva catedral en el corazón de la vieja que se había instalado en la mezquita aljama cordobesa. El proyecto suponía introducir de forma contundente una iglesia cristiana en el interior de esa mezquita islámica.

Alonso Manrique había tenido una carrera exitosa a la sombra de Isabel la Católica para después entrar al servicio de Felipe el Hermoso, lo que le valió la enemistad de Fernando el Católico, y el exilio a Flandes a la sombra del joven príncipe Carlos.

A su regreso a España, y en pago por su fidelidad al nuevo rey Carlos I, en 1516 fue nombrado obispo de Córdoba, donde organizó un sínodo en 1520 que pretendía hacer una reforma dentro de la diócesis reforzando los principios de la Iglesia católica.

En ese espíritu de refuerzo del catolicismo es donde hemos de entender su propuesta de reforma de la catedral-mezquita de Córdoba. De partida, tuvo la oposición del cabildo cordobés. Pero el propio Carlos V en ese año de 1523 dio su visto bueno a la obra. Después de todo, Carlos V confiaba en su fiel obispo Manrique (luego está la falsa leyenda de que cuando Carlos V visitó Córdoba en 1526 renegó del proyecto).

Los trabajos fueron encomendados a Hernán Ruiz el Viejo (1475-1547), quien ya era el maestro mayor de la catedral desde 1502. En esencia, se le encomendó una nueva capilla mayor que había de romper varias de las naves de la mezquita, creando un espacio levantado sobre arcos apuntados y cubierto por bóvedas de crucería.

Hemos comenzado este recorrido por las nuevas catedrales de los tiempos de Carlos V con la magistral de Alcalá de Henares, iniciada en 1497. En ese momento, en Roma ya gobernaba el papa Alejandro VI, quien aún se debatía entre las formas medievales y las renacentistas en las obras de sus apartamentos Borgia del Vaticano.

Pero cuando llegamos al inicio de las obras de la catedral de Segovia, en 1525, la más tardía de todas las que hemos enumerado, en Roma ya había sido papa Julio II, que había encargado a Bramante renovar por completo el Vaticano. El Alto Renacimiento estaba plenamente consolidado. Pero en la Castilla del Habsburgo Carlos V las catedrales seguían siendo góticas. ¿Por qué el emperador seguía apegado a las formas tardogóticas?

Sencillo. Después de que el 31 de octubre de 1517 el monje agustino Martín Lutero remitió sus noventa y cinco tesis en contra de las indulgencias plenarias que había anunciado el papa León X para recaudar fondos para las obras del Vaticano, se había puesto en marcha la Reforma protestante.

Cuando el nuevo emperador Carlos V se reunió con sus súbditos en la Dieta de Worms, celebrada entre enero y mayo de 1521, Lutero fue invitado a defender su postura frente a la asamblea.

La audiencia se produjo entre el 17 y el 18 de abril de 1521. Lutero expuso sus teorías, rechazadas por el papado. Carlos V le escuchó (aunque tuvieron que traducirle, pues el emperador no era ducho en alemán) y, junto a los argumentos llegados desde Roma, añadió sus propias reflexiones. Porque para Carlos V el principal problema de Lutero no era de orden tanto teológico como que iba contra una tradición de mil años.

El propio Carlos era rey y emperador como resultado de esa tradición, pues podía reclamar antepasados que remontaban a varios siglos atrás y que eran quienes le habían transferido los derechos a todas sus Coronas. Todos esos antepasados habían sido católicos y él, Carlos V, sería católico. Sus antepasados habían apostado por la arquitectura gótica, como acabamos de ver en las trazas de Alcalá, Plasencia, Granada o Salamanca, todas iniciadas durante el gobierno de los Reyes Católicos, y Carlos V también apostaría por el gótico. Fin del debate. El religioso y el artístico.

Sin embargo, esa tradición gótica va a desaparecer de forma casi abrupta en los años 1530. ¿Por qué si Carlos V había optado por mantener la tradición de repente todo cambió? El punto de partida pudo ser la catedral de Málaga, con unos trabajos que empezaron en 1528 bajo la dirección de Diego de Siloé, o la de Granada, cuando se hace cargo de las obras el mismo Diego de Siloé, quien en 1529 planteó un nuevo proyecto clásico sobre los cimientos góticos.

Podríamos pensar que ese cambio en el lenguaje artístico se debió a un cambio en la dirección de obra. La llegada de un nuevo maestro hacía que entraran las modas de vanguardia. En 1537, murió Juan de Álava y su sucesor como maestro mayor de la catedral de Plasencia, Diego de Siloé, trajo el lenguaje clásico, como ya había hecho en Granada.

Una situación similar ocurrió en Almería. En 1542, se interrumpieron las obras. Cuando se recuperaron en 1555, ya bajo la dirección de Juan de Orea (1525-1580), había llegado el lenguaje clásico.

Pero hay otros casos que rompen esta idea de que el cambio de formas artísticas se debe al cambio de maestro. Así, Hernán Ruiz el Viejo, maestro mayor de la catedral de Córdoba, que en 1523 había planteado una capilla mayor gótica, en los años 1530 en esa misma capilla insertaba formas clásicas.

O Rodrigo Gil de Hontañón, que en 1526 no tuvo problema en asumir el proyecto tardogótico de su padre, Juan Gil de Hontañón, en Salamanca para, a partir de 1538, apuntarse a unas modas clásicas, unas modas que el mismo Rodrigo había aplicado en las trazas del colegio de San Ildefonso de Alcalá de Henares un año antes, en 1537.

Con todo, hubo una excepción en ese tránsito al lenguaje clásico, la catedral de Segovia, donde primó la opinión del canónigo fabriquero Juan Rodríguez, que era quien gestionaba los fondos de la construcción y que, en muchas ocasiones, ante las prolongadas ausencias de Rodrigo Gil de Hontañón, también tomó decisiones sobre la arquitectura. Juan Rodríguez consideró que las formas religiosas tradicionales no habían de ser alteradas, y si las viejas catedrales eran góticas, la suya de Segovia también.

Porque esta cuestión religiosa fue la clave del cambio de estilo en las catedrales de los tiempos de Carlos V del mundo tardogótico que había llegado hasta la década de 1520 y el lenguaje clásico que se impuso desde 1530 en adelante.

Como hemos visto en el capítulo previo, en 1527, las tropas del emperador saquearon Roma y estuvieron a punto de matar al papa Clemente VII. Carlos V empezó a enviar cartas por toda la cristiandad mostrando que él no estaba involucrado en tan terribles hechos y que seguía siendo fervoroso seguidor de la Iglesia católica y su representante, el papa.

¿Cómo demostrarlo con más ímpetu aún? Pues promoviendo que las grandes obras públicas de sus reinos, comenzando por las catedrales, abandonasen las formas tardogóticas y apostasen claramente por el Renacimiento de los papas. Siguiendo el dicho de «ser más papista que el papa», Carlos V lo hizo a lo grande imponiendo el Renacimiento por doquier en sus reinos.

Una imposición en el estilo de las catedrales que se estaban construyendo antes y después de 1527, y que también se dio en los palacios vinculados al emperador.

12

UNA CASA PARA EL EMPERADOR: LOS PALACIOS DE CARLOS V

Ya hemos contado como Carlos I llegó por primera vez a España en septiembre de 1517. A poco de llegar, fue a visitar a su madre, la reina Juana, que estaba retirada en su palacio de Tordesillas. Este fue el primer palacio real hispano que Carlos había de conocer.

Hoy desaparecido, el palacio de la reina Juana, cuya construcción se inició a finales del siglo XIV, se situaba entre la iglesia de San Antolín y el convento de Santa Clara. Se trataba de un edificio austero de planta rectangular, de dos niveles, con un patio principal en su lado este y los patios de servicios al oeste.

La fachada principal miraba hacia el Duero y contaba con una amplia galería desde donde había una hermosa vista sobre el río. Además, en el espacio entre el patio principal y los muros del convento de Santa Clara se situaba la huerta del palacio.

Pese a esa austeridad arquitectónica, Carlos debió sentirse en un ambiente familiar, pues su madre había sido una gran aficionada del arte borgoñón y para decorar sus estancias contaba con hasta setenta tapices provenientes de los Países Bajos. Destaca la serie *El Triunfo de la Madre de Dios*, también llamados Paños de Oro por la cantidad de hilo de oro utilizado para su urdimbre, por supuesto, todo dentro de las tradiciones artísticas borgoñonas.

La serie fue encargada entre 1502 y 1504 en el taller de Pieter van Edingen (1450-1533), también conocido como Pieter van Aelst (no confundir con un pintor posterior del mismo nombre). Pieter van Edingen realizaba sus tapices sobre cartones pintados previamente. En el caso de la colección de la reina Juana, durante largo tiempo se consideró que fue Quinten Massys (1466-h. 1530) o alguien de su entorno, aún dentro de las modas borgoñonas.

El propio Pieter van Edingen realizaría una colección de tapices casi veinte años después para el papa León X, en esta ocasión, con cartones pintados por Rafael y, por tanto, dentro de las formas renacentistas, mostrando como el tapicero Van Edingen supo en cada momento elegir al pintor adecuado para satisfacer a la clientela.

Durante esta primera estancia de Carlos I en Tordesillas es posible que también visitase el sepulcro provisional de su padre, Felipe el Hermoso (que había fallecido en 1506), en el vecino convento de Santa Clara. Tuvo ocasión así de conocer otro palacio real, pues este convento de Santa Clara había sido concebido como palacio en tiempos de Pedro I el Cruel a mediados del siglo XIV.

Carlos descubrió así ese arte mudéjar derivado del arte andalusí, algo que debió chocarle a un joven formado en los septentrionales Países Bajos, donde ese tipo de manifestaciones artísticas resultaban totalmente ajenas, cuando no excesivamente exóticas.

Tras este primer paso por Tordesillas, Carlos I dedicó los siguientes dos años a recorrer buena parte de sus territorios de las Coronas de Castilla y Aragón. Por cierto, pese a la leyenda del abandono al que sometió a su madre, Carlos regresó varias veces a visitar a Juana a Tordesillas. Entre 1517 y 1542, tenemos documentadas doce estancias de Carlos con su madre. Pueden parecer pocas, pero hemos de tener en cuenta, tal como vamos a ver, que en esos años Carlos realizó numerosos viajes fuera de la península ibérica, a los Países Bajos, Alemania, Italia, Francia y el norte de África.

De partida, Carlos no tuvo una residencia oficial en sus primeros años en España e iba alojándose en las casas de sus principales servidores. Así, en Valladolid, optó por el palacio de los Pimentel, hoy sede de la Diputación Provincial y donde nació el futuro Felipe II en 1527.

Más allá de las reformas posteriores, aún podemos ver un edificio de planta rectangular, que ya solo cuenta con un torreón en su ángulo occidental, con la entrada principal situada a un costado y no en el centro de la fachada (una invariante propia de la arquitectura hispana frente a las puertas en eje más queridas en el Renacimiento).

Contaba con un patio principal, que articulaba la parte noble del edificio, además de otros patios de servicio. Es decir, una solución que no se alejaba mucho de la que Carlos había conocido en Tordesillas.

Al igual que en Valladolid, durante sus estancias en Barcelona, la segunda ciudad española donde pasó más tiempo Carlos, el monarca tampoco tuvo casa propia, residiendo habitualmente en el palacio del arzobispo de Tarragona. De este edificio no se conserva ningún vestigio, pues fue demolido a finales del siglo XVIII para la construcción del actual palacio del duque de Sessa.

En mayo de 1520, Carlos partió para Alemania para ser nombrado emperador. Durante sus estancias en el Imperio, como le ocurría en España, tampoco contó con casa propia, desplazándose entre los palacios de sus cortesanos.

A su regreso a España, en 1522, Valladolid volvió a ser el lugar más habitual de la corte del ya emperador Carlos V. Allí, su secretario privado, Francisco de los Cobos, decidió levantar un edificio que sirviera como residencia a su señor.

En ese año de 1522, Cobos había contraído matrimonio con la hija de los condes de Ribadavia, María de Mendoza (de una rama menor de la familia Mendoza). Como dote, logró el solar ubicado frente a la iglesia de San Pablo, en la esquina opuesta al palacio de los Pimentel.

Durante la estancia de la corte en Madrid en el invierno de 1524-1525, Cobos hubo de conocer al arquitecto madrileño Luis de Vega (†1562), a quien le encargó la construcción del palacio vallisoletano. Con el tiempo, Luis de Vega se convertiría en uno de los arquitectos favoritos de Carlos V.

Por cierto, en sus estancias en Madrid y hasta que se rehabilitó el alcázar, Carlos V solía residir en el palacio de su tesorero Alonso Gutiérrez (1466-1538). En casa de este nació la princesa Juana (1535-1573), hermana de Felipe II, en 1535. Con el paso de los años, la propia Juana adquiriría este inmueble, que convirtió en el convento de las Descalzas Reales, modificando notablemente el edificio en el que aún quedan algunos vestigios tardogóticos ya mezclados con modas renacentistas.

En 1526, Luis de Vega informa de los avances realizados en el palacio de Francisco de los Cobos en Valladolid. Este palacio es el que a comienzos del siglo XVII se convirtió en palacio real y hoy es una sede del Ejército de Tierra. Ha sufrido numerosas modificaciones, de modo que hemos de ser prudentes a la hora de tratar de entender el proyecto de Luis de Vega.

Para 1526, si observamos los palacios ya citados, el de Tordesillas, el de los Pimentel en la propia Valladolid, el futuro convento de las Descalzas Reales en Madrid, en todos los casos estamos ante caserones sobrios de tradición medieval. Puede ser que Luis de Vega ya intentase introducir algún tipo de novedad renacentista en este palacio de Cobos.

Al parecer, Luis de Vega planteó una fachada de grandes dimensiones, organizada a partir de un eje central, donde se ubicaría la puerta principal. Esa gran fachada podría observarse en su totalidad gracias a la plaza que quedaba frente a la iglesia de San Pablo. Todos estos rasgos, la escenografía exterior, la simetría en la fachada, parecen estar hablándonos de lo que se estaba construyendo en la Italia renacentista. Dado que la fachada que conservamos no es la original, no podemos llegar a saberlo.

Lo que sí sabemos es que, al acceder al patio, vemos como Luis de Vega aún no manejaba el repertorio renacentista. Para empezar, la puerta se volcaba sobre una esquina del patio, no en su eje central. Pero es que los capitales no respondían a ese repertorio clásico. Los arcos del nivel inferior eran carpaneles y los de la galería superior, deprimidos rectilíneos. En ningún caso, los de medio punto que se habría esperado en un buen palacio italiano de comienzos del XVI.

Tras concluir la parte esencial del palacio en 1529, Francisco de los Cobos hizo que Luis de Vega añadiera algunos elementos clásicos a la casa, como los medallones de las enjutas, lo que nos indica ese cambio de gusto que se dio en la corte para la década de 1530.

Mientras Luis de Vega construía el nuevo palacio de Francisco de los Cobos, se había ido negociando el matrimonio de Carlos V con su prima Isabel de Portugal, una negociación que ya venía de años atrás, pero que se cerró en firme en 1525.

El enlace se iba a celebrar en Sevilla y Carlos V viajó desde Madrid, pasando por Talavera de la Reina y Trujillo y entró a Andalucía por el Real de la Jara hasta llegar a Sevilla. Hemos de pensar que esta fue la primera y única vez en su vida que cruzó Extremadura hasta su retiro definitivo en Yuste muchos años después. Y, tal como vemos, en este viaje no llegó a pisar la comarca de la Vera, donde había de pasar sus últimos días.

El 3 de marzo de 1526, Isabel de Portugal ya había llegado a Sevilla. Carlos V llegó una semana después, el 10 de marzo, y ese mismo día se celebró el matrimonio en el Real Alcázar. El 13 de mayo, la comitiva imperial dejó Sevilla. Primero pasó por Córdoba para el 4 de junio llegar a Granada, donde la pareja real permaneció hasta diciembre. La mayor parte del tiempo se alojaron en la Alhambra, que de esta manera recuperó (por última vez) su condición de residencia de monarcas.

Para Carlos V, aquellos meses en Granada con la emperatriz Isabel fueron de los momentos más felices de su vida. De ahí que no sorprenda su empeño por hacerse construir su propio palacio, quizás con miras a establecer allí su corte de forma episódica, algo que no ocurrió, pues los monarcas se marcharon en diciembre de 1526 y ya nunca regresaron a Granada.

El palacio de Carlos V en la Alhambra es uno de los sujetos que más debate ha causado en la historiografía del arte. De partida, sobre la autoría del proyecto, atribuido, por lo general a Pedro Machuca (1490-1550). Pero, además, la propia obra resultó muy controvertida, pues se trató de introducir un gigantesco palacio clásico en el interior de una fortaleza real andalusí. En esos comienzos del siglo XVI, se mostraba así la victoria de la cristiandad sobre el islam. Aunque aquí hemos de preguntarnos por qué el Carlos V acostumbrado al lenguaje gótico no utilizó este, sino que apostó por las formas clásicas.

Ya en el siglo XVIII los ilustrados vieron el palacio como el triunfo de la razón sobre las pasiones musulmanas, mientras que, en el siglo XIX, los románticos renegaron de una obra que vino a romper el esplendor nazarí. Lo más llamativo, con todo, es que fue una obra un tanto atrevida para cuando se planteó, en 1527, cuyos trabajos tardaron en comenzar hasta 1535 y que realmente no se concluyeron, pues en 1637 se interrumpieron las obras sin cubrir aún el espacio y fue a mediados del siglo XX, ya pensando en su uso como museo, cuando se habilitó el edificio, sin llegar a completar todo el proyecto de Machuca.

Pero, de todo este debate, vamos a centrarnos en por qué Carlos V mandó hacer un palacio como el que se pretendió hacer.

Para 1526, el alcalde de la Alhambra, además de prefecto de las tropas del reino de Granada, era Luis Hurtado de Mendoza (1489-1566), marqués de Mondéjar, hijo del Gran Tendilla y sobrino nieto del cardenal Mendoza. Ya vimos más arriba como el Gran Tendilla influyó en las obras renacentistas que aquí y allá se fueron haciendo para los miembros de su familia.

El marqués de Mondéjar había heredado el gusto de lo italiano por su padre; de ahí que no dudó en contratar a Pedro Machuca a partir de 1520 para que se hiciera cargo de las obras de mantenimiento de la Alhambra.

Machuca había nacido en Granada hacia 1490 y sabemos que para 1512 estaba en Roma, donde pudo aprender tanto de Miguel Ángel como de Rafael, de modo que a su vuelta a España en 1520 trae todo su bagaje de arte renacentista.

El marqués de Mondéjar pudo querer un hombre formado en Italia, porque, cuando en 1526 se propuso ese proyecto del palacio de Carlos V en la Alhambra, la idea de introducir un palacio clásico en el interior de una fortaleza de tradición andalusí ya se había hecho antes en el castillo de la Calahorra, que vimos más arriba, donde el marqués de Cenete, tío del marqués de Mondéjar, había mandado construir un patio renacentista, a partir de 1512, en el interior de su castillo mudéjar.

Así pues, Mondéjar bien pudo defender frente a Carlos V la idea de meter un edificio clásico dentro de una fortificación de tradición andalusí como ya se había hecho en la Calahorra.

Carlos V dejó el proyecto de su palacio granadino en manos del marqués de Mondéjar y este se lo encargó a su maestro de obras, Pedro Machuca, quien presentó un proyecto totalmente novedoso no solo para los reinos hispanos, sino incluso para la propia Italia, pues una combinación de un edificio de planta cuadrada con un patio circular aún no había pasado del plano de lo teórico.

Lo más cercano era la villa Farnesio en Caprarola, al norte de Roma, un diseño de Antonio da Sangallo el Joven, proyectado entre 1521 y 1525, en el que se planteó una fortaleza de planta pentagonal con un patio circular interior. Es cierto que esa villa Farnesio no se comenzó a construir hasta 1530, avanzando de forma muy lenta, hasta que Vignola retomó el trabajo a partir de 1559, que es cuando se levantó el edificio actual, eso sí, respetando los cimientos de Sangallo.

También las obras en Granada se atrasaron, pues no dieron comienzo hasta 1535. Hemos de preguntarnos si ese parón entre 1527 en que Machuca propuso su proyecto y el inicio de las obras de 1535 no obedeció al cambio de gusto experimentado por el propio emperador. Es decir, el proyecto inicial de Machuca, con el visto bueno del marqués de Mondéjar, no terminó de convencer en la corte, pero tras el saqueo de Roma y con los nobles de Carlos V apuntándose todos a las modas renacentistas, entonces no hubo dudas en lanzar el proyecto de Granada.

En cualquier caso, cuando Machuca empezó a levantar las fachadas clásicas en 1535, ese lenguaje renacentista ya se estaba imponiendo en el resto de la península ibérica, solo que, como dijimos antes, el palacio no llegó a concluirse, ni emplearse, por lo que su influencia en los artistas posteriores fue escasa.

Carlos V abandonó Granada el 10 de diciembre de 1526. Su cuñado Luis de Hungría (1506-1526) había muerto en la batalla de Mohacs en agosto de 1526. El trono húngaro había de pasar a Fernando (1503-1564), hermano de Carlos V, y esposo de Ana Jagellón (1503-1547), hermana de Luis. Carlos decidió convocar las Cortes de Castilla para buscar el apoyo monetario que necesitaría su hermano Fernando para consolidarse en el trono húngaro.

Carlos V se instaló entonces en Valladolid, donde, como ya hemos contado, su esposa Isabel dio a luz a su primogénito, el futuro Felipe II, el 21 de mayo de 1527, quince días después de que las tropas imperiales hubieran saqueado Roma y encerrado al papa en el castillo de Sant-Angelo.

Ya hemos explicado como el saqueo de Roma alteró todos los planes de Carlos. Hubo de prepararse para dejar España, lo que hizo en julio de 1529, buscar la reconciliación con el papa y hacerse coronar como emperador por este ya en febrero de 1530.

Cuando Carlos V regresó a España en abril de 1533, venía con nuevas ideas en la cabeza. Por un lado, sus cortesanos, empezando por Francisco de los Cobos, habían tenido ocasión de conocer en persona las modas romanas. Por otro lado, Carlos, si bien había conseguido imponer su voluntad sobre el papa al asegurar el dominio de los Habsburgo sobre buena parte de Italia al tiempo que se hacía coronar emperador, tenía que demostrar que era un buen católico.

Ya en 1529 había comenzado la represión contra los luteranos alemanes, con los que hasta ese momento había sido relativamente permisivo. Pero otro cambio que se va a dar es la imposición de las formas artísticas clásicas en sus reinos españoles, tal como hemos visto que ocurrió en las catedrales que se estaban construyendo. Y ahora también en las residencias del propio emperador, donde se hizo notar el peso del lenguaje clásico, comenzando por aquellas auspiciadas por su secretario, Francisco de los Cobos. Ya vimos como a su palacio de Valladolid, a su vuelta de Italia, el secretario del monarca hizo añadir una serie de medallones de claro corte clásico para ornamentar el patio.

El propio Cobos, además, lanzó un ambicioso plan constructivo en su ciudad natal, Úbeda, donde contó con el buen hacer del arquitecto Andrés de Vandelvira (1509-1575) a partir de 1536.

Si nos centramos en las residencias que Carlos V se hizo rehabilitar, vamos a encontrar los trabajos realizados por Alonso de Covarrubias (1486-1570) en el alcázar de Toledo a partir de 1535, cuando se le encargó que unificase el conjunto de edificios que formaban la fortaleza y que en algunos casos remontaban a la plena Edad Media. La idea era homogeneizar el conjunto a base de fachadas clásicas.

Alonso de Covarrubias, como Hernán Ruiz el Viejo, que trabajó en la catedral de Córdoba, o Rodrigo Gil de Hontañón, a quien hemos visto antes trabajando en las catedrales de Salamanca y Segovia, además del colegio mayor de San Ildefonso de Alcalá de Henares, fueron de esos arquitectos que hubieron de adaptarse al cambio de modas impulsado por el emperador, en muchas ocasiones a base de unos pocos grabados, pues ninguno de ellos había viajado en persona a Italia.

Eso hará que en el momento de configurar la arquitectura clásica solicitada puedan cometer algún desacierto: un frontón más alto de lo esperado, una columna más delgada que lo que el orden exige.

A Alonso de Covarrubias y a Luis de Vega, Carlos V les encargó a partir de 1537 las reformas del alcázar de Madrid. Como en Toledo, se trataba de unificar el conjunto de edificios provenientes del mundo medieval y darles un aire más clásico en la fachada.

Como en Toledo, las obras de Madrid se prolongaron por largo tiempo y aun sufrieron un cambio total cuando Madrid se convirtió definitivamente en la capital de los Habsburgo y estos hicieron del alcázar su palacio real, acondicionándolo a las modas del siglo XVII.

Estas operaciones de actualizar los palacios cortesanos adecuándolos a las modas clásicas no solo las hizo Carlos V en España. Ya vimos como en los Países Bajos su hermana María de Hungría, actuando como gobernadora, había levantado a partir de 1533 toda una nueva ala de apartamentos en el norte del palacio de Coudenberg, en Bruselas, dentro de las formas renacentistas.

De igual manera, el otro hermano de Carlos V, Fernando, que gobernaba en Austria, tras el incendio que sufrió el palacio de Hofburg en Innsbruck, mandó rehacerlo a partir de 1534 bajo la dirección del arquitecto italiano Lucius de Spaciis (†h. 1550), quien incorporó las formas renacentistas al mundo austriaco.

Pero todas estas obras impulsadas por Carlos V en los años 1530 en un eje que llevaría de Valladolid a Granada pasando por Madrid y Toledo se ralentizan al terminar esa década. La emperatriz Isabel falleció en Toledo el 1 de mayo de 1539. Tras casi una década de vivir en sus reinos de España (si exceptuamos la jornada de Túnez de junio de 1535), Carlos, en parte movido por la tristeza de su viudedad, decidió retomar sus viajes por Europa.

Con todo, Carlos V regresó brevemente a España a finales de 1541 tras la jornada de Argel. En ese momento, encargó una reforma en el alcázar de Sevilla, donde había de habilitarse un cuarto real en el segundo nivel del patio de las Doncellas. El proyecto inicial le fue encargado a Alonso de Covarrubias, aunque la ejecución del mismo corrió a cargo de Luis de Vega entre 1545 y 1547.

De nuevo, la idea era introducir una estructura clásica dentro de un edificio de tradición andalusí. Quizás la derrota sufrida por el emperador en Argel le empujó a estos juegos simbólicos de imponer el arte de los papas donde estaba el arte de tradición islámica.

En mayo de 1543, Carlos V dejó España, a donde no había de regresar hasta después de su abdicación en 1556, por lo que todas estas obras en las residencias regias perdieron sentido. El Carlos que partió en 1543, aunque ya con achaques, era un príncipe vigoroso que había de alcanzar el cénit de su poder en la batalla de Mühlberg de 1547 contra los príncipes rebeldes alemanes.

Ahí fue cuando Tiziano (1488-1576) le pintó montado a caballo, con la bestia en corveta, una iconografía de poder que había de hacerse tremendamente popular entre los príncipes de los siguientes siglos.

Pero tras la traición de Mauricio de Sajonia, que obligó a Carlos V a huir precipitadamente de su palacio de Innsbruck en mayo de 1552, el emperador cayó en una profunda crisis que le llevó a abdicar a finales de 1555.

Decidió entonces buscar un lugar donde retirarse hasta su muerte. Optó por volver a España y apelar a la hospitalidad jerónima, buscando pasar sus últimos años en un monasterio de esta orden religiosa. En realidad, ya en 1543 una comisión imperial había recorrido Extremadura y Andalucía, buscando un sitio donde un día el emperador pudiera retirarse. Recordemos que en la historia de los monarcas hispanos tenemos numerosos ejemplos de monasterios reales, es decir, cenobios donde los reyes habilitaban un espacio propio donde residir. El más conocido es El Escorial, pero no deja de ser el último de una lista de monasterios reales que había comenzado ocho siglos atrás.

La elección de Yuste, en la comarca de la Vera, Cáceres, pudo depender, en gran medida, de la influencia de Luis de Ávila y Zúñiga, un noble extremeño (concretamente de Plasencia) que formó parte del séquito de Carlos V desde 1529, cuando ya acompañó al emperador a su coronación a Bolonia. Desde ese momento, encontramos a Luis de Ávila en todos los grandes acontecimientos de Carlos V.

Le acompañó en la jornada de Túnez de 1535, estaba a su lado durante las guerras en Alemania que concluyeron en la batalla de Mühlberg, hechos militares que el propio Luis de Ávila puso por escrito. También participó en el sitio de Metz de 1552, la última gran operación bélica que dirigió el emperador. Y fue de los nobles que estuvieron junto a Carlos V en sus últimos días en Yuste.

Elegido Yuste, la construcción del cuarto real pudo comenzar en enero de 1554, bajo la dirección de Gaspar de Vega (1523-1575), sobrino de Luis de Vega, unas obras que visitó el príncipe Felipe (futuro Felipe II) en mayo de 1554.

Los trabajos se demoraron hasta febrero de 1557, de modo que, aunque Carlos V llegó a Extremadura en noviembre de 1556, hubo de aguardar en Jarandilla de la Vera, en el palacio de los condes de Oropesa (hoy Parador Nacional), hasta el final de la construcción.

El palacio que vemos hoy es fruto de la restauración realizada por el arquitecto González-Valcárcel (el mismo que restauró Cogolludo) en la segunda mitad del siglo XX, que trató de ajustarse, en mayor o menor medida, a lo que las fuentes contaban sobre el recinto.

El palacio se construyó en perpendicular al muro sur de la iglesia del monasterio. De planta rectangular, contaba con dos pisos, estando previsto que el inferior se emplease en verano y el superior en invierno. Finalmente, Carlos V solo empleó el superior.

Para acceder a él, se habilitó una rampa que facilitaba que el emperador pudiera llegar en litera o en silla de ruedas, dadas las dificultades que ya tenía para andar debido a la artritis y la gota.

La rampa llegaba hasta una terraza cubierta que se abría por su lado occidental y sur, lo que permitía tener una amplia panorámica sobre el valle del Tiétar.

Desde la terraza, se abría un pasillo oeste-este que comunicaba con las diferentes habitaciones y que debía estar iluminado con lucernarios. Al entrar, a la izquierda, había una antecámara que precedía a la cámara o dormitorio del emperador. En esta cámara había una puerta en esviaje que permitía ver el altar desde la cama (y así poder seguir la misa si Carlos V no podía levantarse), una solución que, como veremos, también adoptaría Felipe II años después en su palacio de El Escorial.

En el lado derecho del pasillo, tenemos primero una antesala que contaba con una salita anexa que sobresale del cuerpo del palacio. En esta antesala aguardaban los que deseaban reunirse con Carlos V, y en la salita anexa permanecían los servidores. A continuación, estaba la sala de audiencias, que también contaba con su espacio anexo sobresaliendo del palacio. Entre estas dos salas se abría un nuevo balcón, que, además de iluminar y ventilar el interior, permitía contemplar el paisaje.

Todas estas estancias estaban cubiertas con artesonados y disponían de chimeneas. No había una decoración arquitectónica notable, aunque sabemos que Carlos V hizo llegar numerosas obras de arte para ornar el lugar, en especial, cuadros de Tiziano.

En el lado sur del palacio, se habilitó un estanque, además de varias huertas y jardines.

Para albergar al personal que atendía al emperador, alrededor de la cabecera de la iglesia se construyeron nuevas estancias.

El diseño del cuarto real de Yuste era realmente sobrio. No buscó ningún esquema tradicional, ni medieval, ni clásico, no había un acceso monumental, ni un patio central, con pórticos columnados. Todo resultaba aparentemente pragmático.

Pero, en realidad, todo se organizaba en torno a las dos necesidades últimas de Carlos V. La salvación de su alma, viviendo dentro de un monasterio y con ese contacto directo desde su dormitorio al altar, y el solaz diario, haciendo que las cuatro habitaciones nobles se organizasen para poder disfrutar de los paisajes de la zona.

Se le ha atribuido al propio emperador la traza del edificio por esa simplicidad y pragmatismo. De ser así, Carlos V mostraría al fin sus gustos arquitectónicos, demostrando que había decidido no emular los palacios góticos de su infancia en los Países Bajos, ni los edificios renacentistas que hizo construir a partir de los 1530. Su palacio de Yuste se asemejaría más a los pabellones con jardines de la Alhambra de Granada, donde el diseño se establecía sobre todo a partir de un eje sala-antesala-jardín con estanque o fuente.

De ser así, no dejaría de ser curioso que el hombre que desde niño quiso imitar a los caballeros cristianos medievales que no se dejaban llevar por el desánimo y estaban siempre dispuestos para la lucha (recordemos que aún en Yuste leía su libro de adolescente *El caballero determinado*), sin embargo, decidiera vivir en un palacio que evocase uno de los momentos más felices de su vida, lejos de las reuniones diplomáticas o los campos de batalla. Sin importarle mucho si los historiadores del futuro catalogarían el arte de su reinado como tardogótico por esa unión con sus antepasados o como renacentista por ser un buen católico, Carlos V, en sus últimos días, sencillamente, quiso quedarse con los felices tiempos granadinos de su matrimonio con Isabel de Portugal.

13

Los sueños de grandeza de los reyes de Francia

Si Carlos V y con él los distintos reinos de los Habsburgo transitaron claramente desde el mundo medieval de tradición borgoñona al arte renacentista de los papas tras el saqueo de Roma, el caso de la Francia de los Valois es algo más complejo, hasta su conversión definitiva al Renacimiento también tras 1527. Pero no adelantemos acontecimientos.

Al inicio de este libro vimos como Francia se había visto envuelta en la guerra de los Cien Años contra Inglaterra hasta el punto de que el rey francés Juan II organizó su reino de manera que a su heredero legítimo, Carlos V, le apoyasen sus hermanos, a los que dotó con grandes señoríos, de los que destacaba el ducado de Borgoña, entregado a Felipe el Atrevido, quien había de sentar las bases de esa corte borgoñona, cuyo peso en el arte europeo hemos visto que se dejó sentir durante siglo y medio.

Muertos Juan II, en 1364, y su hijo, Carlos V, en 1380, la Corona recayó sobre un hijo de este, Carlos VI, quien, aquejado por arranques de locura, hubo de dejar el gobierno en manos de sus tíos y sus primos, en especial, los duques de Borgoña.

Los ingleses aprovecharon la ocasión para incluso tomar París, donde llegó a ser coronado como rey de Inglaterra, y también de Francia tras la muerte de Carlos VI, un jovencísimo Enrique VI de Inglaterra (1421-1471) en 1431.

Mientras tanto, el hijo legítimo de Carlos VI, Carlos VII, tuvo que huir de París y se instaló en el valle del Loira, en cuyos castillos no solo vivió el propio Carlos VII, sino también sus herederos durante todo un siglo. Fue entonces cuando estos castillos sufrieron una primera renovación dentro de las novedades borgoñonas. Ya desde mediados del siglo XVI, habría una segunda oleada constructiva ajustándose a las modas renacentistas. Aún ha habido una última transformación en esos castillos del Loira, cuando los restauradores contemporáneos han ido eliminando de esos castillos algunos motivos medievales e incorporando elementos neorrenacentistas.

Con todo, aún quedan suficientes rasgos tardogóticos para entender que la corte de Carlos VII y sus sucesores hasta Francisco I seguían viviendo en castillos medievales, decorados con ornatos de tradición borgoñona.

Ya hemos señalado la importancia de los manuscritos iluminados en esta corte de Francia, con unas miniaturas que en muchos casos marcaban las artes mayores, la pintura y la escultura. Y también hemos visto más arriba la figura de Fouquet, posiblemente el iluminador más destacado de la corte de Carlos VII, quien estuvo en Italia, aprendió las nuevas formas renacentistas y a su vuelta a Francia, para sus clientes franceses admiradores de las tendencias borgoñonas, siguió pintando con esas tendencias.

A la muerte de Carlos VII, le sucedió su hijo Luis XI (1423-1483), un hombre tan profundamente creyente como terriblemente taimado. Luis XI se empecinó en engrandecer su reino. Así, logró casar a su hijo Carlos, el futuro Carlos VIII, con Ana (1477-1514), la heredera del ducado de Bretaña, y combatió duramente contra el duque de Borgoña, Carlos el Temerario. Este último, por su parte, consiguió la alianza de los Habsburgo al casar a su hija María (1457-1482) con el futuro emperador Maximiliano I.

Además, Luis XI logró heredar la Provenza de su tío Renato (1409-1480), quien también se había considerado el legítimo rey de Nápoles frente a Alfonso V de Aragón. Estos supuestos derechos serán los que muevan a los reyes de Francia a invadir Italia a partir de 1494.

Luis XI hizo llegar la imprenta a Francia a partir de 1469, y reforzó e impulsó algunas universidades. Esto podía hacernos pensar que estamos ante uno de esos humanistas que ya hemos visto antes. Pero nada más lejos de la visión del erudito laico y antropocéntrico.

Entre estos destacados eruditos de la corte de Luis XI, todos ellos religiosos, tendríamos a personajes como Guillaume Fichet (1433-h. 1480), Robert Gaguin (1433-1501) o Guillaume Tardif (h. 1438-h. 1492), que, como otros universitarios de su tiempo, leían por igual a los autores clásicos como escribían libros de teología.

Es cierto que contaron con la ventaja de la imprenta para poder difundir más ampliamente sus ideas, pero unas ideas que no respondían a un supuesto humanismo antropocéntrico, sino a las mismas formas escolásticas que ya se remontaban a siglos atrás.

Luis XI murió en 1483, siendo sucedido por su hijo Carlos VIII, que tan solo contaba con trece años. Su preceptor fue Guillaume Tardif, quien le dio una educación bastante limitada por la propia desidia del príncipe, que solo gustaba de leer novelas de caballería.

Ya hemos señalado como cuando Carlos VIII asumió todo el poder en Francia, se lanzó a la conquista de Italia. Por un lado, reclamaba los derechos sobre Nápoles de su tío abuelo Renato. Pero, además, Carlos VIII se veía a sí mismo como un Carlomagno resucitado que había de poner orden en el papado.

La invasión comenzó en 1494, pero para 1495 Carlos VIII decidió retirarse de Nápoles ante los avances de Fernando el Católico y sus aliados.

A su vuelta a Francia, además de numerosas joyas, libros y obras de arte fruto del saqueo de las tropas, Carlos VIII se hizo acompañar por algunos artistas italianos, que decidieron probar fortuna en la corte francesa.

¿Fue el inicio del Renacimiento en Francia? No realmente. Es cierto que Carlos VIII murió poco después en 1498 y su tumba fue realizada por uno de esos emigrantes italianos, Guido Mazzoni, una sepultura en bronce de la que solo quedan algunos grabados, pues fue fundida durante la Revolución francesa. Todo indica que la tumba sí miraba ya al mundo renacentista, algo que pudo deberse más a la iniciativa de la reina viuda Ana de Bretaña, que fue quien más partido sacó de todos esos libros y obras de arte, algunas en la vanguardia renacentista, que su marido hizo llegar a Francia.

Porque el propio Carlos VIII siempre mantuvo sus gustos medievales. De sus residencias en el Loira, la favorita fue el castillo de Amboise. Aquí hizo reformar toda una crujía siguiendo las formas medievales: desproporción en los órdenes, arcos ojivales, bóvedas de crucería, hastiales sobre las cubiertas.

Por cierto, para acceder a esta nueva crujía, Carlos VIII hizo habilitar una gruesa torre de escalera, de 23 metros de diámetro, que en realidad era una rampa que permitía acceder desde el nivel de la calle hasta la parte superior donde se hallaba el castillo, una solución similar a la que haría Bramante en el Belvedere años después, como vimos más arriba.

Ese gusto por las soluciones góticas es aún más visible en la capilla de Saint-Hubert, dentro del castillo, un oratorio levantado entre 1491 y 1496, en donde no aparece ningún elemento propio de las modas clásicas que ya se hacían en Italia.

En la portada, tenemos un dintel con el milagro de san Huberto, aquel noble del siglo VII que yendo a cazar encontró un ciervo que llevaba un crucifijo en la cornamenta con una luminosa aureola. En la escena, donde las figuras tratan de ser naturalistas, sin embargo, están desproporcionadas entre ellas, y la volumetría se consigue mediante una superposición de planos, sin buscar una verdadera perspectiva.

Al interior, la capilla se desarrolló en una pequeña planta de cruz latina, cubierta por bóvedas de crucería. Curiosamente, varias décadas después, en este oratorio tan medieval terminaría por ser enterrado Leonardo da Vinci.

Sabemos que el castillo de Amboise se completó con un jardín diseñado por Pacello da Mercogliano (1455-1534), uno de esos artistas emigrados a Francia tras las campañas de Nápoles. Con los trabajos de Mercogliano, pudieron introducirse las nuevas ideas paisajísticas del Renacimiento. Sin embargo, sabemos que la propia disposición del castillo no daba chance para juegos muy atrevidos, a lo que se añade que no han quedado evidencias de cómo fueron estos primeros jardines, pues, en los grabados realizados por Jacques Androuet du Cerceau (1510-1584) en 1566, esos jardines que pudo haber diseñado Mercogliano ya habían sufrido numerosas reformas.

Como veíamos antes, en 1498, fruto de un accidente, murió Carlos VIII en el castillo de Amboise. Su viuda, Ana de Bretaña, le había dado seis hijos, pero ninguno sobrevivió, de modo que la Corona cayó en manos de Luis de Orleans, Luis XII, tío en segundo grado de Carlos VIII.

Entre las primeras medidas que tomó Luis XII estuvo la de separarse de su esposa, Juana de Valois (1464-1505), hermana pequeña del fallecido Carlos VIII, y casarse con la reina viuda Ana de Bretaña para así seguir garantizando el dominio francés sobre el ducado bretón.

Este segundo matrimonio duró hasta 1514, cuando murió Ana de Bretaña, y, aunque llegaron a tener varios hijos, la mayor parte nacieron muertos, salvo dos niñas, Claudia (1499-1524) y Renata (1510-1575).

En la espera de la llegada del ansiado heredero varón, Luis XII decidió hacerse cargo de un sobrino segundo, bisnieto, entre otros, de Valentina Visconti (1370-1408), Francisco de Angulema, futuro Francisco I, quien llegó a la corte del rey con solo cuatro años en 1498.

Mientras tanto, Luis XII, en 1499 decidió reemprender la guerra en Italia. Para ello, firmó una alianza con Venecia y con el papa Alejandro VI. En 1501, el rey francés ya controlaba Milán y avanzó sobre Nápoles, de donde fue expulsado en 1504 por las tropas dirigidas por el Gran Capitán, Gonzalo Fernández de Córdoba (1453-1515).

En ese momento ya había un nuevo papa en Roma, Julio II, quien, como vimos, más allá de su labor pontificia, trazó un ambicioso plan político que pasaba por el control de la mayor parte de Italia.

Para 1513, los franceses habían vuelto a ser expulsados de Italia y, para agravar la situación, en enero de 1514 murió Ana de Bretaña sin haber conseguido dar a su esposo Luis XII el ansiado heredero varón. El propio rey falleció en enero de 1515.

A pesar de los numerosos viajes que Luis XII realizó a Italia, tanto antes de ser rey como una vez coronado, al monarca francés no parecieron interesarle las novedades del Renacimiento italiano.

Bien es cierto que las razones que le llevaron a Italia fueron militares, pero eso no impidió que tanto en la campaña de 1494-1495, cuando Luis viajó junto al rey Carlos VIII, como en las guerras de 1501 o de 1508, a su vuelta a Francia, las tropas llevaban consigo, tal como vimos antes, cuantiosas obras de artes y libros (muchas veces, fruto del saqueo), además de unos cuantos artistas italianos que quisieron probar fortuna en Francia.

Pero estas novedades no fueron asumidas ni por el rey ni por la mayor parte de su nobleza. No ha de sorprendernos esta actitud de Luis XII. Su formación había sido bastante parca. Tenía que aspirar a convertirse en el buen caballero cristiano. En ese sentido, la defensa de la tradición era clave y, como ocurrió con los Habsburgo, tuvo un claro apego por las tradiciones medievales.

Luis XII había nacido en el valle del Loira, en el castillo de Blois, y esta fortaleza fue su favorita durante la mayor parte de su reinado, hasta el punto de que la hizo reconstruir entre 1498 y 1503 por los maestros Colin Biart (1460-1525) y Jacques Sourdeau (†1530).

Del castillo previo, Luis XII mantuvo la gran sala de los Estados, levantada en el siglo XIII, una estancia de grandes dimensiones organizada en dos naves separadas por columnas soportando arcos ojivales. La decoración pictórica actual es fruto de una restauración del siglo XIX imitando la policromía original.

Además, se conservó la galería de Carlos de Orleans (1394-1465), el padre de Luis XII, de la que se conserva una parte en la que podemos ver un pórtico inferior con pilares octogonales que soportan arcos carpaneles, todo en piedra, sobre los que se levanta un nivel en ladrillo, con ventanas enmarcadas en piedra, todo cerrado por una cubierta de pizarra.

Esta combinación de materiales había de marcar las reformas de Luis XII, comenzando por la gran crujía norte-sur que el rey hizo levantar entre la galería de Carlos de Orleans, al sur, y la sala de Estados, al norte.

Con todo, podemos ver bien el cambio de gustos entre la galería de Carlos de Orleans y la de su hijo Luis XII. En esta, los pilares y columnas del pórtico presentan una rica decoración aplicada (en esencia, a base de flores de lis). Por encima arcos carpaneles, que ya dan paso a un segundo nivel donde las ventanas presentan molduras mucho más ornamentadas.

De igual manera, en las cubiertas de pizarra se sitúan unas ventanas rematadas por gabletes claramente apuntados. Es decir, esa exageración, ese atrevimiento de las formas góticas surgidas en la escuela borgoñona y que según avanzaba el siglo XV se volvían todavía más recargadas allí donde se imitaban.

Para rematar esta reconstrucción de Blois, Luis XII rehízo la capilla real del palacio, situada detrás de la galería de su padre, dedicada a san Carilefo y de nuevo dominada por las formas góticas, una obra que concluyó en 1508.

Esta querencia por las formas góticas y, sobre todo, en los edificios religiosos se hace aún más visible en la torre de Santiago de París, campanario de la desaparecida iglesia de Santiago de la Carnicería. Esta torre fue levantada entre 1509 y 1523 dentro de esas formas góticas recargadas propias del siglo XVI y sin ninguna concesión al lenguaje clásico.

Como ya indicamos, Luis XII murió en enero de 1515. Su sepultura fue ordenada por su sucesor, Francisco I, en 1516. Se encuentra en la basílica de Saint-Denis. Los cuerpos yacentes del rey Luis XII y la reina Ana de Bretaña aparecen dentro de un templete de arcos de medio punto sobre columnas clásicas. En los intercolumnios, las figuras de los apóstoles. En las esquinas, las de las virtudes. Coronando el templo, arrodillados y sin corona, de nuevo los reyes, Luis y Ana.

Todo el conjunto ya encaja dentro de las formas del Renacimiento italiano. Pero no nos llamemos a error. Aunque la tumba fue encargada en 1516, los trabajos no comenzaron realmente hasta 1519 y fueron concluidos en 1531, un periodo en el que muchas cosas cambiaron en la política y el arte francés, dominados ambos por la figura del rey Francisco I, que fue el monarca que por fin aceptó plenamente las modas renacentistas.

Francisco de Angulema, futuro Francisco I, nació el 12 de septiembre de 1494 en Cognac, en el Angoumois. Su padre era Carlos de Orleans (1459-1496), bisnieto del rey Carlos V de Francia. Su madre, la princesa Luisa, hija de Felipe II, duque de Saboya (1438-1497).

Dos años antes, Luisa y Carlos ya habían tenido a su primera hija, Margarita (1492-1549). De esta forma, los condes de Angulema habían constituido una pequeña familia de una rama secundaria de los reinantes Valois.

En 1496, Carlos de Angulema murió con tan solo treinta y siete años. Luis de Orleans, futuro Luis XII, se convirtió en el tutor de Francisco, el hijo del fallecido Carlos de Angulema, una tutoría que compartía con la madre del niño, Luisa de Saboya.

En el momento de quedarse viuda, Luisa solo tenía diecinueve años. Hasta entonces, había disfrutado de la pequeña corte de Angulema, donde pudo apreciar la biblioteca de los condes, incluyendo la que ella misma había ido creando junto a su marido, quien había hecho instalar la primera imprenta de Angulema en 1491.

En esa biblioteca, inventariada tras la muerte de Carlos de Angulema, había algunos libros religiosos (de la Biblia a tratados espirituales o libros de horas), incluyendo una *Imitación de Cristo*, ese tratado de Kempis tan de moda en las cortes principescas de la segunda mitad del siglo XV que promovió la *devotio moderna*, que ya hemos mencionado varias veces y que abogaba por una correcta moral cristiana individual.

También había varios tratados de filosofía, algunos de Aristóteles, y de historia. Algunos ensayos de maravillas, tan del gusto medieval, una mezcla entre geografía y fantasía.

Con todo, la temática más abundante eran las novelas de caballería, en especial, de los caballeros de la Mesa Redonda, comenzando por Lanzarote del Lago. Vemos como ese gusto por los relatos caballerescos marcó la forma de actuar de estos príncipes de finales del siglo XV, pues ya hemos mencionado como fueron aficionados a los libros de caballería tanto Carlos VIII como Luis XII de Francia o el emperador Carlos V, además del joven Francisco.

Hemos de entender que Luisa de Saboya, como su difunto marido, estaban perfectamente insertos en ese mundo bajomedieval que hemos podido ver en las cortes borgoñona, francesa o castellana, donde el mundo clásico era conocido a través de los tratados de Aristóteles o las vidas de los grandes reyes y emperadores del mundo grecorromano.

Pero, sobre todo, eran príncipes ajustados al principio moral del buen caballero (o la buena dama) cristiano. Una moral cristiana que, además, permitía alardes de prestigio a través de ese arte recargado surgido en el mundo borgoñón. Estas fueron las formas de tradición medieval que habrían de dominar la corte de Luisa de Saboya durante los años de minoría de edad de su hijo Francisco.

Como hemos visto, en 1498, el rey Carlos VIII murió sin herederos, y el trono pasó a su tío Luis de Orleans, convertido en Luis XII, quien hizo traer a su protegido, el niño Francisco de Angulema, junto con su madre Luisa de Saboya y su hermana Margarita de Angulema a la corte real a Blois. Allí, el monarca encargó la educación del joven Francisco al mariscal De Gié (1451-1513), un avezado militar que había salvado a Luis XII en sus campañas italianas.

El mariscal De Gié fue responsable de las ganas de aventura que caracterizaron al futuro rey Francisco I. En 1506, Gié fue sustituido por Artus Gouffier de Boisy (1474-1519), otro notable militar, y también avezado diplomático.

Junto a esta formación militar, Francisco también tuvo una serie de preceptores más eruditos, como François de Moulins de Rochefort (h. 1470-1526), que logró que el futuro rey adquiriera algunos rudimentos del latín y algunas lecturas clásicas, o Christophe de Longueil (1488-1522), un eminente jurista.

Aún hay otro nombre que suele aparecer en las biografías más habituales de Francisco I, Giovanni Francesco Conti (1484-1557), un notable poeta lombardo que habría sido el responsable de un supuesto gusto del joven Francisco por la poesía italiana (y con ello, el arte italiano en general).

Si bien Conti tuvo varias estancias prolongadas en Francia (en 1503, 1509, a partir de 1512), en ninguna de ellas tenemos documentado que enseñase a Francisco. Otra cosa es que años después, ya con Francisco I como rey, el monarca apoyara a Conti en sus ambiciones académicas en Italia.

En enero de 1514 murió la reina Ana de Bretaña y, en mayo de ese año, Claudia de Francia, hija de la difunta reina, contrajo matrimonio con Francisco de Angulema. Claudia era una mujer pequeña, poco agraciada y con escoliosis. Su educación había sido básicamente religiosa, siendo una persona especialmente piadosa.

Desde su matrimonio con Francisco, supo de la necesidad de darle herederos, algo que haría de manera casi anual, pues hasta su muerte en 1524 le dio siete hijos a su marido.

Tras la muerte de Luis XII en enero de 1515, Francisco de Angulema a sus veinte años se convirtió en el nuevo rey como Francisco I.

Hagamos balance de cuál había sido su formación antes de ser rey. No había destacado por su gusto por la erudición clásica, pese al empeño de Moulins de Rochefort, pero sí por los libros de caballería, tan queridos por sus padres, y una afición por las aventuras caballerescas adquiridas junto a De Gié.

Por tanto, el joven Francisco I no se distinguía mucho de otros príncipes de su tiempo. Una buena formación religiosa pero con unos tintes heroicos que le llevaban a creerse el verdadero caballero cristiano. Una imagen muy similar a la de su contemporáneo Carlos V.

No estamos ante el joven rey renacentista y humanista que nos han pretendido vender. Es más, la madre de Francisco, que había decidido dedicar toda su vida a lograr lo mejor para su hijo, le había convencido de que él estaba llamado no a ser solo el verdadero caballero medieval, sino el nuevo césar de la cristiandad. El césar como modelo de príncipe máximo, no en su lectura clásica.

De modo que cuando, tras ser coronado, en la primavera de 1515, Francisco I dirigió sus tropas hacia Italia, su gusto por las modas renacentistas aún eran limitados y su principal objetivo era ampliar sus reinos, comenzando por el ducado de Milán.

Luis XII había controlado el ducado de Milán hasta 1512, cuando, tras ser expulsado, el ducado regresó a la familia Sforza.

Con la decisiva victoria de Francisco I en Marignano en septiembre de 1515, Milán volvió a manos francesas.

Poco después, en enero de 1516, murió Fernando el Católico, abriendo el debate sobre su sucesión con su hija Juana recluida en Tordesillas y su nieto Carlos aún bajo el influjo de sus consejeros flamencos. Un Carlos que además hubo de negociar con Francisco I en nombre de su otro abuelo, el emperador Maximiliano, que se hallaba enfermo y, además, planeando ya cómo dejar la Corona imperial a su nieto, para lo que necesitaba la paz en la cristiandad occidental.

En definitiva, Francisco I no solo logró una notabilísima victoria en el campo de batalla, sino que además consiguió desarmar a sus enemigos, pudiendo regresar a Francia con una aureola de claro vencedor que no habían conseguido ninguno de sus predecesores.

Antes de ese regreso, Francisco I se reunió con el papa León X en Bolonia en octubre de 1516. En aquella ocasión Francisco I conoció a Leonardo da Vinci, que tenía por aquel entonces sesenta y tres años y estaba al servicio del pontífice.

Leonardo era un artista e ingeniero de elevadísima reputación por todo el centro y norte de Italia y Francisco I quiso que se fuera con él a Francia, algo que logró con la instalación de Leonardo en Amboise, donde se encontraba en ese momento la corte francesa.

¿Qué buscaba el joven Francisco I al llevarse consigo a Leonardo da Vinci? De partida, es posible que Francisco quedase entusiasmado por Leonardo y todas las ideas creativas, por no decir bizarras, que tenía el artista italiano. Pongámonos en la piel de ese joven Francisco, emocionado por los numerosos libros de caballería que ha leído en su adolescencia y que se encontró con un hombre como Leonardo que sabía de batallas y de máquinas, algunas para volar. Sí, Francisco debió quedar obnubilado.

Pero, además, con Leonardo, Francisco I añadió una medalla más, de alto prestigio, a su triunfo en Milán. Ya no se llevaba con él a algún artista menor, como habían hecho sus predecesores, sino a todo un sabio de esa Italia floreciente (aunque es posible que su fama fuera más discutida en su tiempo que hoy). Un sabio que había de ayudar a Francisco I con sus ambiciosos planes político-artísticos.

Es cierto que Leonardo se llevó a Francia muchos de sus escritos, además de algunos de los cuadros de los que se sentía más orgulloso, como *La Gioconda* (hoy el más famoso del Museo del Louvre).

Pero insistamos en la idea que acabamos de enunciar. Francisco I no quería solo las obras y la fama que ya había cosechado Leonardo, quería al Leonardo genio para que le apoyase en las nuevas creaciones por venir. Y la más destacada había de ser Romorantin.

La idea que concibió Francisco I fue grandiosa. En la pequeña localidad de Romorantin, situada sobre el valle del río Sauldre, a 40 kilómetros al este de Amboise, Francisco I quiso construir no un nuevo palacio campestre, sino toda una ciudad, una nueva Roma para él, el nuevo césar. No una resurrección arqueológica de la Roma imperial, como soñaban los renacentistas, sino una Roma propia del siglo XVI, cristiana y triunfante. Por eso, Leonardo era clave. El menos dogmático de los artistas italianos, aquel que no logró la confianza de Sixto IV para pintar la Capilla Sixtina porque no le convencía la forma de trabajar leonardesca. El Leonardo que hacía más máquinas que cuadros.

En aquella aventura, por supuesto, Francisco I contó con el concurso de su madre, Luisa de Saboya, dispuesta a apoyar cualquier ilusión, por desmedida que fuera, de su hijo. De modo que, si el rey no estaba en Amboise, era Luisa de Saboya quien supervisaba los proyectos de Leonardo.

Para comenzar, se levantaría un gran canal que uniría directamente el río Sauldre con el Loira, un canal que habría de servir de vía rápida de transporte, y también para el riego o los espectáculos acuáticos. Uno de los horizontes de ese gran canal sería el nuevo palacio, cabeza de toda una ciudad. Porque si el rey con sus más allegados había de instalarse en esa nueva residencia, para el resto de la corte habría toda una urbe.

No era la primera vez que se planteaba algo así. En cierta manera, ya lo había realizado el rey Carlos V de Francia en la segunda mitad del siglo XIV, cuando se hizo construir el castillo de Vincennes, que vimos en el primer capítulo de este libro, con su pequeña urbe aneja para la servidumbre, huyendo de las revueltas parisinas.

Pero es indudable que, cuando pensamos en el proyecto que Leonardo tenía en su cabeza, de inmediato vemos el palacio de Versalles que Luis XIV se haría levantar un siglo y medio más tarde.

Hemos de imaginar las largas conversaciones de Francisco I con Leonardo. Aquel joven rey, lleno de orgullo por su victoria en Marignano, evocando todas las fantasías de las novelas de caballería con las que se había educado en su infancia, tenía ante él al hombre más imaginativo de su tiempo, Leonardo, quien consideró que el monarca francés estaba dispuesto a poner todo el erario público de Francia, si era necesario, para poder desarrollar sus proyectos, los de Leonardo, todas esas ideas atrevidas que le bullían en la cabeza desde hacía años.

Leonardo no trajo el Renacimiento a la corte de Francisco I. Esa recuperación del arte clásico romano como símbolo de la superioridad cultural italiana. Leonardo se trajo a sí mismo, su volcán de creatividad, con ropajes clásicos, cierto, porque era hijo de su tiempo, pero con un nivel de extravagancia que ningún otro artista de su época llegó a alcanzar.

Las obras comenzaron de inmediato. Se quiso desviar el curso del Sauldre para hacer el canal. Se empezó a levantar una de las crujías del castillo, que para 1518 ya medía 70 metros de largo. La nueva capital del césar Francisco estaba en marcha.

Pero en enero de 1519 murió en Austria el emperador Maximiliano. Había que elegir un nuevo emperador y Francisco I pensó que él reunía las condiciones. Sin embargo, la elección no habría de resultarle fácil. Había otros candidatos: Enrique VIII de Inglaterra y, sobre todo, Carlos I de España, que además era el nieto de Maximiliano.

Francisco I podía poner su empeño en la elección imperial. Su madre seguiría a cargo de las obras de Romorantin junto con Leonardo. Pero una pestilencia afectó al lugar, frenando los trabajos. Lo peor llegaría en mayo de 1519: Leonardo murió en su residencia de Clos-Lucé.

Luisa de Saboya quiso continuar las obras, pero la alta política se impuso. Carlos I fue elegido como emperador ya convertido en Carlos V. Francia quedó rodeada por las tierras de los Habsburgo. Había que pasar al ataque. En 1521, comenzaron las hostilidades, que fueron *in crescendo* hasta la derrota francesa de Pavía en febrero de 1525, donde el mismísimo Francisco I fue tomado prisionero por las tropas de Carlos V.

Para ese entonces las obras de Romorantin se habían detenido y los escasos restos construidos se destruyeron en 1723. De los grandiosos sueños de Leonardo solo quedaron algunas trazas arqueológicas, pero parte de las ideas leonardescas lograron sobrevivir en otro proyecto, no tan grandioso como hubiera sido Romorantin, pero sí bastante notable: Chambord.

En el momento de convertirse en rey, Francisco I había tenido su corte en Amboise, el castillo donde había pasado su infancia. A su vuelta de Italia, decidió modernizar su residencia, para lo que encargó a Antoine de Troyes, a partir de 1516, levantar un tercer nivel sobre el ala llamada de Luis XII, donde el arquitecto trató de desarrollar un orden jónico, no del todo logrado.

A partir de 1519, Francisco I perdió interés por Amboise y se trasladó a Blois. La muerte de Leonardo debió influir, así como las presiones de la reina Claudia, esposa de Francisco I, que se había criado en Blois.

En Blois, las reformas ya habían comenzado tras 1516 y es posible que inicialmente las llevase a cabo Domenico da Cortona (h. 1466-1549), otro de esos artistas que había llegado a Francia tras las campañas de Carlos VIII, pero que había quedado un tanto marginado durante años. Ahora, cuando Francisco I regresó de Italia con su gusto por lo italiano renovado, Cortona volvió a ganar protagonismo.

La idea fue levantar un nuevo pabellón con una aparente galería italiana, que en verdad era una sucesión de cuartos, rematada en el interior por un matacán corrido, y una escalera de acceso, que seguía siendo un cuerpo externo a la construcción (un hábito muy propio de la arquitectura francesa medieval). En definitiva, un nuevo pabellón con ciertos guiños italianizantes en la fachada, pero donde los espacios seguían siendo góticos.

Mientras se hacían estas reformas, el rey ordenó construir una residencia de caza a una docena de kilómetros de Blois. Y así, en septiembre de 1519, empezó a buscar fondos para construir su nuevo castillo de Chambord, que, con el tiempo, habría de convertirse en la obra más grandiosa emprendida por Francisco I.

Pero esa obra habría de esperar por todos los avatares que narramos antes: la elección imperial de Carlos V, el reinicio de las guerras de Italia, la derrota francesa en Pavía, la cautividad de Francisco I en Madrid.

Además, la reina Claudia falleció en 1524. Ella había sido la gran defensora de tener la corte en Blois. Con su desaparición, Francisco I, tras regresar de Madrid, decidió buscar una nueva residencia real y optó por Fontainebleau, con lo que, después de un siglo, el monarca volvió a acercar su residencia a la vieja capital del reino, París.

Es cierto que Fontainebleau, situada a 50 kilómetros de París, no era estar realmente en París. Además, el nuevo palacio tardó varios años en terminarse, con lo que Francisco I siguió utilizando los castillos del Loira y siguió adelante con las obras de Chambord.

Es posible que el diseño del nuevo castillo de Chambord ya estuviera en la mente del rey y del propio Leonardo desde antes de la muerte de este, porque el diseño inicial de Chambord sí parece salido de la mente de Leonardo y quizás ejecutado en un primer momento por Domenico da Cortona, que acabamos de ver trabajando en Blois.

¿Qué proyecto pudo ser ese? Para entenderlo hemos de fijarnos en el llamado donjon de Chambord, el gran torreón que domina el castillo de Chambord, situado en medio de la fachada septentrional del conjunto.

Se trata de un edificio de planta cuadrada con torres circulares en sus ángulos. Cada una de las plantas del edificio se organizaba a partir de una cruz griega. En la parte central de la cruz se encontraba la escalera. Los brazos de la cruz servían como vestíbulos para los cuatro cuadrantes así conformados. Cada uno de esos cuadrantes, conocidos como cantones, se abrían sobre sus respectivas torres de ángulo.

Ya hemos mencionado como en el centro del donjon se levantó la escalera, de doble hélice, un diseño realmente complejo, en el que aquellos que subían por una de las hélices podían ver a los que transitaban en la otra hélice sin cruzarse con ellos.

Esa escalera servía a las tres plantas del donjon y terminaba en la azotea superior, un espacio complejo donde venían a rematar las numerosas chimeneas de los diferentes apartamentos, además de los tejados que cubrían el conjunto.

De partida, el uso de una planta cuadrada que se dividía a partir de una cruz griega que generaba cuatro cuadrantes rematados en torres circulares pudiera parecer todo un ejercicio propio de los artistas neoplatónicos de la Florencia de la segunda mitad del siglo XV a la búsqueda de la forma perfecta.

Algo con lo que, por ejemplo, Miguel Ángel habría estado de acuerdo.

Pero Leonardo, como ya hemos visto, no era un artista neoplatónico. Si algo caracterizó su trabajo fue su obsesión no por establecer la forma perfecta y que la realidad se adecúe a ella, sino por copiar una y otra vez de la realidad hasta obtener esa forma perfecta, si la hubiera, como consecuencia de esa realidad.

De modo que, si Leonardo da Vinci estuvo detrás del diseño de Chambord, no hemos de buscar un juego intelectual neoplatónico, sino la creación de una singular máquina, una idea que ha sido señalada por numerosos estudiosos de Chambord. La escalera central con su doble hélice sería el eje de esa máquina que permitiría girar de forma teórica todo el edificio.

A su vez, los vestíbulos en forma de cruz griega serían los soportes que a partir del eje sostendrían todo el edificio en el momento en que este comenzara a girar. Obviamente, el donjon de Chambord no iba a desplazarse un milímetro una vez construido, pero para Leonardo eso no era lo importante, sino mostrar cómo debería ser el diseño que había que realizar en el caso de que un día hubiera que desarrollar una máquina móvil para habitar.

Como decíamos antes, cuando Francisco I se trajo a Leonardo a Francia, no se trajo al Renacimiento italiano tal cual, sino a Leonardo siendo él mismo y dejando que su imaginación viajase hacia fronteras infinitas.

Las obras de Chambord iniciadas a finales de 1519 avanzaron despacio hasta el punto de quedar paralizadas cuando Francisco I fue derrotado en Pavía, en 1525, tomado prisionero y enviado a Madrid. Hubo que esperar a finales de 1526, con el rey de vuelta en Francia, para que las obras se retomasen.

Pero, en ese momento, el proyecto se cambió. Recordemos que, de partida, Chambord estaba llamado a ser un pabellón de caza en la vera de un gran dominio real, pero un singular pabellón de caza gracias a la imaginación de Leonardo.

Cuando Francisco I retomó las obras, ordenó construir dos alas perpendiculares al donjon leonardesco para mejorar las condiciones residenciales de la familia real, puesto que los espacios previstos en los apartamentos del donjon eran insuficientes. Además, estas nuevas alas habían de completarse hasta formar toda una muralla que rodease al donjon. De esta forma, primaba la idea de un castillo medieval, donde el monarca quedaba protegido dentro de un donjon con su propio cierre, que a su vez contaba con una muralla exterior que lo rodeaba por completo.

Después de todo, Francisco I se había criado en un castillo medieval, Amboise, donde todas las mejoras de lujo no podían hacerle olvidar que ese castillo era ante todo una forma de garantizar la seguridad del rey.

En Chambord, con esta modificación de la máquina de habitar de Leonardo a un donjon con su muralla exterior, Francisco I volvía a esa vieja idea medieval del castillo que protegía al rey. Por supuesto, como ya estamos en los tiempos de la artillería, esa muralla exterior no sería especialmente alta, pero sí muy gruesa y con torres circulares en los ángulos, también bajas y gruesas.

A Francisco I aún le podía el caballero medieval, que era como se veía a sí mismo, sobre las ideas del supuesto príncipe humanista de la época. El resultado es que Chambord quizás sea el último castillo medieval levantado por los reyes de Francia, al que vistieron con ropajes clásicos, pues en el alzado vamos a ver una búsqueda de simetría, unos vanos abiertos de forma regular, limitados por órdenes clásicos, ya sean pilastras, ya columnas, en muchos casos, soportando arcos de medio punto.

Esto no impide que aquí y allá sigan quedando viejas tradiciones medievales francesas, como las escaleras externas para acceder a las diferentes plantas de las alas añadidas por Francisco I, el matacán corrido que adorna la cornisa que rodea toda la parte superior del donjon o el gusto por rematar todas las cumbreras por elementos verticales muy pronunciados que recuerdan los hastiales de los edificios góticos.

Al final, en Chambord, Francisco I quiso maridar esas modas que había visto en Italia con sus valores de caballero medieval, y el resultado fueron unas formas un tanto eclécticas que iban a ser una señal distintiva de la arquitectura de los reyes de Francia de los siguientes siglos.

Francisco I pasó muy poco tiempo en Chambord, desde el momento que decidió trasladar la corte desde Blois a Fontainebleau. En concreto, cuarenta y dos días, pese a que Francisco I se pasó veintiocho años construyendo el castillo. Y eso que no llegó a concluirlo, de modo que el Chambord que pudieron conocer los contemporáneos de Francisco I era bastante más irregular y asimétrico que el que nosotros vemos hoy.

El cierre definitivo de la muralla que rodeaba el donjon ya fue realizado en tiempos de Luis XIV, más de un siglo después de la muerte de Francisco I. En ese momento, además, pudieron comenzar a acondicionarse una serie de jardines a la francesa, si bien los que vemos hoy día son el resultado de la restauración realizada entre 2017 y 2018, que trató de replicar los jardines no de Luis XIV, sino posteriores, del siglo XVIII.

Por tanto, hemos de ser cuidadosos a la hora de ver el Chambord de hoy. Las ampliaciones realizadas por los sucesores de Francisco I y, sobre todo, las mejoras aportadas por los restauradores contemporáneos dan una imagen acaba, idealizada, platónica incluso, que Francisco I y sus coetáneos no llegaron a conocer.

Para Francisco I, Chambord debió ser otro de esos proyectos geniales de Leonardo que no llegaron a rematarse como el italiano hubiera deseado y que el monarca francés resolvió en esa mezcla de tradiciones medievales y novedades clásicas.

Porque, como decíamos antes, Francisco I, a partir de 1528, empezó a trasladar la corte a Fontainebleau, un viejo castillo medieval en la cuenca del Sena, a unos 50 kilómetros al sur de París.

De partida, se trataba de acondicionar una nueva residencia de caza en ese viejo castillo medieval. Pero, quizás, tras su cautiverio en Castilla, Francisco I consideró necesario sacar la corte del valle del Loira y trasladarla a las cercanías de París para reforzar su legitimidad, que podía verse cuestionada al haber sido hecho prisionero.

En 1527 comenzaron las obras de reconstrucción del castillo medieval de Fontainebleau, cuya traza aún se puede observar en el patio ovalado, en cuyo extremo occidental se conserva la gruesa fábrica de la torre del homenaje.

Para acceder a este patio cerrado, se habilitó en 1528 la puerta Dorada al sur, que, aunque ha sido modificada a lo largo de los siglos, muestra bien el nuevo concepto arquitectónico en el que se movía Francisco I. De partida, el acceso al patio Oval se hacía por el primer nivel de la puerta, donde se situaba un pasaje bajo una bóveda de cañón rebajado al que se accedía por un arco de medio punto sostenido por columnas corintias.

Por encima de este pasaje de acceso, se sitúan otros dos niveles, que, de esta manera, pese a sus acabados clásicos, permitían un control vertical de la entrada. De nuevo, esa permanencia de las soluciones poliorcéticas medievales incluso en estos edificios que miraban hacia el Renacimiento.

Pero muy pronto, al oeste del patio Oval, perpendicular a la torre del homenaje, Francisco I hizo construir una gran galería que rompía el espacio amurallado.

A partir de ese momento, Fontainebleau podía haber seguido el camino de Chambord y dotarse de una nueva muralla exterior que rodease el conjunto, pero no fue el caso. Francisco I hizo que el palacio siguiera creciendo mediante el añadido de nuevas áreas abiertas, como el que actualmente se conoce como patio de Honor (también llamado patio del Caballo Blanco), donde hizo levantar las dependencias para los servidores de la corte, o el propio patio de la Fuente, que comunicaba su galería con el estanque de Carpas, situado al sur.

Es decir, Francisco I por fin abandonó las viejas fórmulas medievales que habían dominado los castillos del Loira para apostar por soluciones que claramente apelaban a las villas italianas renacentistas, con amplios pabellones insertos en el paisaje ajardinado.

Todas estas modificaciones que estamos comentando se pusieron en marcha a partir de 1530 y se aceleraron, sobre todo, a partir de 1537. ¿Qué había cambiado entonces? Para comenzar, en 1529, se había firmado la paz de las Damas, que ponía fin, por el momento, al enfrentamiento que había entre el emperador Carlos V y Francisco I.

En la corte Habsburgo corrían nuevos aires artísticos. Tras el saqueo de Roma de 1527, Carlos V había decidido apostar firmemente por el arte clásico para dejar claro su apego al papa. En los encuentros entre las cortes que propició la paz de las Damas debió quedar patente ese cambio del gusto artístico del emperador.

Francisco I, que desde quince años atrás coqueteaba con el arte italiano, debió considerar que era el momento de demostrar que él había dado ese paso hacia las modas italianas mucho antes. Con motivo de su nueva boda con Leonor de Austria, una de las condiciones del tratado de paz, Francisco I recibió numerosos bocetos de obras de arte para celebrar el acontecimiento.

Entre ellos, uno dedicado a Marte y Venus elaborado por Rosso Fiorentino (1495-1540), una alegoría que mostraba como el dios de la guerra había de apartarse, tras la paz de las Damas, ante el avance de la diosa del amor, esa unión de Francisco I y Leonor.

Rosso Fiorentino había nacido en 1494 en Florencia, donde se formó. A partir de 1517 comenzó a viajar por toda la Toscana y en 1523 se instaló en Roma, donde permaneció hasta el saqueo de 1527. En esos años, Rosso tuvo ocasión de estudiar el trabajo de Miguel Ángel en la Sixtina.

Tras el saqueo de Roma, Rosso volvió a su actividad itinerante, de nuevo por la Toscana, hasta que envió ese grabado que solicitaba Francisco I sobre Marte y Venus, tras lo cual fue llamado a Francia, donde, como decíamos antes, en esos años el rey francés hacía todo lo posible por atraerse a los artistas italianos, sobre todo toscanos, porque ahora Francisco I sí quería favorecer el Renacimiento y ya no solo sus fantasías y las de Leonardo.

Desde 1530, encontramos a Rosso establecido en Fontainebleau, donde se encargó, sobre todo, de la decoración de esa gran galería que Francisco I había ordenado construir en perpendicular a la vieja torre del homenaje medieval.

El resultado fue el establecimiento de la llamada Escuela de Fontainebleau, donde a la sombra de Rosso trabajarían numerosos pintores italianos, imitando las soluciones decorativas propias del Renacimiento: grandes composiciones mitológicas en fresco o en estuco, donde a base de alegorías se cantaban las glorias de la monarquía francesa.

Rosso murió en 1540 y fue sustituido por el boloñés Francesco Primaticcio (1504-1570), que siguió con esa labor de imponer las formas italianas, incluyendo en su taller a artistas franceses que empezaron a difundir las novedades del Renacimiento por el resto de Francia.

Esa obsesión por que fueran los artistas italianos los que llevaran adelante su palacio de Fontainebleau hizo que en 1541 Francisco I quisiera contratar a Sebastiano Serlio, quien, pese a trabajar en Fontainebleau, muy pronto dejará su puesto ya a un maestro francés, Gilles Jamin.

Para cuando Francisco I murió en 1547, las obras en Fontainebleau no habían concluido y el palacio siguió transformándose durante el reinado de su hijo Enrique II (1519-1559), para después sufrir nuevas transformaciones durante los siglos XVII y XVIII y hasta los tiempos de Napoleón.

En cualquier caso, con Fontainebleau Francisco I había logrado que el arte clásico ya se hubiera convertido en la norma de los creadores franceses.

Cuando Carlos V cruzó Francia en 1539, Francisco I le recibió de forma ostentosa en sus grandes obras, como Chambord o Fontainebleau, con objeto de demostrarle al emperador como en esa competición por ver quién de los dos monarcas había logrado asumir mejor el arte clásico el francés ganaba.

Porque, para mediados del siglo XVI, el Renacimiento italiano propio de los papas ya dominaba las cortes de los Valois y también las de los Habsburgo como demostración del catolicismo de estos monarcas y también de su prestigio.

Solo los Tudor en Inglaterra rechazaron el Renacimiento. Fue lógico. A partir de Enrique VIII, con la excepción del reinado de María I (1516-1558), Inglaterra no solo abandonó el catolicismo, sino que lo combatió abiertamente, de modo que el arte renacentista fue prácticamente rechazado. Sin embargo, los manuales hablan de un Renacimiento inglés. ¿Realmente existió?

14
LOS TUDOR CONTRA EL RENACIMIENTO

La guerra de los Cien Años concluyó en 1453, siendo rey de Inglaterra Enrique VI, a quien se le acusó de la derrota, por lo que fue depuesto en 1461, dando paso a una guerra civil entre la casa de Lancaster (la de Enrique VI) y la de York, ambas descendientes de Eduardo III (1312-1377), precisamente el rey que había iniciado la guerra de los Cien Años por sus derechos al trono francés.

La guerra de las Dos Rosas concluyó en 1487, cuando una nueva dinastía, la de los Tudor, también descendiente de Eduardo III, se impuso sobre las demás a través de su líder, Enrique VII (1457-1509), que se casó con Isabel de York (1466-1503).

Esas casi tres décadas de guerra civil arruinaron a la corte inglesa. Enrique VII decidió aumentar los impuestos de forma drástica para sanear la hacienda real, llegando a provocar un amotinamiento de sus súbditos en 1497.

Enrique VII necesitaba dinero no solo para hacer frente a las necesidades de su reino, sino también para construir todo un aparato de legitimidad dado lo inestable de su Corona. Las obras áulicas católicas formaron parte de ese programa de legitimación.

Así, cuando murió Isabel de York, la esposa de Enrique VII, en 1503, el rey ordenó la reconstrucción de la capilla mariana de la cabecera de la iglesia de la abadía de Westminster. La capilla original se había levantado en tiempos de Enrique III (1207-

1272), a mediados del siglo XIII, en un momento que este tipo de capillas dedicadas a la Virgen estaban en boga.

Pero Enrique VII consideró que había de mejorar esa capilla de Westminster. Iba a enterrar allí a su predecesor Enrique VI, que parecía que iba a ser canonizado (no fue el caso). Pero, además, la nueva capilla había de convertirse en el panteón real de los Tudor. Y todo ello dentro de una clara devoción por la Virgen María, que, según el rey, exigía una capilla más espléndida que la existente.

El resultado fue una gigantesca capilla, separada del resto de la iglesia, de tres naves y cabecera con múltiples ábsides, todo en claro lenguaje gótico.

En especial, destacan las bóvedas pinjantes de abanico que cubren la nave central y que son todo un alarde de la tecnología gótica. Pensemos que Enrique VII estaba apostando por un lenguaje claramente medieval cuando ya en Roma se estaba reconstruyendo el Vaticano siguiendo las formas clásicas de Bramante. Es decir, se mantenía en las tradiciones góticas, como podían estar haciendo los reyes de España o Francia.

Para la sepultura propiamente dicha que se empleó para Enrique VII y su esposa Isabel de York, el trabajo inicial, que comenzó en 1512, lo realizó Pietro Torrigiano (1472-1528), escultor de origen florentino, quien supo casar su formación clásica, que mostró en las esculturas yacentes de los fallecidos, con la gran celosía gótica que rodeaba el mausoleo.

Enrique VII murió el 21 de abril de 1509, siendo sucedido por su hijo Enrique VIII, que desposó a Catalina de Aragón, la hija de los Reyes Católicos, pocas semanas después, el 11 de junio de 1509. Comenzó así un reinado que durante años pareció venturoso, hasta que todo se estropeó por la ausencia de un hijo varón y el enamoramiento por parte de Enrique VIII de una dama de la corte, Ana Bolena (h. 1501-1536).

Enrique VIII había nacido en 1491 en el palacio de Placentia, una residencia de caza construida hacia 1428 por el duque de

Gloucester dentro del gran bosque de Greenwich, junto al río Támesis, a 6 kilómetros, río abajo, del viejo Londres.

En Londres, los reyes contaban con una residencia desde el siglo XI, el palacio de Westminster, situado al occidente de la ciudad. Al oriente de la capital, había una segunda residencia, la Torre de Londres, un castillo levantado a finales del siglo XI y que tenía un carácter más militar.

Desde el siglo XI al XVI, Westminster fue la referencia obligada para los sucesivos monarcas ingleses, que fueron enriqueciendo el palacio, añadiéndole nuevas estancias para la corte, para el Parlamento, o levantando sucesivas capillas, dominadas por el lenguaje gótico.

Pero en torno a Londres los reyes se hicieron construir una serie de palacios de recreo, como el recién mencionado de Placentia, que sería uno de los preferidos de Enrique VIII, pues se desplazaba allí con frecuencia junto con su familia, aprovechando el cercano castillo de Greenwich para sus citas amorosas.

Placentia es un buen ejemplo de estos palacios ingleses de los siglos XV y XVI. Con una planta irregular, las edificaciones se iban construyendo según las necesidades, y el elemento común era una muralla que rodeaba el conjunto, caracterizada por sus almenas, en claro recuerdo de su función militar, pero con numerosos vanos de clara tradición gótica.

Otro de estos palacios de la periferia fue el de Eltham, a una veintena de kilómetros al sureste de Greenwich. Comenzado en el siglo XIV, tiempo después el rey Eduardo IV (1442-1483) hizo construir hacia 1470 un soberbio salón con un artesonado apuntado imitando el de Westminster, levantado casi un siglo antes, siempre dentro de la tradición constructiva gótica.

Pero de todos estos palacios suburbanos, hemos de quedarnos con el de Richmond, a una docena de kilómetros al oeste de Londres, el único palacio que fue construido por Enrique VII, el padre de Enrique VIII, un monarca que, como vimos, ante los problemas financieros que tuvo, hubo de limitar sus gastos suntuosos.

El palacio de Richmond se levantó sobre un palacio previo de finales del siglo XIII destruido por un incendio en diciembre de 1497. En parte, debieron aprovecharse los cimientos de la construcción preexistente, volviendo a crear una planta irregular, cerrada por una muralla almenada y en donde competían las numerosas chimeneas con los chapiteles bulbosos de las torres.

Esta solución de los chapiteles bulbosos se había puesto de moda en el Imperio y los Países Bajos en el siglo XV en las representaciones iconográficas del templo de Salomón y del Santo Sepulcro y de ahí pasó a la arquitectura inglesa.

El carácter funcional del palacio era aún más evidente si pensamos que la cúpula dominante, al occidente del palacio, era la de las cocinas. Con todo, se ha querido ver un rasgo renacentista en el hecho de que Enrique VII hiciera colocar en Richmond una biblioteca real. Pero es que las bibliotecas fueron habituales en las cortes medievales. El palacio fue demolido en 1649 y solo subsiste la puerta de entrada.

De partida, fue en esta serie de palacios medievales donde Enrique VIII pasó su infancia y adolescencia. Pero, en 1514, Tomás Wolsey (1471-1530) comenzó la construcción de su residencia de recreo en Hampton Court, a orillas del Támesis, a una veintena de kilómetros al suroeste de Londres, una residencia que parecía llamada a cambiar las modas arquitectónicas inglesas.

Tomás Wolsey había nacido en 1471 en Ipswich, al parecer, en el seno de una familia acomodada. Se formó en Oxford donde destacó por su carisma y una sobresaliente inteligencia que le permitió convertirse en el capellán personal de Enrique VII para, a la muerte de este, incorporarse al consejo privado de Enrique VIII.

En 1514, Wolsey logró el arzobispado de York y al año siguiente, 1515, el papa León X le nombró cardenal, siendo entonces cuando Enrique VIII, además, le nombró lord canciller. Gracias a estos cargos, Wolsey dispuso de una notable cantidad de ingresos para llevar a cabo sus proyectos artísticos.

Hampton Court había pertenecido previamente a la orden de los caballeros del Hospital de San Juan de Jerusalén (hoy, Orden de Malta). Wolsey adquirió el lugar y es posible que tuviera en mente edificar un palacio siguiendo las modas renacentistas romanas, levantando una serie de patios regulares sobre los que se volcasen las plantas nobles a partir de ejes regulares.

Pero no fue el caso. Aunque en el patio primero sí se buscó ese eje, muy pronto la planta del edificio fue perdiendo esa regularidad y, sobre todo, la apariencia final, que podemos observar en los muros exteriores, seguía apegada a la solución medieval de los muros fortificados con almenas.

El gusto renacentista de Wolsey hemos de situarlo en su relación con los papas, hasta el punto de que León X le envió hacia 1519 una serie de medallones clásicos en terracota que ornan las puertas de entrada a Hampton Court y que son el principal guiño al mundo clásico.

Wolsey pudo haber sido el revulsivo artístico de la corte de Enrique VIII, como los Mendoza intentaron hacer en la corte española. Pero, como en España, en Inglaterra primaban los gustos de Enrique VIII, quien, sin rechazar el mundo renacentista, prefería las tradiciones medievales y, en particular, las modas borgoñonas.

Es lo que podemos ver en los retratos oficiales que estuvieron de moda en la década de 1520 y que habían de marcar el arte inglés hasta finales del siglo XVI. Aquí hemos de incluir el inicio de los retratos en miniatura, que comenzaron los hermanos Lucas (1490-1544) y Susannah Horenbout (1503-1554), de origen flamenco, y que pudieron empezar a trabajar para la corte inglesa. En estas miniaturas de los Horenbout, como la realizada por Lucas de Enrique VIII hacia 1525, se buscaba cierto realismo, pero sin profundidad, sin perspectiva.

La renovación de la retratística inglesa había de darse poco después con la llegada a Londres del pintor y grabador alemán Hans Holbein el Joven (h. 1497-1543), nacido hacia 1497. Holbein se había formado a la sombra de su padre, Hans Holbein el Viejo (1460-1524), un hombre anclado en la estética gótica y que dominaba el detallismo propio de los borgoñones gracias al uso del óleo.

Padre e hijo, desde su Augsburgo natal, se trasladaron a Suiza. Desde allí, Hans Holbein el Joven, que ya dominaba las técnicas de su padre, en 1517, viajó al norte de Italia, donde tuvo ocasión de ver las novedades estilísticas de tradición clásica. A su regreso a Suiza, puso en marcha los conocimientos adquiridos, algo que quedó plasmado en el retrato que le hizo a Erasmo de Róterdam en 1523.

Aquí, Hans Holbein el Joven no solo mostró su dominio de los detalles al modo borgoñón, con sus simbolismos aparejados, sino que supo darle profundidad a la obra.

Hans Holbein se había instalado en Basilea en 1519, poco antes de que el movimiento luterano se asentara en la ciudad. Pero la expansión del protestantismo con su actitud de austeridad artística hizo que Holbein se viera obligado a partir en busca de nuevos clientes. Curiosamente, junto a retratos más clásicos, como el de Erasmo, en esta época Hans Holbein produjo una serie de grabados con un sabor más medieval, como los dedicados a la danza de la muerte, que tenían buena acogida en el mercado artístico.

Tras probar fortuna en Francia, Holbein llegó a Inglaterra en 1526. Allí le recibió Tomás Moro. En esos momentos, Moro era uno de los personajes más destacados de la curia de Enrique VIII. A poco de llegar a Londres, Holbein haría un retrato de Tomás Moro con un realismo cercano a la fotografía que había de convertirse en la obsesión, esa búsqueda del retrato naturalista, de los pintores de la corte inglesa durante todo el siglo XVI.

En realidad, este retrato formaba parte del conjunto de pinturas que Holbein hizo de diferentes miembros de la familia de Tomás Moro como paso previo a un retrato en grupo en donde había de aparecer toda esa familia. Este cuadro se perdió y solo conservamos un estudio preparatorio previo, que ejemplifica a una familia pudiente católica inglesa en 1527, con Tomás Moro como patriarca en el centro, rodeado por sus hijos, sus nueras y yernos, y también su propio padre (a su derecha) o su segunda esposa (en el margen derecho de la obra).

Hemos de llamar la atención sobre el hecho de que varios de los personajes llevan libros, los están leyendo, hablan sobre ellos. Tomás Moro quiso que Holbein mostrase a una familia culta, empecinada en el saber, además de defender con ahínco el catolicismo cuando este sea puesto en duda.

En 1526, tras diecisiete años de matrimonio, Enrique VIII decidió repudiar a su esposa Catalina de Aragón. Había sido un matrimonio feliz. Pero, tras seis embarazos, de los que solo sobrevivió una niña, la futura reina María I, Enrique VIII, deseoso de tener un hijo varón, quiso divorciarse de Catalina y poder casarse con su nueva enamorada, Ana Bolena.

La obsesión por el hijo varón derivaba de la débil legitimidad de la dinastía de Enrique VIII, los Tudor. Hemos visto antes como había sido su padre, Enrique VII, quien había logrado el trono tras la larga guerra civil de las Dos Rosas, pero a partir de unos derechos inestables. Si al morir Enrique VIII su única heredera había de ser una mujer, María, corría el riesgo de que se volviera a abrir el debate sobre esa legitimidad de los Tudor.

De partida, Enrique VIII buscó la nulidad de su matrimonio con Catalina. En ese momento inicial, el monarca inglés trató de ser escrupuloso con las normas de la Iglesia católica. No en vano, en 1521, Enrique VIII había publicado un ensayo de su autoría (aunque debió contar con la ayuda de Tomás Moro para su redacción) sobre la *Defensa de los siete sacramentos* y en contra de las tesis luteranas.

Separarse de Catalina de Aragón en 1526 podía suponer un problema importante para Enrique VIII, pues, como sabemos, Catalina era la tía del emperador Carlos V. Enrique VIII no deseaba enemistarse con el emperador, a quien tenía por aliado, de modo que el monarca inglés envió una embajada al papa Clemente VII para que fuera el sumo pontífice quien invalidase el matrimonio a partir de argumentos sólidos que evitasen ese enfrentamiento con el emperador Carlos V.

El embajador inglés William Knight llegó a Roma a finales de 1527. En mayo de ese año, las tropas del emperador habían saqueado la ciudad y el papa Clemente VII permanecía encerrado en el castillo de Sant-Angelo. En este contexto Knight poco pudo hacer más allá de presentar sus credenciales y la solicitud de la anulación del matrimonio de Enrique VIII, una solicitud que rápidamente llegó a conocimiento del emperador.

Fracasada su misión, al regresar a Inglaterra, en 1528, Knight se hizo construir un pórtico en el jardín de su casona de Horton Court, en el condado de Gloucestershire.

Este pórtico de Horton Court ha sido considerado uno de los primeros edificios del Renacimiento en Inglaterra. Es cierto que la idea de un pórtico abriéndose a un jardín podía tratar de evocar las villas italianas, pero, en solución formal, Horton Court seguía apegado al lenguaje medieval: no se utilizan los órdenes clásicos y los arcos son carpaneles.

Una vez que el deseo de romper su matrimonio con Catalina de Aragón fue públicamente conocido, Enrique VIII hubo de cambiar de proceder y ahora sí confió en Thomas Wolsey para que llevara a cabo el proceso. Clemente VII decidió que la posible anulación sería estudiada por dos legados papales, el cardenal Lorenzo Campeggio (1474-1539) y el propio cardenal Wolsey.

La anulación no se consiguió y Wolsey cayó en desgracia, perdiendo la mayor parte de sus cargos, incluido el puesto de lord canciller, y sus propiedades fueron confiscadas por el rey.

Además de Hampton Court, que veíamos antes, Enrique VIII también se hizo con otra residencia campestre de Wolsey, The More, situada en Rickmansworth, a 40 kilómetros al noroeste de Londres. Construida en los terrenos del monasterio de Saint Albans, del que Wolsey también era abad, se trataba de una edificación que volvía a rememorar la arquitectura tradicional medieval con los muros almenados y las puertas torreadas. The More fue completamente demolido en 1661.

Pero la principal propiedad que Enrique VIII recibió de Wolsey fue la residencia que este tenía en Londres, el palacio de York, que se hizo construir al norte de Westminster, junto al Támesis.

En 1532, cambió el nombre del lugar, pasando a llamarse palacio de Whitehall, iniciándose una serie de obras que se prolongarían prácticamente hasta su destrucción debido a dos incendios sucesivos en 1691 y 1698. La larga duración de estos trabajos hizo que Whitehall cambiara de forma constantemente si bien las representaciones que conservamos del palacio muestran como la parte edificada por Enrique VIII sigue en la línea medieval de los muros almenados y las torres con chapiteles bulbosos.

Es más, uno de los pocos restos conservados del palacio de Whitehall, la bodega que se hizo construir Wolsey a partir de 1515, nos muestra unas bóvedas de crucería con arcos rebajados apuntados propios de la arquitectura gótica inglesa.

El cardenal Wolsey le había encargado a Benedetto da Rovezzano, escultor florentino recomendado por León X y que había llegado a Londres en 1524, que le hiciera una tumba monumental. Pero Wolsey, ya apartado del poder, murió en 1530 sin que Rovezzano hubiera concluido su trabajo.

Durante largo tiempo se consideró que solo se había realizado el sarcófago, en mármol negro, que Enrique VIII también le confiscó al cardenal. El sarcófago quedaría sin uso hasta muchos siglos después, cuando se convirtió en la tumba del almirante Nelson.

Benedetto llegó a realizar una serie de cuatro ángeles en bronce que habían de formar parte de la decoración de la tumba. Los ángeles permanecieron perdidos hasta su redescubrimiento en 2014, cuando pasaron a formar parte de la colección del Victoria and Albert Museum.

Quizás si Wolsey no hubiera caído en desgracia y su tumba se hubiera concluido, esta sepultura habría podido ser un revulsivo artístico similar al que provocó la sepultura del cardenal Mendoza en Toledo. Pero no fue el caso y, además, Enrique VIII, empeñado en su divorcio, terminaría por romper con los papas, por lo que se le cerraron las puertas a ese arte del Renacimiento que llegaba desde Roma.

En enero de 1533, tras repudiar a Catalina, Enrique VIII se casó en secreto con Ana Bolena. Poco después, el monarca inglés logró que el papa confirmase a Thomas Cranmer (1489-1556) como arzobispo de Canterbury. Entre sus primeros actos, Cranmer aceptó la nulidad del matrimonio de Enrique y Catalina en marzo de 1533. Enterados en Roma, el papa Clemente VII excomulgó a Enrique VIII en julio de 1533.

A partir de ese momento, el Parlamento inglés puso manos a la obra para separar la Iglesia de Inglaterra de la obediencia a Roma, un proceso que culminaría en noviembre de 1534, cuando se promulgó el acta de supremacía que declaraba que el rey era la cabeza de la Iglesia de Inglaterra, que dejaba así de formar parte de la Iglesia católica.

Mientras tanto, Tomás Moro, que había ocupado el cargo de lord canciller brevemente tras la caída de Wolsey, retirado de la vida pública, siguió escribiendo sus tratados en defensa del catolicismo, que provocaron sucesivos encontronazos con la corte. Cuando fue llamado a ratificar el acta de supremacía de 1534, se negó, lo que le valió ser encarcelado en la Torre de Londres, juzgado y condenado a muerte el 1 de julio de 1535. Su ejecución se llevó a cabo el 6 de julio.

En 1536, el Parlamento autorizó la entrega de los bienes de los monasterios más pequeños al rey. Enrique VIII consideró insuficiente la cantidad recaudada, por lo que en 1539 se le entregaron la totalidad de los monasterios católicos, que procedió a venderlos.

Con el dinero logrado con esa venta de los monasterios, Enrique VIII por fin pudo lanzarse a grandes proyectos artísticos.

El más destacado fue el palacio de Nonsuch, levantado de nueva planta a una docena de kilómetros al sureste de Hampton Court. Su construcción se inició en 1538. La idea era celebrar los treinta años de reinado de Enrique VIII y el nacimiento del ansiado hijo varón, el futuro Eduardo VI.

Pero, además, Enrique VIII, en su obsesión por mostrar su nueva grandeza no solo como monarca, sino también como cabeza de la Iglesia anglicana, quiso construir un palacio que rivalizara con el de Chambord que se estaba haciendo construir Francisco I de Francia y que para Enrique VIII era uno de los ejemplos más suntuosos de residencia real.

Es indudable que hay cierto aire entre estos dos palacios-castillos. La obra corrió a cargo de Christopher Dickenson y William Clement, los arquitectos a cargo de las reformas de Hampton Court, quienes establecieron una construcción a partir de dos grandes patios organizados en un eje único. Externamente, Nonsuch seguiría presentando ese aspecto tan querido por Enrique VIII de fortaleza almenada con puertas torreadas. Al interior, las cubiertas también seguirían empleando el modelo de las bóvedas apuntadas de madera que hemos visto en Westminster o en Eltham. Todo esto lo sabemos por las descripciones conservadas en las fuentes, pues el palacio fue totalmente demolido en 1683.

El principal cambio respecto a estas soluciones tradicionales que estamos enumerando había de darse en la decoración de los muros, donde se hizo un uso importante de los paneles en estuco con motivos figurativos, algunos mitológicos, realizados por Niccolo da Modena (h. 1490-1569), un artista de origen italiano que se había formado y trabajado en Francia desde 1516, sobre todo en las obras del palacio de Fontainebleau, iniciadas en 1528.

Niccolo da Modena viajó por primera vez a Inglaterra en 1532 para establecerse definitivamente allí en 1537. La presencia de un italiano se ha visto como una garantía de la introducción del Renacimiento en Nonsuch. Pero hemos de recordar que Niccolo se formó en Francia, no en Italia. Que cuando trabajó en Fontainebleau, antes de su primer viaje a Inglaterra en 1532, aún no se había puesto en marcha la gran escuela de estucadores encabezada por Rosso Fiorentino. Y que, en los años en que regresó a Francia entre 1532 y 1537, Niccolo está documentado por su labor como diseñador de mascaradas y no como pintor.

En definitiva, que en ese empeño por modernizar la decoración de Nonsuch, Enrique VIII solo pudo contar con un artista, cierto que de origen italiano, pero que no pasaba de ser un segundón en el mundo del arte, lo que puede explicar la precariedad de los pocos relieves conservados que parecen venir de Nonsuch.

Pero que Niccolo da Modena fuera una figura de segundo orden no ha de sorprendernos. Después de todo, Enrique VIII no tuvo esa querencia por los artistas italianos que sí profesó el cardenal Wolsey. Más allá de apoyarse sobre creadores ingleses, el monarca se sentía más cómodo con los artistas centroeuropeos y flamencos, como el ya mencionado Hans Holbein el Joven.

Holbein el Joven había vuelto a Londres en 1532, asistiendo a todo el proceso de divorcio del rey y dando la espalda a su antiguo protector, Tomás Moro. Holbein ya solo sirvió a Enrique VIII, a quien fue retratando en unos cuadros de un realismo extremo, pero donde solo aparecía la figura del monarca. Aquellos guiños clásicos que Holbein había mostrado en sus obras de juventud (como el retrato de Erasmo) prácticamente desaparecieron. Y eso a pesar de que Holbein llegó a dominar la perspectiva, como demostró en su cuadro de *Los embajadores*, pintado en 1533, donde mostró su control de la tercera dimensión, además de un uso abundante de todo tipo de símbolos.

Pero, en 1537, tenemos uno de los retratos más famosos de Enrique VIII por Holbein. Más allá de la imagen del rey, llama la atención la forma sobria de presentar esa imagen, como si Holbein diera un paso atrás, a una forma más tradicional de pintar.

Pudiera ser porque este retrato no era más que un estudio para una obra mayor que había de representar la dinastía Tudor, un mural que estuvo pintado en una de las paredes del desaparecido palacio de Whitehall y del que conservamos dos copias en miniatura realizadas por Remigius van Leemput (1607-1675) en 1667 y en 1669, donde en torno a una inscripción conmemorativa encontramos arriba a la izquierda a Enrique VII; arriba a la derecha, a Isabel de York, esposa de Enrique VII; abajo a la izquierda, a Enrique VIII, y abajo a la derecha, a Jane Seymour (1504-1537), tercera esposa de Enrique VIII y madre de Eduardo VI.

Ya hemos señalado que el mural original se perdió, pero conservamos un fragmento del dibujo preparatorio de Holbein, que nos muestra como el fondo pintado por Leemput es el original. Es decir, Holbein concibió un espacio clásico, prácticamente un arco de triunfo romano, para enmarcar a los Tudor, mostrando como esa querencia de Holbein por lo italiano seguía ahí y Enrique VIII la permitía pese a su empeño por un arte más tradicional.

Un empeño por ese arte más tradicional, más apegado a la estética de origen borgoñón, que quedó patente en una de las últimas obras que encargó Enrique VIII, la pintura del *Campo del paño de oro*, hoy conservada en la colección real exhibida en Hampton Court.

En 1520, al sur de Calais, que por entonces aún era una posesión inglesa, se reunieron Enrique VIII y Francisco I, en aquel entonces dos jóvenes reyes veinteañeros. La idea era reforzar su amistad sobre todo vis a vis de Carlos V, que acababa de lograr su Corona imperial, aunque no todo debió salir bien, pues Enrique VIII terminó por aliarse con el emperador.

En 1545, veinticinco años después, Enrique VIII quiso rememorar aquel acontecimiento, quizás el más señero de su vida, pues fue de las pocas veces que recibió a lo grande a otro monarca europeo, Francisco I, con el que se había empeñado en compararse todo el tiempo, como acabamos de ver con el proyecto de Nonsuch, que rivalizaba con el Chambord del rey francés.

Sin duda, el cuadro del *Campo del paño de oro* ejemplifica bien el gusto artístico de Enrique VIII, pero también sus ambiciones políticas. No fue un gran rey viajero, no tuvo victorias destacadas, no pudo mostrar su boato más allá de su pequeña corte. Por eso, cuando pidió un cuadro cantando sus glorias, hubo de rememorar aquellos días de fiesta de 1520.

Lo más representativo fue el castillo efímero que se levantó en el campo de la reunión, más que una réplica del que pudo haber en 1520, una declaración de cómo era la arquitectura que le gustaba a Enrique VIII para 1545. Un gran bloque fortificado, con torres y almenas, donde solo en la entrada encontramos un guiño clásico, con esos pilares corintios que enmarcan la puerta.

El rey inglés parecía dejar claras sus intenciones. Sí, como el resto de los monarcas europeos podía ser hijo del mundo clásico, pero por encima de cualquier otra cosa Enrique VIII había de imponer la voluntad de la fortaleza inglesa, ese castillo torreado y almenado. Un arte de tradición tardomedieval que solo aceptaba tímidos guiños del Renacimiento católico (o ninguno en absoluto).

Enrique VIII murió dos años después, en 1547. Su reino y su nueva Iglesia parecían quedar asegurados gracias a su joven hijo Eduardo VI, aunque solo tuviera nueve años de edad. Sin embargo, la inestabilidad habría de dominar Inglaterra durante la siguiente década. Eduardo VI únicamente reinó seis años, entre 1547 y 1553, y bajo el control de su consejo de regencia, primero dominado por su tío materno Edward Seymour (1506-1552) y luego por John Dudley (1501-1553), quienes se empecinaron en llevar adelante la reforma anglicana en un país que seguía siendo mayoritariamente católico, incluso, si era necesario, masacrando a esos católicos contumaces.

Durante el reinado de Eduardo VI, la actividad artística se centró en continuar las obras áulicas iniciadas por su padre, Enrique VIII. Al tiempo, siguió la elaboración de los retratos de prestigio, esta vez de la mano de William Scrots, artista de posible origen flamenco, que había sucedido a Hans Holbein el Joven como pintor de cámara de Enrique VIII y que se mantuvo en este puesto durante el reinado de Eduardo VI.

Como Holbein, Scrots era un apasionado de los detalles de los atributos de sus retratados en la vestimenta, la joyería, las armas. Un detallismo que contrastaba con la rigidez del propio retratado, un tanto plano, una rigidez que trataba de atenuar buscando algo de profundidad. La obra de Scrots parece recordarnos a la de aquellos pintores del Quattrocento que estaban empezando a manejar la perspectiva. Es decir, Scrots manejaba el detallismo borgoñón, pero fallaba en la capacidad para generar el espacio propio de los renacentistas.

Eduardo VI murió en 1553 sin herederos y le sucedió su medio hermana María I, la hija de Catalina de Aragón. María era profundamente católica, por lo que sacó del poder a los anglicanos e, incluso, comenzó a perseguirlos y ejecutarlos. María I se casó con su sobrino, el futuro Felipe II, en 1554. Curiosamente, la presencia de Felipe II en Inglaterra moderó el afán de represalia religiosa de su esposa.

Con todo, aunque cuando María I asumió el poder, logró devolver al reino de Inglaterra a la Iglesia católica, hubo de aceptar que los bienes eclesiásticos expropiados no se reintegrasen a sus antiguos dueños. Sus fondos para arte áulico se vieron limitados; de ahí que, como en el caso de su hermano Eduardo, lo más destacado fueran los retratos oficiales. Quizás el más conocido sea el que realizó Antonio Moro (1519-h. 1576) de María I.

Nacido en Utrecht en 1519, era discípulo de otro artista neerlandés, Jan van Scorel (1495-1562), formado a su vez en Roma y quien de vuelta en los Países Bajos fue de los principales introductores del Renacimiento en esas tierras. Hemos de pensar que el taller de Van Scorel en Utrecht adquirió una fama notable a partir de 1530, convirtiéndose en uno de los artistas favoritos de los Habsburgo en los Países Bajos en los 1540.

A la sombra de Scorel se formó Antonio Moro, quien emuló a su maestro y viajó a Italia, donde se dedicó a estudiar la obra de Tiziano. A partir de ese momento, también entró al servicio de los Habsburgo, lo que le llevó a viajar a Inglaterra, donde retrató a María I.

No fue una elección gratuita la de Moro. Frente a esos otros artistas, como Holbein o Scrots, que podían ser más detallistas que realistas, la apuesta de la corte inglesa por Moro mostró el giro artístico producido por María I y su vuelta al catolicismo. Para dejar clara esa vuelta, qué mejor forma de hacerlo que utilizando a un artista formado en la católica Italia.

Pero ese giro al catolicismo duró poco. En 1559, murió María I y le sucedió su medio hermana Isabel I, que, de inmediato, reimplantó la Iglesia anglicana.

Con Isabel I, como con sus hermanos, las principales creaciones artísticas también se dieron en el mundo de los retratos, pues en las grandes obras áulicas la reina se limitó a concluir los palacios de su padre, aquellos dominados aún por la estética tardomedieval.

Tras ese retrato muy renacentista de María I hecho por Antonio Moro que acabamos de mencionar, que marcaba la vuelta de Inglaterra al mundo católico de los papas, nada más llegar al poder Isabel I se hizo retratar de una forma totalmente diferente.

El objetivo de Isabel I era mostrarse como una reina virgen, cabeza de la Iglesia inglesa, que sacrificaba toda su vida por su pueblo. Así aparece en los llamados retratos de coronación, dos pinturas realizadas ya hacia 1600-1610 copiando los originales de 1559.

Fueron unos retratos poco naturalistas, con una composición muy geométrica y en los que la reina llevaba todos los atributos del poder.

A partir de ese momento, los retratos de Isabel I se irán sucediendo en el tiempo, siempre mostrando a la reina en posición rígida, adusta. Eso sí, con mucha riqueza de detalles.

Solo hubo un momento, entre 1569 y 1572, en el que ese arte rígido medievalizante cedió. En 1567, el duque de Alba (1507-1582) llegó a los Países Bajos para reprimir a los protestantes neerlandeses, a quienes apoyaba Isabel I.

El de Alba entonces incentivó la revuelta católica del norte de Inglaterra de 1569, que Isabel I sofocó de manera brutal, lo que le valió la excomunión por parte del papa en 1570, una excomunión que no le impidió abrir negociaciones con la muy católica corte de Francia sobre la posibilidad de que la reina inglesa se casase con uno de los príncipes Valois, en principio el futuro Enrique III (1551-1589), para así lograr un aliado de peso contra sus enemigos españoles.

Fue en este contexto de inestabilidad en el que, hacia 1569, la reina inglesa encargó el cuadro de las tres diosas. En él Isabel I asumía el papel de Paris, el príncipe troyano que había de elegir cuál era la diosa más bella, Hera, Atenea o Afrodita. El cuadro ha sido atribuido a Hans Eworth (1520-1574), pintor flamenco protestante exiliado en Inglaterra desde 1545 y que mayoritariamente se dedicó a elaborar retratos.

También se ha considerado que el cuadro fuera obra de Lucas de Heere (1534-1584), de quien conocemos otro cuadro de 1572, donde aparecía en medio Enrique VIII entregando la espada de la verdad a su hijo Eduardo VI. A la izquierda, están representados Felipe II y María I, que se hacen acompañar del dios de la guerra. Mientras, a la derecha, quien está pintada es Isabel I, acompañada por los símbolos de la paz y la abundancia, todo ello enmarcado en el interior de un palacete renacentista. Es decir, Isabel I apostó por el Renacimiento cuando se vio en la necesidad de acercarse a la monarquía católica francesa.

Pero este giro hacia el arte clásico terminó pronto y ya para 1572 comenzó la serie de retratos de Isabel I que pintó Nicolás Hilliard. Hilliard (1547-1619) se formó como joyero y miniaturista, y en sus miniaturas llegó a demostrar una gran habilidad para el realismo. Sin embargo, en el *Retrato del pelícano*, Isabel I vuelve a ser representada de una forma rígida, geométrica. Además, con un elemento incorporado: la reina quedó fijada en una edad indeterminada y en sus retratos ya no va a envejecer.

Esta idealización posiblemente llega a su máxima expresión en el cuadro de la procesión de Isabel I, también realizado hacia 1600 y probablemente obra de Robert Peake el Viejo (1551-1619). La reina, hierática y sin edad definida, era llevada en andas por sus nobles en una procesión que puede recordarnos a las de las Vírgenes. Isabel I encarnaba así en esta obra su ideal máximo: el de la reina virgen ya divinizada en esa estética medievalizante.

Cuando Isabel I murió en 1603, con ella terminó la dinastía Tudor. La Corona hubo de pasar a su sobrino nieto en segundo grado Jacobo VI Estuardo (1566-1625), rey de Escocia, convertido en Jacobo I de Inglaterra.

Llegados aquí hemos de preguntarnos por qué esa dinastía Tudor que dominó todo el siglo XVI inglés se ha considerado el epítome del Renacimiento inglés.

Es cierto que, en la propia Gran Bretaña, los historiadores cada vez utilizan más el término de *Early Morden*, o, directamente, categorías asociadas a los monarcas, como arte tudor o arte isabelino. Porque resulta evidente que el Renacimiento, tal como hemos visto a lo largo de este libro, fue ese arte recuperado en Florencia en 1400 de raíz clásica convertido en la bandera de la Italia católica de los papas para 1500. Unos papas que tuvieron que enfrentarse a la Reforma auspiciada por Lutero, que, entre otras armas, empleó el rechazo al arte renacentista por papista.

Nuestro recorrido por el arte inglés del siglo XVI evidencia, primero, el continuismo medieval de Enrique VII y Enrique VIII hasta 1527, como ocurrió en el resto de la Europa occidental, a excepción de Italia. Y el continuismo medieval inglés después de 1527 porque, frente a Carlos V o Francisco I, que quisieron demostrar ser los reyes más católicos de la cristiandad, Enrique VIII rompió con ese catolicismo en los años siguientes.

Es más, nuestra idea de que el saqueo de Roma afianzó la difusión del Renacimiento fuera de Italia, que hasta ese momento era algo anecdótico en lugares como Francia y España, se refuerza aún más con la actitud de Enrique VIII, quien, al romper con el papa poco después de ese saqueo de 1527, ya no tuvo que hacer gala de catolicidad y no quiso seguir las modas renacentistas de los papas.

Por tanto, no hubo Renacimiento en Inglaterra, y el arte clásico hubo de esperar a la llegada de los Estuardo, ya en el siglo XVII, para echar raíces en tierras británicas, esos Estuardo que, curiosamente, volvieron a coquetear con la Iglesia católica.

Ahora bien, el Renacimiento que sí adoptaron los Habsburgo o los Valois no fue una forma artística congelada en 1527. En Roma, el arte clásico siguió evolucionando, y Miguel Ángel, ya un hombre entrado en años, fue uno de sus principales creadores.

15

EL ÚLTIMO MIGUEL ÁNGEL

Cuando en mayo de 1527, las tropas imperiales de Carlos V entraron violentamente en Roma, Miguel Ángel se encontraba en Florencia, trabajando en la capilla de los Medici, la llamada Sacristía Nueva.

En ese momento, el señor de Florencia era el papa Clemente VII, pero, cuando los florentinos supieron que el papa estaba prisionero de los imperiales, aprovecharon para sublevarse y declarar la república.

Carlos V y Clemente VII lograron firmar la paz de Barcelona en 1529 y el emperador envió sus tropas contra la sublevada Florencia, donde Miguel Ángel estaba a cargo de reforzar las murallas en espera de la embestida imperial, mostrando así su traición a sus mecenas los Medici. No era la primera vez que les daba la espalda. Ya lo había hecho en 1494, cuando Savonarola estableció su república teológica en Florencia. Los Medici perdonaron a Miguel Ángel en aquella ocasión y lo harían de nuevo, sobre todo, porque Miguel Ángel huyó de Florencia en 1530, cuando la república se hundía, para buscar luego el perdón de Clemente VII, quien terminó por llevarse al artista a Roma para que pintase *El Juicio Final* en la cabecera de la Capilla Sixtina, una labor que Miguel Ángel inició a partir de 1536, ya siendo papa Paulo III Farnesio.

Como ya vimos, el saqueo de Roma ralentizó las obras públicas en la ciudad, pero para los tiempos de este nuevo papa,

Paulo III, la actividad artística volvía a florecer y Miguel Ángel empleó las tres décadas de vida que aún tenía para seguir mostrando su creatividad.

Es cierto que en *El Juicio Final* de la Capilla Sixtina, Miguel Ángel llevará al cénit su obsesión neoplatónica de los cuerpos perfectos más allá de la realidad, realizando el estudio más sistemático del cuerpo humano, mostrando cómo se sitúa cada uno de los músculos en las posturas más complejas que uno pueda imaginar.

Esta obsesión por seguir creando la figura humana de perfecta belleza llegó hasta sus últimas obras escultóricas, si bien con nuevos matices. En la *Piedad florentina* o *Piedad Bandini*, comenzada hacia 1550, Miguel Ángel creó una obra dramática, posiblemente acuciado por su avanzada edad, alejada de la serenidad de la *Piedad vaticana*.

Pero ese cambio de actitud frente al tema de la Piedad no le impidió seguir apostando por unas proporciones inesperadas y, sobre todo, por mostrar un conocimiento exquisito del cuerpo humano, como demuestra en esa forma retorcida de colocar los brazos y las piernas de Cristo.

Miguel Ángel no quedó satisfecho con esta obra, por lo que comenzó a destruirla. Al final, la pieza fue salvada y rematada, de forma más o menos adecuada, por Tiberio Calcagni, discípulo del maestro. Por ello, hemos de ser cuidadosos con ciertos desajustes de la obra, comenzando por la desproporción de la Magdalena, que no son ninguna intención vanguardista de Miguel Ángel, sino fruto de esa etapa final de la escultura cuando ya la había rechazado.

Una situación similar ocurre con la última escultura que trabajó Miguel Ángel, la *Piedad Rondanini*. Comenzada hacia 1552, aún trabajaba en ella el maestro poco antes de morir en 1564, de modo que su apariencia abstracta, con los rostros de la Virgen y Cristo solo esbozados, no fue intencionada. Sencillamente, nunca se terminaron.

Esa aparente abstracción de los rostros choca con el realismo de las rodillas de Cristo, una de las pocas partes de la escultura que se puede considerar como concluida.

Por tanto, desde el punto de vista de la figura humana, más allá de que Miguel Ángel cambiara su óptica a la hora de abordar el tema de una postura más serena a una más dramática, la manera de resolverlas siguió aquella obsesión platónica que traía desde su juventud de cuerpos en principio perfectos pero alejados de la realidad. Porque la verdadera novedad creativa de este Miguel Ángel maduro se dio en la arquitectura.

Ya en 1516, el papa León X le involucró en el proyecto de la iglesia medicea por antonomasia: San Lorenzo de Florencia.

Lo primero que Miguel Ángel hizo fue el diseño de la inacabada fachada de la iglesia, una obra que no llegó a realizarse, pero que marcó la entrada definitiva del maestro en la arquitectura. Eso sí, una arquitectura con tratamiento escultórico, pues en sitios como esta fachada lo que buscaba era darle volumetría, que no espacio, como si de una escultura gigante se tratase, todo ello a base de combinar figuras geométricas perfectas (círculos, cuadrados...) y elementos clásicos.

A partir de ahí, igual que había hecho con el cuerpo humano, comenzó a distorsionar los elementos arquitectónicos. Un ejemplo rápido para entenderlo. En la antigua Grecia, los frontones eran los hastiales triangulares sobre los que se apoyaban los tejados a dos aguas, con una determinada altura para asegurar la evacuación de la lluvia por esos tejados.

Los romanos asumieron esos frontones y los convirtieron en los remates de cualquier abertura, de un edificio, una puerta, una hornacina, creando ya los frontones escarzanos, cuyo remate, en vez de ser triangular, ya era curvado. Estas novedades podemos verlas en el Panteón de Adriano y ya fueron empleados por los arquitectos renacentistas anteriores a Miguel Ángel.

Pero el maestro decidió ir más lejos. En principio, un frontón en su origen protegía de la lluvia. No era necesario que tuviera una base bien cerrada, esta podía desaparecer. Y así lo hizo Miguel Ángel en la Sacristía Nueva de San Lorenzo, donde algunos frontones escarzanos tenían la base quebrada.

Esa idea de ir modificando los frontones formó parte del quehacer arquitectónico de Miguel Ángel en las siguientes décadas hasta llevarla a su paroxismo en la Porta Pía de Roma, diseñada a partir de 1561. Allí tenemos un frontón triangular clásico en la fachada exterior. Y luego, en la interior, frontones triangulares y escarzanos con la base quebrada, frontones escarzanos con la coronación quebrada, con lo que perderían su teórica función de evacuar la lluvia, y hasta un frontón triangular que contiene en su tímpano un frontón escarzano quebrado, rompiendo toda la lógica de ese elemento constructivo.

Este ejercicio que hemos hecho con los frontones podríamos hacerlo con otros elementos. Pensemos, por ejemplo, en las columnas, que fueron concebidas como soportes verticales que podían reemplazar un muro o reforzar este para sostener la cubierta. Pues en el vestíbulo de la Biblioteca Laurenciana Miguel Ángel agujereó la pared y luego le metió una serie de columnas para soportar la cubierta. De esta manera, dada la estrechez del espacio, pudo poner el orden clásico asociado a esa columna, pero cayendo en el absurdo de horadar el muro para meter la columna.

En todos estos juegos formales, ¿dónde está el platonismo y la búsqueda del espacio perfecto? Romper la parte superior de un frontón es lo más imperfecto que podemos imaginar. Agujerear un muro para poner una columna roza lo absurdo.

Aquí estamos ante ese Miguel Ángel contradictorio que veíamos antes en sus vaivenes políticos, cambiando de bando una y otra vez pero ahora trasladado al terreno del arte. Porque si en política abogó siempre, en principio, por la república democrática, se hizo perdonar una y otra vez por los oligarcas Medici o por los autoritarios papas.

En el arte, algo similar. Pudo defender la supuesta planta platónica del San Pedro del Vaticano de Bramante alterada por Rafael y Antonio da Sangallo el Joven. Pero a continuación diseñó obras de arquitectura donde la perfección platónica quedó completamente olvidada.

A la larga, Miguel Ángel hizo en arquitectura lo mismo que ya había hecho en pintura o escultura. Se esforzó por hacer la figura humana perfecta, posiblemente consciente de que no serían muchos los que seguirían su ideal. Pero al mismo tiempo hizo un estudio tan amplio del cuerpo humano que ningún artista de los siglos siguientes podría representar un cuerpo desnudo sin acudir al maestro Miguel Ángel para saber cómo había de hacerse (un ejemplo notable fue Velázquez, que no se atrevió a pintar desnudos hasta su primer viaje a Roma en 1629 tras ver la obra de Miguel Ángel).

Como decíamos, en arquitectura hizo algo parecido. Podía elucubrar sobre el espacio central como modelo de construcción platónica. Pero, al mismo tiempo, Miguel Ángel tomó los elementos de la arquitectura clásica e hizo todas las contorsiones posibles con ellos, buscando que las siguientes generaciones de arquitectos, por siglos, cada vez que diseñaran algo diferente, extravagante, rompedor, inevitablemente no fuera más que una copia de lo que ya Miguel Ángel había hecho antes.

Curiosa contradicción. Miguel Ángel no lograría que su modelo de arte perfecto fuera copiado, pero eso no evitó que sus soluciones artísticas más excéntricas hubiesen de ser imitadas durante siglos. El maestro fue consciente de ello. Es más, posiblemente generó a propósito toda esa riqueza de variaciones del arte clásico.

Esto es lo que nos permite entender que fuera el primer artista que dispuso no de una biografía, sino de dos sobre su persona escritas mientras él aún estaba vivo. Miguel Ángel se esforzó por que esos biógrafos que le eran cercanos, Vasari con sus *Vidas de los más excelentes artistas*, publicada por primera vez en 1550, y Ascanio Condivi con la *Vita de Michelangelo Buonarroti*, aparecida en 1553, reflejasen qué había querido hacer, cómo lo hizo y por qué lo hizo.

Esto no supuso un salto en la forma de valorar a los artistas. El reconocimiento social de muchos artistas ya se había dado a lo largo de la historia. Incluso en el periodo medieval, cuando se suele considerar que los artistas se veían como meros artesanos sin prestigio, sabemos que no es cierto. Hubo artistas medievales famosos en vida, con todo tipo de recompensas sociales y materiales, como tuvimos ocasión de explicar en nuestro libro previo, *La historia irreverente del arte*.

El cambio con las biografías de Miguel Ángel no fue ese reconocimiento social que, insistimos, siempre existió para los artistas más famosos, sino que era el propio artista, Miguel Ángel, quien utilizaba la biografía como una herramienta para reforzar su idea de inmortalidad.

Por supuesto, Miguel Ángel contó con la ventaja de que, para mediados del siglo XVI, la imprenta era una máquina común para la reproducción de libros. De haber querido hacer ese mismo ejercicio de egolatría tres siglos atrás, a partir de documentos manuscritos, le habría resultado más dificultoso.

Miguel Ángel comprendió que el Renacimiento de los papas no había muerto tras el saqueo de Roma, sino que iba a conquistar el resto de la cristiandad, y decidió contribuir con un repertorio de soluciones para un arte de raíz clásica que no solo iba a triunfar por doquier, sino que habría inevitablemente de evolucionar.

Ya hemos mencionado la Biblioteca Laurenciana, inserta en el segundo piso del claustro de San Lorenzo. Para acceder a la misma se habilitó un vestíbulo, el *ricetto*, entre el segundo nivel del claustro y la biblioteca propiamente dicha, probablemente uno de los espacios donde Miguel Ángel más imaginación puso en el momento de desarrollar su arquitectura.

El *ricetto* presentaba dos grandes contratiempos. De partida, era un espacio pequeño que solo servía para colocar la escalera. Pero, además, el maestro tuvo que levantar un piso suplementario donde colocar las ventanas que iluminaban ese espacio, que de esta manera se convirtió en un hueco alto y estrecho.

Para mantener las proporciones clásicas en un lugar claramente desproporcionado, Miguel Ángel creó un orden principal a la altura de la propia biblioteca, un segundo orden para la ventanería que iluminaba el conjunto y en la parte inferior prescindió del orden, ayudado por la propia presencia de la escalera que colmataba todo ese espacio.

Para el orden principal, como dijimos antes, sabiendo Miguel Ángel que el espacio era muy estrecho, en vez de poner columnas adosadas, que iban a estrechar aún más el vestíbulo, o pilastras pegadas a la pared, que no tendrían ese volumen que tanto le gustaba, el maestro optó por agujerear los muros y encastrar ahí las columnas.

Desde el punto de vista estructural, era absurdo vaciar un muro para volver a rellenarlo. Pero Miguel Ángel no seguía una lógica meramente funcional, sino puramente estética, y su apuesta sirvió, pues logró encajar un orden bien proporcionado y con volumen, escultórico, sin reducir el espacio del *ricetto*.

Aún fue más lejos con la escalera propiamente dicha. Conservamos numerosos bocetos de esa escalera en donde se muestra como Miguel Ángel pasó años, décadas, a la búsqueda de lo que para él había de ser la escalera perfecta y no fue hasta 1559 cuando por fin envió el modelo que había de realizar Bartolomeo Ammannati, que fue el encargado de ejecutar la obra sin cambiar una coma del diseño de Miguel Ángel.

La escalera está conformada por un cuerpo central con los escalones curvados, cuerpo central que lleva hasta la entrada de la biblioteca. Tanto desde abajo como sobre todo desde arriba, la disposición curvada de los peldaños puede recordar a una fuente, sugiriendo un singular movimiento descendente. Es decir, Miguel Ángel creó una escalera que invitaba a los usuarios a bajar por ella.

Para completar ese tramo central, puso dos tramos más, uno a cada lado, de escalones rectos, más tradicionales, y que parecían más adecuados para el uso de toda escalera, que es permitir el acceso a un piso superior.

Pero estas escaleras laterales no llegaban hasta arriba, se detenían en un tramo previo, volcando sobre la escalera central y generando así un extraño movimiento de subir por los lados, llegar a medio camino y acceder a esa escalera central que invita a bajar.

Por supuesto, Miguel Ángel propuso un juego sutil de formas arquitectónicas. La arquitectura es la parte rígida de la construcción. Sin embargo, con esa sutilidad, el maestro buscó un dinamismo de algo en principio estático, adelantándose en varias décadas a los juegos de perspectivas, curvaturas y movimientos que desarrollaron los arquitectos barrocos.

Cuando en 1534, Miguel Ángel se trasladó definitivamente a Roma, en principio para pintar *El Juicio Final*, algo que hizo ya durante el papado de Paulo III, este sumo pontífice le encargó un nuevo proyecto, la reforma de la plaza del Capitolio. De esta manera, el artista toscano había de enfrentarse por primera vez no a un edificio, sino a toda una intervención urbana, por tanto, con unas dimensiones gigantescas.

De partida, la idea era resituar la estatua de Marco Aurelio. Esta escultura ecuestre en bronce datada en el siglo II d. de C. del emperador Marco Aurelio se había salvado de ser fundida durante la Edad Media ante la creencia de que el representado era Constantino, considerado como el primer emperador cristiano, hasta el punto de que estuvo emplazada frente a la iglesia de San Juan de Letrán, la catedral de los papas como obispos de Roma.

A mediados del siglo XV, se logró demostrar que el retratado no era Constantino, sino Marco Aurelio, de modo que se abrió un debate de dónde emplazarle, pues había perdido su valor religioso. Tras casi un siglo buscando la nueva ubicación, Paulo III consideró que era adecuado situar la estatua en la plaza del Capitolio, frente al palacio de los Senadores, la sede del poder municipal de Roma.

Fue entonces cuando el papa le pidió a Miguel Ángel que aprovechase la ocasión para reacondicionar toda la plaza. Miguel Ángel entendió que era el momento de hacer una plaza armónica, en esa su obsesión por lograr obras de arte perfectas.

Para ello, estableció un eje que partiendo de la entrada del palacio Senatorial se dirigía hacia el noroeste, buscando la bajada de la colina. Justo frente al palacio Senatorial habilitó una plaza trapezoidal que terminaba en la escalinata que descendía al pie del cerro.

La fachada del palacio Senatorial fue reformada. Siguiendo la lección aprendida en el *ricetto* de la biblioteca de San Lorenzo, el acceso al palacio quedaba un nivel por encima de la plaza. En esa diferencia de altura, Miguel Ángel situó la escalinata doble que ocupaba todo ese nivel inferior y luego, ya al llegar a la entrada, creó un orden colosal que abarcaba todo el edificio, aunque este se dividiera en dos pisos, el de esa entrada y el de la ventanería superior.

Por tanto, en esos espacios urbanos, todo edificio que pretendiera ser proporcionado había de tener al menos dos órdenes, el colosal que abarcaba todo el edificio y que se completó con una cornisa muy volada (acorde con el tamaño, en este caso, de las pilastras de ese orden colosal) y luego un orden menor, vinculado a los vanos por donde circulaba la gente. De esta manera se combinaba la proporción gigantesca de la ciudad y sus edificios con una proporción más humana de los lugares por donde realmente caminaban los transeúntes.

Esta idea del orden colosal ya había estado presente en proyectos anteriores a este trabajo de Miguel Ángel. Parece ser que ya lo planteó Brunelleschi en 1440 para el palacio de Parte Güelfa, en Florencia, aunque no llegó a desarrollarse. Alberti, en San Andrés de Mantua, realizó un orden colosal a partir de 1472, aunque no supo balancearlo con ese otro orden más humano.

Pero lo más probable es que Miguel Ángel tomase la idea de ese doble orden, colosal y humano, de la Villa Madama, un palacio de recreo encargado por León X a Rafael. Las obras comenzaron en 1518, pero quedaron interrumpidas con el saqueo de Roma, cuando los asaltantes se cebaron especialmente con este palacete, del que solo se conserva una pequeña parte de lo que se había proyectado inicialmente.

En cualquier caso, que Miguel Ángel estableciera ese orden colosal en la plaza del Capitolio, de los lugares más públicos de Roma, fue el espaldarazo definitivo para el éxito del mismo.

Además de la reforma del palacio Senatorial, Miguel Ángel abordó los lados inclinados de la plaza trapezoidal.

Al sur, estaba el palacio de los Conservadores (los magistrados que auxiliaban en el gobierno de la ciudad). Aquí, Miguel Ángel se limitó a proyectar una nueva fachada sobre el viejo palacio, volviendo a combinar el orden colosal con esos otros órdenes menores, más humanos, aunque siguen siendo de gran envergadura.

En el lado norte de la plaza, directamente, diseñó una fachada nueva, simétrica de la del palacio de los Conservadores, tapando la basílica de Santa María in Ara Coeli. Esta fachada forma parte de lo que hoy conocemos como palacio Nuevo. Pero, en el diseño inicial de Miguel Ángel, solo había previsto la fachada y nada más para conseguir esa idea de crear una plaza simétrica.

En la arquitectura contemporánea, es habitual criticar este tipo de supuestas deshonestidades arquitectónicas, cuando la fachada no corresponde con el interior. Por ejemplo, al rehabilitar determinados edificios y la ordenanza municipal exige mantener la fachada histórica, aunque el interior sea completamente vaciado y rehecho.

Esta «deshonestidad» se denomina fachadismo e, insisto, son muchos los arquitectos contemporáneos que se oponen al fachadismo. Si el edificio ha de ser rehecho, la fachada ha de estar acorde con la nueva construcción.

Sin embargo, los enemigos del fachadismo olvidan la lección magistral que Miguel Ángel impartió en la plaza del Capitolio. Por encima del espacio-edificio, y en esencia sus interiores, aprovechables por los dueños o usuarios de ese edificio, está el espacio-ciudad, la calle, la plaza, el área pública que empleamos todos.

Merece la pena que ese espacio público sea lo más armonioso, lo más bello posible, para que la vida pública sea agradable, incluso, si hace falta, tapando un edificio moderno con una fachada histórica.

Obviamente, los enemigos del fachadismo no lo hacen por esa supuesta honestidad arquitectónica, sino por pura vanidad. Si he construido un edificio nuevo, quiero que todo el mundo sepa que allá estuvo mi diseño. Si queda escondido detrás de una fachada histórica, mi ego quedará reducido.

De nuevo, la lección de Miguel Ángel en la plaza del Capitolio fue que había de primar la belleza del espacio público. Y lo planteó uno de los artistas con mayor ego que ha dado la historia.

En octubre de 1546, murió Antonio da Sangallo el Joven, quien había sido director de las obras vaticanas desde 1520. Inicialmente, Giulio Romano fue nombrado como nuevo director, pero murió a los pocos días y fue entonces cuando Paulo III le confió la dirección a Miguel Ángel, quien por entonces ya tenía setenta y un años y acababa de superar una grave enfermedad.

Todo apuntaba a que ese nombramiento, codiciado desde hacía décadas, llegaba tarde. Pero a Miguel Ángel aún le quedaban dieciocho años de vida, durante los cuales decidió llevar sus ideas arquitectónicas hasta límites insospechados.

De partida, había de rematar el palacio Farnesio, la residencia de la familia del papa Paulo III, que ya había proyectado y construido en parte Antonio da Sangallo el Joven. Así, Miguel Ángel se encontró con un edificio muy avanzado, en donde la fachada se organizaba en tres niveles superpuestos, cada uno con su orden.

No había sitio para el orden colosal tan querido de Miguel Ángel, pero este lo resolvió construyendo una cornisa con un voladizo gigantesco. De este modo, si bien el orden colosal no aparecía en forma de gigantescos fustes, sí quedó presente gracias a esa cornisa volada.

Algo parecido le ocurrió con la gran obra de San Pedro del Vaticano, donde, pese a la lentitud de su construcción, ya estaba avanzada. En el origen de este proyecto, Bramante había propuesto una cruz griega inserta dentro de un cuadrado. El centro de la cruz griega estaría rematado por una cúpula de grandes dimensiones.

El proyecto de Bramante se vio alterado por Rafael y Sangallo cuando incorporaron un tramo en el lado de la cruz donde había de estar la fachada principal.

Miguel Ángel consideró que Rafael y Sangallo habían traicionado el proyecto inicial de Bramante, de planta central, y, por tanto, perfecto, neoplatónico, más allá de que el propio Bramante no tenía esas ideas neoplatónicas, como ya vimos más arriba, de modo que Miguel Ángel decidió replatonizar el Vaticano. Para ello, volvió a la planta de cruz griega dentro de un cuadrado, sin más añadidos, todo cubierto por la cúpula más grande que pudiera imaginarse, lo que le llevó a reforzar los cuatro pilares que habían de soportar esta cúpula.

Del Vaticano de Miguel Ángel, en esencia, lo que se conserva es esa gigantesca cúpula que no llegó a ver construida, pues la completó Giacomo della Porta en 1590.

En cuanto a la planta neoplatónica, desapareció al construirse la gran nave oriental que le añadió Maderno a comienzos del siglo XVII. Después de todo, la basílica de San Pedro es una Iglesia católica que, por tanto, necesitaba de esa planta longitudinal para celebrar la liturgia.

Con todo, Miguel Ángel no cesó en su empeño de imaginar iglesias con plantas formales que buscasen la centralidad. Así, en 1559, para la iglesia de San Juan de los Florentinos, presentó varios diseños en donde combinaba dos cruces griegas que se cortaban en diagonal. Esta obra nunca se llevó a cabo y la que sí realizó Giacomo della Porta optó por una planta basilical, que realizó en 1602.

En la basílica de Santa María la Mayor, los cardenales Guido y Alejandro Sforza le pidieron en 1562 a Miguel Ángel un diseño para la capilla familiar. El maestro propuso un espacio de planta rectangular oblicua, más ancha que larga, rematada en sus lados por ábsides elípticos, mientras el espacio para el altar mayor sería un cuadrado.

En ese mismo año de 1562, Miguel Ángel recibió el encargo de levantar la iglesia de Santa María de los Ángeles en el interior de las termas de Diocleciano, donde se limitó a acotar una serie de espacios dentro de las ruinas generando una nueva planta oblicua, más ancha que larga, muy compartimentada por los diferentes ábsides heredados de las termas.

En todos estos casos, el uso de los espacios terminaba por ser longitudinal. Es decir, los fieles se ordenaban mirando al altar situado en el fondo de la iglesia, lo que provocaba que parte de los espacios quedaran sin uso. Por mucho que Miguel Ángel se obsesionase por esa búsqueda de la planta central, la función litúrgica longitudinal terminaba por imponerse.

Eso sí, a cambio, Miguel Ángel mostró las múltiples posibilidades de estas plantas formales oblicuas, curvadas, contracurvadas, que habían de ser tan del gusto de los arquitectos del siglo XVII.

Esta experimentación arquitectónica llegó a su culminación en la Porta Pía, que ya mencionamos antes, una puerta nueva abierta en la muralla de Roma, al noreste de la ciudad. Miguel Ángel presentó en 1561 varios proyectos al papa de entonces, Pío IV, todos ellos, en palabras de Vasari, que narra el hecho, tan extravagantes como hermosos. Pío IV eligió el más barato y su construcción concluyó en 1565.

A pesar de que la Porta Pía ha sufrido numerosas reparaciones a lo largo de su historia y que hay muchos detalles que pueden ser añadidos tardíos, la idea general de lo que vemos hoy es de Miguel Ángel, con esa combinación de puertas conteniendo puertas, rematadas por frontones quebrados que contienen nuevos frontones quebrados.

Porque al final, Miguel Ángel entendió que serían sus extravagancias más que su búsqueda de la belleza perfecta neoplatónica lo que podía sobrevivirle. Sobre todo, cuando en la última sesión del concilio de Trento, a comienzos de diciembre de 1563, que versó sobre el arte sagrado, se habló de la necesidad del decoro de ese arte. No se prohibió el desnudo, pero sí se invitó a evitarlo en lugares inadecuados.

Un mes más tarde, en enero de 1564, se decidió que los desnudos de *El Juicio Final*, los que había pintado Miguel Ángel en la Sixtina, habían de ser cubiertos, una tarea que llevaría a cabo, sobre todo, Daniele da Volterra, lo que le valió ganarse el sobrenombre del Braghettone, una labor con la que se puso en 1565, cuando ya Miguel Ángel había muerto, aunque el maestro fue consciente de cuál iba a ser el destino de sus cuerpos perfectos.

Esa condena emitida, como decimos, en enero de 1564, a una de sus obras más significativas no impidió que Miguel Ángel siguiera trabajando su obsesión neoplatónica en la *Piedad Rondanini*. Y siguió haciéndolo hasta el 15 de febrero. Pero no logró terminarla. Tres días después, y cuando estaba cerca de cumplir los ochenta y nueve años, el 18 de febrero de 1564, murió Miguel Ángel Buonarroti.

Lo hizo en su modesta casa, hoy desaparecida, situada al pie de la colina Capitolina, es decir, al lado de aquella magna obra de urbanismo que fue la plaza Capitolina. Muy pronto comenzaron los homenajes, y las autoridades florentinas negociaron con el papa para cumplir la voluntad de Miguel Ángel de ser enterrado en la iglesia de la Santa Cruz de Florencia.

Allí, nada más entrar en la iglesia, en la nave lateral derecha, Giorgio Vasari diseñó el mausoleo para Miguel Ángel, replicando en gran medida muchas de las soluciones escultóricas y pictóricas que el propio maestro había utilizado en las tumbas que él mismo había proyectado.

Un mausoleo clásico que no impide que Miguel Ángel, hombre contradictorio donde los hubiese, al lograr que se cumpliera su última voluntad, él, que había sido uno de los artistas más destacados del Renacimiento, consiguió quedar por la eternidad en la última gran iglesia gótica de Florencia.

16
CUANDO EL RENACIMIENTO CONQUISTÓ EL MERCADO

Mientras Miguel Ángel daba rienda suelta a su creatividad, empecinado en ser el referente de los artistas de los siglos venideros, en paralelo surgió un singular mercado, el de los tratados, entendidos como compendios de soluciones para aquellos que quisieran imitar el Renacimiento italiano sin más afán.

Curiosamente, el iniciador de esa moda de los tratados no fue un italiano, sino un español, Diego de Sagredo. Nacido hacia 1490 posiblemente en Burgos, en 1512 ingresó en la Universidad de Alcalá de Henares gracias al favor del mismísimo cardenal Cisneros, para quien trabajó como capellán hasta la muerte del prelado en 1517.

En algún momento entre 1517 y 1522, Sagredo debió visitar Italia, viaje que aprovechó para estudiar tanto las viejas ruinas romanas como la nueva arquitectura renacentista.

En 1522, está de vuelta en España, primero trabajando para Juan Rodríguez de Fonseca, obispo de Burgos, para quien diseñó su tumba, un proyecto que no llegó a realizar, y para Alonso III de Fonseca, sobrino del anterior y arzobispo de Toledo desde 1523, junto a quien realizó Sagredo la mayor parte de su obra arquitectónica.

El arzobispo Fonseca, además, le encargó a Sagredo la elaboración de un ensayo sobre las proporciones clásicas que se habían recuperado en la Italia del Quattrocento y vinculadas, en gran medida, con la nueva fama adquirida por el tratado de Vitruvio.

El resultado fue un libro titulado *Las medidas del romano*, en clara referencia al romano Vitruvio, conformado por treinta y ocho hojas ricamente ilustradas, en donde Sagredo comenzaba hablando de las proporciones antropométricas, daba unas nociones básicas de geometría, para pasar a analizar los elementos más representativos de la arquitectura clásica bien proporcionados, en esencia, capiteles y cornisas.

El libro se organizaba a partir de la conversación que mantenían Tampeso, que era quien explicaba las proporciones clásicas y que se ha identificado con el propio Diego Sagredo, y Picardo, que es quien desea aprender esas proporciones y que posiblemente evocaba al pintor León Picardo, que había trabajado con Sagredo en Burgos, un León Picardo apegado a las formas borgoñonas y que quizás por eso deseaba saber más del arte del Renacimiento.

Las medidas del romano fueron escritas directamente en castellano, que no en latín, como los tratados previos que vimos más arriba, en ese formato de diálogo muy didáctico, todo pensado para llegar al público más amplio.

Probablemente este marcado carácter divulgativo fue lo que permitió el éxito de *Las medidas del romano*. Para 1533 ya estaba traducido al francés por el editor Simon de Colines. Y para 1541 salió la versión portuguesa.

Sagredo no llegó a disfrutar de este éxito editorial, pues murió en 1528, pero su impacto en el mercado de la divulgación del arte fue tal que muy pronto le surgió competencia, comenzando con los tratados de Serlio.

Aunque habitualmente se considera que Serlio nació en Bolonia en 1475, es posible que viniera al mundo diez años después. Pero es que la vida de Serlio está llena de oscuridades.

Se formó como pintor y grabador primero en Bolonia y más tarde en Pésaro, especializándose en dibujos de arquitectura y perspectiva, lo que le permitió entrar a trabajar a partir de 1522 en el taller de Baldassare Peruzzi, notable arquitecto seguidor de Bramante.

Peruzzi fue a trabajar a Roma en 1523 llevándose a Serlio con él. Pero en abril de 1525 Serlio había regresado a Roma, cesando su colaboración con su maestro Peruzzi.

Aquí entramos en uno de los debates historiográficos más peliculeros en torno a Serlio. ¿Un solo año le bastó para recapitular toda la información que en los años siguientes publicaría sobre Roma y sus ruinas? Es cierto que, gracias a Peruzzi, Serlio tuvo acceso a los archivos de arquitectura del Vaticano.

Pero también sabemos que Peruzzi estaba reuniendo una gran cantidad de dibujos, además de realizar nuevos diseños, quizás con la idea de publicarlos en el futuro. ¿Aprovechó Serlio esta recopilación de su maestro? Se le ha llegado a acusar incluso de plagio a Serlio. ¿Pudo ir más lejos e, incluso, sustraerle algún dibujo a Peruzzi?

Peruzzi murió en 1536 sin haber vuelto a tener ninguna relación con Serlio. Es cierto que por medio sucedió el saqueo de Roma de 1527. Peruzzi fue capturado por las tropas españolas y hubo de pagar un fuerte rescate para ser liberado y poder huir a Siena. Todo indica que, en esa precipitada salida, Peruzzi perdió casi todo el trabajo gráfico que había estado reuniendo. Por tanto, si Serlio le copió algo, no podríamos saberlo, pues los supuestos originales se perdieron. Peruzzi regresó a Roma cuando la situación se calmó, a partir de 1530. Serlio nunca volvió a la Ciudad Eterna.

Cuando se produjo el saqueo de Roma de 1527, Serlio estaba en Bolonia, desde donde se trasladó poco después a Venecia a comienzos de 1528. Allí se presentó ante el Senado de la Serenísima República de Venecia como profesor de arquitectura, reclamando su protección para la serie de grabados en cobre que estaba realizando sobre los cinco órdenes de la arquitectura, así como varias vistas urbanas antiguas de gran formato.

De esta manera, Serlio quería entrar en el mercado de arte veneciano, un mercado que no era fácil para los recién llegados. En esos años de finales de la década de 1520, el arte veneciano estaba en manos de una serie de artistas notables. La arquitectura y la escultura las dominaba Jacopo Sansovino, recién regresado de Roma, precisamente por el saqueo. En pintura, el taller de Tiziano era omnipresente.

Es posible que Serlio llegara a Venecia no para competir con esos artistas ya consagrados, sino llamado por la notable industria de impresión que se había desarrollado en la ciudad. Habiendo conocido el éxito de *Las medidas del romano* de Diego de Sagredo, Serlio quiso publicar sus propios tratados.

El primer libro apareció en 1537 en la imprenta de Francesco Marcolini, con una introducción en la que Serlio explicó que aquella era una obra ambiciosa, que habría de tener hasta nueve volúmenes y ese que aparecía, en realidad, era el cuarto volumen, según el plan que tenía en su cabeza.

¿Por qué empezó por el libro número IV y no por el número I? Porque Serlio quiso hacer una versión ampliada y enriquecida de *Las medidas del romano* de Sagredo, centrándose en la explicación de las proporciones clásicas, que es de lo que hablaba el volumen IV.

Los volúmenes I y II versarían sobre matemáticas y los problemas de la representación arquitectónica. El tercero, sobre la arquitectura antigua. Serlio, a la vista del éxito de Sagredo, prefirió apostar sobre seguro. Si el público quería textos sobre proporciones clásicas, eso es lo que le daría. Ya habría tiempo para esos tres libros primeros, demasiado teóricos o alejados de lo que la moda mandaba.

En ese volumen IV sobre las proporciones clásicas, Serlio dejó establecidos los cinco órdenes que habían de volverse canónicos en los siglos siguientes: los tres más habituales, el dórico, el jónico y el corintio, al que añadió el toscano, brevemente citado por Vitruvio, y el compuesto, un orden que Serlio explicó que había visto en la arquitectura romana (quizás en el Coliseo), pero que más parece una interpretación forzada de un corintio más alambicado.

Cuando Serlio estableció esos cinco órdenes clásicos, lo que explicó era que había cinco formas de establecer las proporciones entre las partes del elemento vertical soportante con las partes del elemento horizontal soportado.

¿Cómo establecer la proporción de cada una de esas formas? En principio, por el capitel que remataba la columna. Cinco capiteles diferentes, cinco tipos de proporciones. Lo llamativo es que, desde ese momento, se consideró que un determinado capitel, por ejemplo, el corintio, solo podía tener una forma concreta de hacerse.

Nada más lejos del mundo de la Antigüedad romana, en la que, si bien el corintio podía ser la suma de unas volutas con unas hojas de acanto encima, en el momento de hacer esos capiteles había grandes diferencias entre los distintos edificios. No había una forma única de hacer un corintio. Había una idea de qué era un corintio y luego cada arquitecto la resolvía como deseaba.

Pero a partir de Serlio la obsesión fue que todos los capiteles del mismo orden de todos los edificios que utilizaran ese orden debían ser idénticos. Aún más, desde el momento en que Serlio estableció los cinco órdenes, aquellos autores que vinieron después de él, no se atrevieron a negarlo. Serlio había visto dos corintios distintos, recordemos, algo muy normal en el mundo romano. Decidió que uno era un corintio y el otro un compuesto.

Nadie quiso llevarle la contraria. Ese tipo de juegos intelectuales según el cual si alguien con supuesta autoridad afirma algo los que le sucedan lo aceptarán sin cuestionarlo, aunque vaya en contra de la realidad hasta que, por fin, de tanto aceptarlo se convierta en la nueva realidad.

Esta petulancia serliana funcionó. Su cuarto libro, originalmente en italiano, sobre las reglas generales de la arquitectura a partir de los cinco órdenes de acuerdo con la doctrina de Vitruvio fue un éxito y en muy pocos años fue traducido a varios idiomas (francés, alemán, neerlandés, español…).

Sin embargo, este relativo éxito no fue suficiente para Serlio. Hablamos de relativo éxito, porque cuando un libro se vendía mucho es que había logrado quizás vender unos mil ejemplares. Las ganancias para el editor y el escritor eran interesantes pero no suficientes para una vida desahogada.

Serlio había dedicado el libro IV al duque de Ferrara, Hércules II, pero no se ganó el mecenazgo de este, de modo que el arquitecto tuvo que seguir a la búsqueda de protectores, solo que decidió aumentar la apuesta. Así, cuando en marzo de 1540 vio la luz el libro III, que versaba sobre los edificios de la Antigüedad, se lo dedicó al rey Francisco I. Si los príncipes italianos no le apoyaban, era momento de apelar a aquellos otros que podían reclamarle desde fuera de Italia.

En el preámbulo de este libro III, Serlio se empeñó en mostrar que su trabajo trataba de resaltar los valores de la arquitectura vitruviana con los ejemplos que había tomado de la Antigüedad y como esos valores se habían plasmado en las construcciones de los arquitectos contemporáneos, como el templete de San Pietro in Montorio, que también incluyó entre los monumentos dibujados.

Es decir, Serlio se erigió en el defensor de la correcta arquitectura renacentista, de modo que aquellos que quisieran estar en la verdadera vanguardia clásica habrían de contar con su opinión. Con esta actitud, logró que los funcionarios franceses pusieran en marcha su partida a la corte de Francisco I.

Serlio se trasladó junto con su familia a Fontainebleau en diciembre de 1541, donde fue nombrado pintor y arquitecto del rey, ese Fontainebleau que vimos más arriba como se había convertido en la residencia favorita de Francisco I.

Pero Francisco I solo estaba consiguiendo artistas de segunda fila. Serlio lo era, y prueba de ello es que solo dos años después de llegar a Fontainebleau hubo de dejar el puesto de responsable de las obras del palacio al maestro francés Gilles Jamin.

Afortunadamente, Serlio logró nuevos mecenas, como el cardenal Hipólito II d'Este, hermano del duque de Ferrara Hércules II, para quien diseñó la villa del Gran Ferrara, donde Serlio desarrolló el orden rústico, una forma de construir los fustes de las columnas, en el que los tambores lisos se intercalaban con piezas de acabado rústico. Curiosamente, este orden rústico terminaría por convertirse en una de las señas de identidad de la arquitectura clásica francesa.

Mientras trabajaba para el cardenal Hipólito II, Serlio no abandonó su labor editorial. En 1545 aparecieron los libros I y II, en italiano y francés, impresos por Jean Martin y dedicados al rey Francisco I. Como decíamos antes, estos dos primeros libros hablaban sobre la geometría y la perspectiva de una forma, en principio, más sesuda que los libros III y IV, que tenían un carácter más divulgativo.

Para 1547, Serlio publicó el libro V, de nuevo en versión bilingüe, esta vez con el impresor parisino Michel de Vascosan. En esta ocasión, el nuevo ensayo estuvo dedicado a Margarita de Angulema, reina consorte de Navarra y hermana de Francisco I, y quien había financiado en parte esa publicación.

El libro V versaba sobre el diseño de templos, tanto los de la Antigüedad como los del mundo cristiano. Serlio hizo un ejercicio de geometría muy interesante. Hemos de pensar que para 1547 las obras del Vaticano estaban en marcha. Acababa de morir Antonio da Sangallo el Joven, siendo sustituido como director de los trabajos por Miguel Ángel.

Serlio, aunque lejos en Francia, era consciente del debate que se estaba desarrollando en el Vaticano. De ahí que en su libro V optara por resolver ese debate con diferentes plantas geométricas. Así, presentó templos circulares, en cruz griega, hexagonales, octogonales, antes de mostrar iglesias más ajustadas a la liturgia, con formas basilicales o de cruz latina. Una vez más, Serlio se limitó a dar una solución estética, geométrica, sin entrar a analizar el problema espacial que podía suponer una iglesia de planta central.

Esa forma acomodaticia de trabajar permitió que los libros de Serlio se siguieran vendiendo bien y que el arquitecto apostara por publicar los volúmenes que aún le faltaban. Pero sus condiciones de vida empeoraron a partir de 1547, pues en marzo de ese año, muy poco después de aparecer el libro V, murió Francisco I.

Serlio decidió trasladarse en 1550 desde Fontainebleau hasta Lyon, la capital francesa del libro impreso. Es decir, como había hecho años atrás en Italia cuando se quedó sin mecenas, Serlio optó por ir directamente al principal mercado editorial de Francia y allí buscar el apoyo de los editores lioneses.

Aunque Serlio llevaba varios años trabajando un tratado sobre fortificaciones, al llegar a Lyon, su nuevo editor, Jean de Tournes, le invitó a hacer un ensayo más atrevido, el llamado *Libro extraordinario*, publicado en 1551, donde expuso hasta cincuenta soluciones para una entrada monumental. Para los estándares personales de Serlio, muy apegados a la sobriedad vitruviana, la nueva propuesta resultó un tanto extravagante. Pero es que el arquitecto boloñés entendió que sus formas vitruvianas empezaban ya a estar superadas y que era necesario apostar por la vanguardia, por la creatividad. Es decir, con el *Libro extraordinario* Serlio echó por tierra lo que él mismo había estado defendiendo en los trece años previos sobre una arquitectura canónica.

Sin embargo, la venta del *Libro extraordinario*, así como la reedición de sus ensayos previos, tanto en Lyon como en Venecia, no bastaron para que Serlio pudiera mantener a su familia, por lo que en 1553 decidió regresar a Fontainebleau, donde, con unas condiciones materiales más austeras, se lanzó a la elaboración de dos libros más, el VI, dedicado a las residencias particulares, y el VII, sobre la restauración de monumentos.

Serlio no llegó a ver publicados estos libros, pues murió en 1557. Esos volúmenes VI y VII, así como aquel tratado sobre fortificaciones, el *Castrametatio*, en el que estuvo trabajando antes de publicar el *Libro extraordinario*, terminaron por aparecer décadas después.

En cierta medida, como le había ocurrido a Diego de Sagredo, el mayor éxito de Serlio le llegó años después de morir. A pesar de que el arquitecto boloñés había entendido que una parte del público, en el siglo XVI (y en la actualidad), quería un recetario sobre cómo se hacía el buen arte renacentista, ese público no quería un manual práctico. Quería una serie de dibujos en la que cualquier artista pudiera elegir y combinar a su gusto en la seguridad de que al final tendría una obra formalmente clásica.

No importaba el espacio resultante si ese espacio funcionaba. Lo que importaba era que en un mundo donde los buenos príncipes católicos tenían que ser renacentistas copiar a Serlio era el camino más fácil para lograr ese Renacimiento.

Obviamente, consolidada la fórmula del tratado de arquitectura, muchos otros artistas se apuntaron a la idea de publicar sus propios tratados, entre los que destacaron dos arquitectos italianos: Vignola y Palladio.

El 1 de octubre de 1507, en Vignola, una localidad de la Emilia-Romaña, nació Jacopo Barozi, que terminaría por pasar a la posteridad como arquitecto con el nombre de su localidad, Vignola. Un año después, en noviembre de 1508, en Padua, en la región del Véneto, nació Andrea di Pietro della Gondola, que también adquirió fama posterior como arquitecto y con el nombre de Palladio.

Para finales de los años 1530, cuando Vignola y Palladio comenzaron a estar activos, la mayor parte de los artistas del Alto

Renacimiento ya habían muerto, salvo Miguel Ángel, que tuvo el privilegio de la longevidad.

Gracias a ello, Vignola y Palladio, más allá de los maestros que les formaron en su juventud, estuvieron claramente influenciados por ese Miguel Ángel maduro, más atrevido en todas sus creaciones artísticas, en pintura, escultura y, sobre todo, arquitectura.

Vignola, tras formarse como pintor en Bolonia, desde 1538, estuvo trabajando en Roma, pero no logró consolidarse. Por eso, cuando en 1540 fue contratado por el Primaticcio para realizar los vaciados de una serie de esculturas del Vaticano que el rey Francisco I deseaba para su palacio de Fontainebleau, Vignola aprovechó para marcharse a Francia, a donde llegó en 1541, pasando a ser uno más de todos esos artistas italianos que acudieron a la corte francesa.

Fue justo ese año de 1541 cuando Palladio visitó por primera vez Roma. Desde joven, Palladio se había formado como albañil y cantero hasta que, trabajando en Vicenza, conoció al noble y diplomático Gian Giorgio Trissino.

En 1534, Trissino quiso reformar la villa familiar de Cricoli, a las afueras de Vicenza, donde gustaba de reunir a los eruditos con los que se codeaba. Fue en esas obras de la villa de Cricoli donde Trissino conoció al joven cantero paduano de habilidosa mano y sobresaliente talento al que decidió apadrinar e, incluso, ponerle el nombre de Palladio con el que el cantero había de pasar a la posteridad.

Gracias al mecenazgo de Trissino, Palladio pudo viajar a Roma por primera vez en 1541 con objeto de estudiar las antigüedades clásicas y poder cotejarlas con el tratado de Vitruvio, que se convirtió en su libro de cabecera.

Durante los siguientes diez años, Palladio se dedicará a proyectar y construir varias villas en el entorno de Vicenza.

Desde muy pronto, Palladio mostró su gusto por un uso correcto de las formas clásicas, alejado de los atrevimientos de Miguel Ángel, a quien pudo llegar a conocer en sus viajes a Roma. Palladio fue un hombre aficionado a las columnas canónicas y los frontones triangulares. A composiciones muy equilibradas y simétricas, sin ningún atrevimiento bizarro.

Es más, ese gusto por la armonía le llevó a diseñar unas plantas muy simétricas para sus villas, por lo general, basadas en principios tripartitos. Pensemos en una de las primeras, la Valmarana, iniciada en 1546. La fachada se divide en tres cuerpos: el central, con el pórtico, y los dos laterales, con sendas ventanas. A su vez el pórtico está formado por una serliana, es decir, un arco central y dos puertas laterales, de nuevo el sistema tripartito.

La distribución espacial se organizaba a partir de un eje central formado por el vestíbulo principal, un pasillo y una sala en la parte posterior. Otra vez una organización tripartita, que en esa sala posterior se agudizaba al situar tres nuevas aberturas hacia el jardín trasero. A cada lado de este eje central, las alas laterales también se articulaban a partir de tres habitaciones sucesivas.

Esa forma tan ordenada de proyectar a partir de los elementos clásicos básicos y unas plantas simétricas dominadas por la tripartición se convirtió en la marca distintiva de Palladio.

Junto a las villas, en esos años de 1540, Palladio también diseñó algunos edificios urbanos, como, a partir de 1549, los pórticos del palacio Comunal de Vicenza, hoy conocido como basílica palladiana. Aquí, Palladio rehízo las fachadas del palacio, respetando las estructuras interiores. Para ello, el arquitecto levantó en tres de los cuatro lados del edificio una serie de logias de dos niveles, por supuesto simétricas, constituidas a partir de una sucesión de serlianas, ese pórtico que acabamos de ver en Valmarana formado por un arco central soportado sobre dos vanos adintelados.

El conde Trissino murió en 1550, pero Palladio rápidamente encontró un nuevo mecenas en la figura del eclesiástico Daniele Barbaro, patriarca de Aquileia, quien había trabajado como diplomático para la República de Venecia y que le abrió las puertas de ese mercado veneciano.

Junto a Barbaro, Palladio volvió a Roma en 1554, un viaje durante el cual consolidó su análisis de las obras del mundo clásico que plasmaría en un libro publicado poco después, titulado *Las antigüedades de Roma*.

Al mismo tiempo, Palladio apoyó a Barbaro en la edición traducida al italiano de la obra del mismísimo Vitruvio, que vio la luz en 1556. Los comentarios eran de Barbaro. Los dibujos, de Palladio.

Llama la atención que Palladio reclamara los principios de Vitruvio para explicar sus propios proyectos, simétricos, muy canónicos, mientras en esos años de 1550 Vignola hacía lo mismo en Roma, reclamar a Vitruvio, pero con soluciones diferentes.

Habíamos dejado a Vignola partiendo para Francia en 1541, donde permaneció hasta 1543, regresando entonces a Bolonia. En 1550, logró volver a Roma entrando a trabajar al servicio del papa Julio III, para quien diseñó un palacete de recreo extraurbano, la Villa Julia.

Al contrario de las sobrias villas palladianas, Vignola sí incorporó elementos clásicos tratados de forma más atrevida: frontones quebrados o historiados, o una ventana moldurada adintelada bajo un arco de medio punto.

De igual forma, aunque la planta es simétrica, el equilibrio entre los espacios no es tan armónico como en Palladio, sino más inesperado: el vestíbulo de entrada se abre de manera inmediata al patio posterior, una estructura convexa que se cierra con un pórtico que da paso a un segundo jardín, también convexo, que a su vez da acceso a un tercer jardín, ya rectangular.

Lo llamativo es que Vignola consideró que esta forma más alternativa de diseñar se ajustaba a los principios vitruvianos, como Palladio había defendido con sus proyectos más sobrios. Es más, en 1542, se había fundado en Roma la Academia de la Virtud o Academia Vitruviana, de la que Vignola consiguió ser secretario cuando llegó a Roma y para la que comenzó a dibujar las antigüedades romanas. Es decir, lo que también había hecho Palladio, pero con un diferente resultado.

Para Julio III, Vignola también diseñó la iglesia de San Andrea in Via Flaminia, el primer templo donde la planta rectangular quedó cubierta por una cúpula elíptica, una combinación de formas geométricas inusuales que había de volverse muy común en las décadas siguientes.

Sin embargo, hemos de entender que en San Andrea el espacio funcionaba de manera tradicional: una planta longitudinal que concentraba la atención en el fondo del templo, donde estaba el altar y frente al que se colocaban los fieles formando una fila hasta la entrada.

Dado que esa planta longitudinal había de imponerse, lo único que les quedaba a los arquitectos que querían mostrar su creatividad era generar una traza geométrica osada, como hizo Vignola en San Andrea con esa elipse inscrita en un rectángulo, un atrevimiento que podía romper con las soluciones espaciales más clásicas, pero que se supeditaba al rito tridentino.

Posiblemente, esa creatividad por parte de Vignola fue lo que provocó que uno de los hombres más poderosos del Vaticano, el cardenal Alejandro Farnesio el Joven, se fijase en él.

A partir de 1559, Vignola retomó los trabajos en la villa Farnesio de Caprarola, una localidad situada a medio centenar de kilómetros al norte de Roma. El proyecto ya había sido planteado por Antonio da Sangallo el Joven décadas atrás con una planta pentagonal, pero no se había llevado a cabo.

Vignola mantuvo la planta pentagonal, donde insertó un patio circular, lo que le permitió volver a presentar unos espacios geométricamente más atrevidos. Recordemos que vimos antes como esta villa se cita como una referencia para el palacio de Carlos V en Granada, aunque la construcción granadina se levantó antes de la villa Farnesio.

Fruto de su larga trayectoria profesional y del prestigio que había adquirido desde que comenzase a trabajar para el papa Julio III y la familia Farnesio, en 1562, Vignola se atrevió a publicar su propio tratado, *Los cinco órdenes de la arquitectura*, que retomaba la idea de las proporciones clásicas de Vitruvio y sobre todo la fórmula editorial exitosa de Serlio, solo que Vignola propuso unos diseños más audaces, en línea con lo que venía haciendo desde hacía década y media.

Tras la muerte de Miguel Ángel en 1564, Vignola se convirtió en el nuevo director de las obras vaticanas, dentro de las cuales proyectó la pequeña iglesia de Santa Ana dei Palafraneri, que hoy funciona como parroquia de la Ciudad del Vaticano.

Vignola pudo comenzar este proyecto hacia 1565. Se trata de un templo de pequeñas dimensiones, de planta elíptica y cubierta elíptica (por tanto, dando un paso más en esa geometría audaz que había comenzado a plantear en San Andrea in Via Flaminia).

En la fachada principal, la entrada adintelada se inserta bajo un arco de medio punto, a su vez coronado por un frontón quebrado, todo enmarcado entre dos columnas de orden colosal, a cuyos lados tenemos dos alas limitadas por pilastras.

Es cierto que la obra tardó en llevarse a cabo hasta el punto de que fue ejecutada en 1583 por Giacinto Barozzi, el hijo de Vignola, diez años después de la muerte del maestro. Además, en la fachada, la cornisa, muy ornamentada, y los campanarios ya fueron añadidos por Alessandro Specchi a comienzos del siglo XVIII (Specchi es conocido por el proyecto de la escalinata de la plaza de España de Roma).

Estos añadidos no impidieron que la iglesia que vemos hoy, ese espacio elíptico, sea el proyectado por Vignola, una fórmula que habría de ser repetida numerosas veces durante el siglo XVII por toda la cristiandad occidental.

Curiosamente, al tiempo que planteaba un templo como el de Santa Ana, más arriesgado, Vignola concibió la iglesia que había de convertirse en el modelo de la liturgia tridentina: Il Gesù, la iglesia madre de la Compañía de Jesús en Roma.

La Compañía de Jesús había sido creada por san Ignacio de Loyola y confirmada por el papa Paulo III Farnesio en septiembre de 1540. El objetivo de la Compañía pasaba por la educación y las misiones, buscando extender el catolicismo por doquier.

De ahí la importancia de su iglesia madre como modelo para repetir por el mundo entero. Ignacio de Loyola ya quiso levantar esta primera iglesia en 1551, pero no fue hasta 1568 cuando comenzaron los trabajos. En ese momento, el general de los jesuitas era Francisco de Borja, aunque quien realmente lanzó el proyecto, poniendo buena parte de la financiación, fue el cardenal Alejandro Farnesio.

El cardenal Farnesio tenía una especial simpatía por los jesuitas, pero además esperaba contar con su apoyo en su ambición por convertirse en papa. Desde el momento en que Farnesio se involucró en las obras, colocó a su arquitecto favorito, Vignola, a cargo del diseño.

En el edificio encontramos todo el repertorio clásico tan querido por Vignola. La nave principal, encajada entre las naves laterales, cuenta con unos pilares corintios colosales que soportan la gran bóveda de cañón que conduce hacia el crucero, cubierto por una cúpula semiesférica sobre tambor que da paso al presbiterio, de dos tramos, el último cerrado por una bóveda de horno (la de cuarto de esfera).

La fachada exterior ya no es de Vignola, su proyecto fue sustituido por el de Giacomo della Porta, que fue quien concluyó los trabajos en 1584. Una fachada que, a pesar de todo, sigue los gustos vignolescos: la entrada bajo frontón escarzano, enmarcada por dos columnas que soportan un nuevo frontón, este triangular, pero que está embebido dentro de un frontón escarzano. Por encima, un segundo nivel coronado por su propio frontón.

Sin embargo, hemos de entender que si Il Gesù se convirtió en una iglesia modélica no fue por estos acabados estilísticos. Es cierto que hay una docena larga de iglesias jesuíticas construidas a finales del siglo XVI o comienzos del XVII que formalmente se asemejan a Il Gesù. Solo que si tenemos en cuenta que los jesuitas levantaron más de un millar de templos, esa docena larga no deja de ser una anécdota. Lo realmente importante es que Vignola consolidó el que había de ser el espacio litúrgico tridentino. Recordemos que, más allá de juegos geométricos, la clave era cómo funcionaba la iglesia.

Después de Trento, las iglesias habían de tener una única nave o, como ocurría en Il Gesù, si había una nave principal y unas laterales, las laterales habían de convertirse en una sucesión de capillas. Ya no pueden ser pasillos por donde los fieles se puedan retirar en cualquier momento. Una vez iniciada la misa, los católicos habían de permanecer en la nave principal hasta el final.

Pero, además, en medio de esa nave se situaba, en un punto elevado, el púlpito. Los púlpitos ya se habían construido en algunas iglesias medievales, sobre todo, vinculados a determinados momentos del calendario litúrgico.

Ahora, el púlpito se convirtió en un elemento indispensable de las iglesias católicas, desde donde el sacerdote había de impartir el sermón como complemento didáctico de las lecturas bíblicas. La Reforma había demostrado que muchos cristianos se habían convertido a las diferentes iglesias protestantes por esas interpretaciones inesperadas de la Biblia. Había que evitarlo haciendo que el sacerdote en misa mostrase la interpretación ajustada al dogma católico.

En cuanto a la presencia de esas numerosas capillas donde antes estaban las naves laterales, también era un gesto contra la Reforma protestante, que había rechazado el culto a las imágenes. Con esa abundancia de capillas lo que se facilitaba era precisamente la presencia de esas imágenes, con diferentes advocaciones de la Virgen o los santos.

Por último, tanto en la fachada planteada por Vignola como en la ejecutada por Giacomo della Porta, la idea era una entrada sin nártex, sin ese elemento intermedio que había sido tan útil siglos atrás en la conversión de los paganos.

Ahora no había transición alguna. El fiel ingresaba a la iglesia, sin entretenerse en espacios intermedios. El tiempo mostrará como este rigor tridentino habría de ir relajándose y los pórticos volverán a aparecer desde el siglo XVII para comodidad de los fieles, en muchos casos, teniendo que ser incorporados a las iglesias del XVI.

Vignola murió en 1573. Aunque sus obras fueron concluidas *a posteriori*, sus principios quedaron. El arquitecto podía hacer los diseños más osados, pero el espacio había de ajustarse a su función, obviando esa geometría. Unos principios que habrían de seguirse en el mundo católico.

Mientras tanto, en Venecia, Palladio había apostado por unas soluciones más sobrias. Habíamos dejado a Palladio precisamente cuando llegó a Venecia en 1554 de la mano de Daniele Barbaro y dijimos que fue entonces cuando logró llevar a cabo sus obras más destacadas.

Hemos de entender que, para esos mediados del siglo XVI, los dos grandes mercados del arte de Italia eran la Roma de los papas y Venecia.

En Roma, pese al saqueo sufrido en 1527, los papas lograron mantener esa vanguardia artística que habían establecido desde comienzos del siglo XVI, sobre todo, gracias a los trabajos que hemos visto de un Miguel Ángel maduro.

A la par, a eso de mediados del siglo XVI, Venecia aún ostentaba un poder político, económico y también un influjo artístico notable en un momento en el que, como vimos antes, ese arte veneciano estaba dominado por Tiziano y Sansovino.

Tiziano, nacido en 1488, para 1550 era de los pintores más consolidados de Europa, pues al realismo propio del Renacimiento había añadido una forma muy atractiva de tratar la luz. A sus clientes venecianos se habían unido los romanos, incluido el cardenal Farnesio, además de ser el pintor más solicitado por el emperador Carlos V y el hijo de este, el futuro Felipe II.

Tiziano había creado escuela y sus discípulos habían sabido insertarse en ese gran mercado europeo. Los más destacados fueron Tintoretto (nacido en 1518), alumno directo de Tiziano, y el Veronés (nacido en 1528), establecido en Venecia desde 1553, que fue un colaborador habitual en los proyectos de Palladio.

Si Tiziano dominaba la pintura, en arquitectura y escultura el gran maestro era Jacopo Sansovino. Nacido en Florencia en 1486, se formó entre su ciudad natal y Roma, donde llegó a tratar con Bramante, Rafael o Miguel Ángel.

Tras el saqueo de Roma de 1527, se trasladó a Venecia, donde fue nombrado protomaestro de los procuradores de San Marcos, algo así como el arquitecto mayor de Venecia.

Es más, cuando Palladio llegó a Venecia a partir de 1554, siempre supo respetar al maestro Sansovino, con quien ya había colaborado en el pasado y a quien sucedió como arquitecto mayor de Venecia a la muerte de este en 1570.

Pese a las vicisitudes políticas contra los turcos en el Mediterráneo oriental y contra los Habsburgo en la Terra Ferma, para 1550, la República de Venecia aún se consideraba con fuerzas para sentarse en el tablero internacional, sobre todo, gracias a la relativa alianza que mantenía con la Monarquía Hispánica y el papado en su lucha contra los turcos.

Fue en ese ambiente de relativo optimismo cuando Palladio llega a Venecia, cierto que sin abandonar ni sus trabajos en Vicenza ni la construcción de villas campestres, incluida su villa más famosa: la villa Capra, también conocida como la Rotonda.

Iniciada en 1566 y concluida tras la muerte del maestro, se encuentra situada a las afueras de Vicenza, sobre un pequeño promontorio, junto al río Bacchiglione, dominando la llanura.

Aquí Palladio, de acuerdo con el dueño del edificio, el presbítero Paolo Almerico, vicario papal, realizó un ejercicio de geometría perfecta al diseñar una villa de planta cuadrada con las cuatro fachadas idénticas, todas ellas con unos pórticos de columnas jónicas soportando un frontón.

Al interior, los pasillos provenientes de cada pórtico confluyen en el salón central circular, cubierto por una cúpula semiesférica.

El resultado fue un edificio simétrico desde cualquiera de sus ejes, donde ese empeño por la simetría se impone sobre cualquier cuestión funcional. La geometría por la geometría, eso sí, la más sencilla, un círculo inscrito en un cuadrado, lejos de los alardes de Vignola, unos alardes que aun así sabían ajustarse a las funciones tradicionales del espacio.

Junto a todas estas villas (hemos mencionado dos, pero entre 1554 y 1580 Palladio pudo llegar a diseñar hasta veinte de estas villas), el maestro también se involucró en una serie de grandes obras en la ciudad de Venecia.

A partir de 1560, Palladio comenzó a trabajar en el monasterio benedictino de San Giorgio Maggiore, la abadía más importante de Venecia, situada en la isla del mismo nombre, San Giorgio, frente a la plaza de San Marcos, canal de la Giudecca por medio.

En ese año de 1560, los monjes de San Giorgio le encargaron a Palladio rehacer el refectorio del cenobio, un lugar importante en la vida veneciana, pues cada 26 de diciembre los benedictinos recibían en ese refectorio a las autoridades de la ciudad, así como a los visitantes distinguidos de la misma, para celebrar a san Esteban, cuyas reliquias se conservaban en el monasterio desde el siglo XII.

El refectorio se situó en un edificio propio perpendicular a los claustros meridionales del monasterio, en un eje dirección norte-sur, a una altura por encima de esos claustros. Para salvar el desnivel, Palladio colocó un primer vestíbulo cupulado, donde ubicó la escalera que subía al refectorio.

Después, emplazó un segundo vestíbulo, construyendo a cada lado de la puerta que daba paso al comedor sendos lavamanos, contenidos en unas hornacinas coronadas por frontones triangulares.

Finalmente, se accedía al refectorio, una sala inmensa de casi 40 metros de largo cubierta con una bóveda de cañón, y para cuya cabecera el Veronés pintó *Las bodas de Caná*.

Jesús y la Virgen se encuentran sentados en medio. Junto a ellos, los personajes más distinguidos de la época: Carlos V, Solimán el Magnífico, los reyes de Francia e Inglaterra. De modo que cuando los venecianos más ilustres se sentaban a comer con los benedictinos también lo hacían en compañía de los príncipes de su tiempo, los únicos dignos de estar junto a los ilustres de Venecia.

Este optimismo de los venecianos quedó pausado en 1565, cuando la flota otomana sitió la isla de Malta, que fue heroicamente defendida por los caballeros hospitalarios, que lograron hacer huir a los turcos tras provocarles miles de bajas.

El éxito de los caballeros de Malta dio un respiro a toda la cristiandad occidental, y muy en especial a los venecianos, volviendo los buenos ánimos a la ciudad de la laguna. En ese ambiente de bonanza fue en el que se le encargó a Palladio que, tras terminar el refectorio, rehiciera la iglesia de San Giorgio Maggiore, un proyecto que presentó en marzo de 1566 y que se puso en marcha de inmediato (aunque la obra se terminaría en 1611, cuando Palladio llevaba ya muerto treinta años).

Curiosamente, la planta de la iglesia de San Giorgio, pese a estar proyectada tras el concilio de Trento, no siguió los planteamientos de dicho concilio, como vimos que sí había hecho Vignola en Il Gesù. En San Giorgio, pese a aprovechar todo el repertorio clásico para su construcción, su organización espacial mantuvo el modelo pretridentino propio de Venecia.

La iglesia tenía una planta de cruz latina y constaba de tres naves, separadas por pilares corintios que soportaban arcos de medio punto. La nave central, más elevada; las laterales, más bajas y que aún funcionaban como pasillos por donde podían deambular los fieles.

El transepto estaba bien marcado, con una gran cúpula sobre el crucero, después del cual se situaba el presbiterio en dos tramos. Detrás del presbiterio, un alargado coro en una posición habitual para las iglesias latinas de oriente, pero que ya no se empleaba en la cristiandad occidental.

Palladio mostraba así que era capaz de manejar el repertorio clásico sin alterar la disposición espacial propia de las iglesias venecianas que remontaba al mundo medieval. Aquí no había ninguna concesión a una geometría audaz, como sí había logrado Vignola en sus iglesias romanas.

Ese dominio del repertorio clásico le llevó a Palladio a realizar una nueva publicación con la que trataba de ir mucho más lejos que aquel catálogo de antigüedades que había editado en 1554. El resultado fueron *Los cuatro libros de la arquitectura*, que aparecieron en 1570, con más de doscientas ilustraciones del propio Palladio, que pudo aprovechar la sobresaliente industria impresora veneciana.

Al contrario de Serlio o Vignola, que apostaron por unos tratados en los que planteaban unas proporciones básicas y un amplio abanico de elementos clásicos para combinar de forma libre, Palladio hizo un trabajo que podemos definir como más constructivo.

Así, en el libro primero se estableció un nuevo canon de proporciones, pero sobre todo Palladio habló de materiales, herramientas de trabajo, formas de construir, reuniendo todo en un proyecto que se basaba, por supuesto, en su canon de proporciones.

En el libro segundo, Palladio presentó sus propios proyectos, explicando cómo los había desarrollado, es decir, demostrando la validez de lo ya mostrado en el libro primero.

El tercer libro ya era un repertorio de tipologías, explicando Palladio cómo podían construirse los edificios públicos, las plazas, las calles o los puentes.

Finalmente, en el cuarto libro, recuperó su viejo estudio sobre las antigüedades romanas, que en gran medida venía a justificar todo lo explicado en los tres libros previos. Por cierto, entre todas esas antigüedades romanas, Palladio también incluyó el templete de San Pietro in Montorio de Bramante, con lo que Palladio consideraba que Bramante, en San Pietro, había alcanzado el exquisito nivel del viejo mundo romano.

El resultado fue un tratado que no se limitaba a explicar los principios vitruvianos, como habían hecho Sagredo y Serlio en su primer libro, o a permitir la combinación libre de los elementos clásicos, como hizo Serlio en sus siguientes libros o Vignola.

Palladio elaboró un verdadero manual del buen arquitecto constructor clásico, si bien es cierto que dando soluciones muy contenidas. Probablemente, el didactismo de sus explicaciones y la sobriedad de sus proyectos fue lo que hizo que el palladianismo tuviera un éxito destacado en la Inglaterra del siglo XVII y, más tarde, en los Estados Unidos a partir del siglo XVIII.

A esto se añadiría el hecho de que, mientras Vignola y sus seguidores establecían el modelo arquitectónico de la Reforma católica, en Palladio ese apoyo al catolicismo quedó totalmente diluido, de modo que, cuando el mundo anglosajón apostó por el arte clásico desde comienzos del siglo XVII, pudo hacerlo siguiendo a un Palladio que para esos ojos anglosajones era menos papista.

Entre 1575 y 1576, un nuevo brote de Peste Negra asoló Venecia, quitando la vida a numerosos habitantes de la ciudad, incluido el octogenario Tiziano. En pleno estado de emergencia, el Senado veneciano decidió levantar una iglesia al Redentor si les libraba de la epidemia.

El proyecto le fue encomendado a Palladio, comenzando las obras en 1577. La iglesia se concluiría en 1592, cuando ya había muerto el maestro. En cierta medida, Il Redentore se asemeja a San Giorgio Maggiore, si bien ya hay algunos cambios sutiles.

Il Redentore también tenía una planta de cruz latina, con una nave central y dos laterales, de nuevo separadas por pilares corintios que soportaban arcos de medio punto. El transepto, marcado con el crucero cubierto por una cúpula sobre tambor. Y después el presbiterio, tras el que se situaba el coro.

En la fachada, la misma solución que se puso en San Giorgio: la calle central cerrada con cuatro pilastras colosales rematadas por un frontón triangular, con las calles laterales cubiertas por medios frontones a modo de aletones.

Entonces, ¿en dónde se dio el cambio? En las naves laterales, que ya no eran pasillos libres, sino una sucesión de capillas, siguiendo, aquí sí, el modelo tridentino.

Cuando Palladio falleció en 1580, la mayor parte de sus proyectos estaban aún en construcción. Es más, la muerte le sorprendió cuando estaba supervisando unas reformas en la villa Barbaro. No dejó una fortuna a sus herederos. Todo lo contrario, hasta el final tuvo una vida bastante modesta.

Sin duda, el empeño de publicar sus trabajos era la demostración de que quería dejar un legado para el futuro. Lo consiguió, pero posiblemente no como él esperaba, pues, como decíamos antes, los palladianos fueron sobre todo los arquitectos anglosajones anglicanos.

En cualquier caso, con los trabajos atrevidos de Vignola que siguieron los arquitectos católicos y esa sobriedad palladiana que había de enraizar en el mundo protestante, parecía cerrado el arte del Renacimiento, aquella vuelta al buen arte clásico que Julio II en su nuevo San Pedro del Vaticano había convertido en el arte católico por antonomasia.

Pero, si pensáramos esto, estaríamos olvidando que el mejor ejemplo de ese arte renacentista, clásico y católico, se habría de levantar muy lejos de Roma: el monasterio de El Escorial, que ordenó construir Felipe II.

17

EL RENACIMIENTO DE FELIPE II: DE TIZIANO A JUAN DE HERRERA

En enero de 1552, el rey de Francia Enrique II firmó el tratado de Chambord con los príncipes alemanes luteranos contrarios al emperador Carlos V. Enrique II buscaba derrotar al que había sido el peor enemigo de su padre, Francisco I, y reconquistar los territorios italianos que un día dominaron los franceses: el Milanesado y el reino de Nápoles.

Los príncipes alemanes, por su parte, buscaban resarcirse de su derrota en la batalla de Mühlberg, recuperar los privilegios perdidos e imponer la Reforma luterana. A la cabeza de los alemanes, Mauricio de Sajonia, quien había sido hombre de la máxima confianza de Carlos V, a quien ahora traicionaba. Es más, Mauricio de Sajonia obligó al emperador a huir de forma humillante desde el Tirol hacia Austria, tal como vimos más arriba, hasta que acudió el duque de Alba al rescate de Carlos V.

El emperador quiso tomar venganza. Primero firmó la paz con los príncipes alemanes, hasta el punto de que Mauricio de Sajonia volvió a combatir en nombre de Carlos V, muriendo en la batalla de Sievershausen en julio de 1553.

Mientras tanto, el emperador, junto al duque de Alba, lanzó sus tropas contra las que Enrique II tenía acantonadas en la ciudad de Metz, dirigidas por el duque de Guisa. El sitio de Metz fue un fracaso y Carlos V hubo de retirarse a Bruselas.

Los enfrentamientos se siguieron sucediendo. En agosto de 1554, en Italia, las tropas imperiales derrotaron a los franceses en la batalla de Marciano, ocupando Siena. Pero, al mismo tiempo, las tropas francesas derrotaron a los imperiales en Renty, amenazando la mismísima Bruselas.

Cansado, Carlos V decidió poner fin a todos sus conflictos y abdicar. En septiembre de 1555, Fernando I, hermano del emperador, firmó la paz de Augsburgo con los príncipes alemanes aceptando que cada príncipe decidiría la iglesia, luterana o católica, que dominaría su señorío.

Meses después, en febrero de 1556, se acordó la tregua de Vaucelles con Enrique II, cediendo el emperador al rey francés una serie de plazas tanto en la frontera con los Países Bajos como en Italia.

Después, Carlos V dejó todas sus Coronas, la imperial a su hermano Fernando I y el resto a su hijo Felipe II, quien recibió también esa herencia envenenada de la tregua con los franceses.

Una tregua que se rompió en octubre de 1556, cuando el papa Paulo IV Caraffa, de origen napolitano y tan intransigente religiosamente como anti-Habsburgo, se alió con Enrique II de Francia invitándole a conquistar el reino de Nápoles.

Las tropas francesas dirigidas por el duque de Guisa se adentraron en Italia, pero fueron derrotadas sucesivas veces por el duque de Alba. El papa reaccionó amenazando con la excomunión a Felipe II por oponerse a los tejemanejes pontificios.

Ante los fracasos de Guisa en Italia, la guerra se trasladó entonces a la frontera de los Países Bajos donde las tropas reunidas por Felipe II, las suyas propias más las enviadas desde Inglaterra por su esposa la reina María I, quedaron bajo el mando del duque de Saboya. Frente a él, el condestable de Francia, Anne de Montmorency, llegó con el grueso de sus hombres.

Los dos ejércitos se encontraron frente a la ciudad de San Quintín, en el valle del Somme. El 10 de agosto de 1557, día de

San Lorenzo, se produjo la batalla, y la derrota francesa fue total. Miles de hombres de Enrique II quedaron heridos o murieron en el campo de batalla frente a unos pocos cientos de Felipe II. La mayor parte de los oficiales franceses cayeron prisioneros, incluido Montmorency.

Enrique II trató de resarcirse de la derrota. Formó un nuevo ejército al mando del duque de Guisa que envió de forma secreta sobre Calais, en la costa del canal de la Mancha, la última posesión inglesa en la Francia continental. La idea era atacar directamente las propiedades de María I Tudor por su apoyo a Felipe II. Calais cayó el 7 de enero de 1558.

El duque de Saboya volvió a reorganizar el ejército de Felipe II y en julio de 1558 ese ejército, al mando del conde de Egmont, se presentó en Gravelinas, a 25 kilómetros de Calais, siendo los franceses derrotados de nuevo.

Se abrieron entonces las negociaciones de paz, rematadas en el castillo de Cateau-Cambrésis, en los Países Bajos españoles. Allí se firmó en abril de 1559 el tratado que puso fin a la guerra entre Francia y la Monarquía Hispánica.

Se restituyeron las fronteras en las zonas de Borgoña y los Países Bajos. Francia, además, renunció a sus ambiciones en Italia. Por otro lado, se acordó el matrimonio entre Felipe II (que había enviudado meses atrás con la muerte de María I Tudor en noviembre de 1558) e Isabel de Valois, la hija de Enrique II.

Festejando esta paz, el rey de Francia intervino en un torneo celebrado en París, donde sufrió un accidente que acabó con su vida en julio de 1559. Un mes después, en agosto, murió en Roma el papa Paulo IV.

En septiembre de 1559, Felipe II regresó a España, de donde había salido en julio de 1554 para casarse con María I. Sus enemigos habían sido derrotados o habían muerto y parecía contar con nuevos aliados: en Inglaterra, su cuñada, Isabel I Tudor, de quien esperaba que fuera capaz de atemperar las tensiones religiosas entre católicos y anglicanos; en los Países Bajos, Guillermo de Orange, favorito de Carlos V y a quien Felipe II nombró estatúder, es decir, máximo responsable militar de aquellos territorios.

El rey Felipe volvía a España en el convencimiento de que aquella batalla de San Quintín había sido decisiva para el éxito de su reinado y quería conmemorarlo. Para ello, tenía en su cabeza un ambicioso plan constructivo en el centro de España. De partida, en el eje Toledo-Aranjuez, Toledo como capital y Aranjuez como Sitio Real de recreo y retiro. Y, sobre todo, la gran reforma del alcázar real de Madrid y la construcción de un nuevo monasterio, el de San Lorenzo, por celebrarse a ese santo el día de la victoria de San Quintín.

Es cierto que sus aliados pronto le traicionaron y con el tiempo Isabel I de Inglaterra y Guillermo de Orange serán dos de sus enemigos más agresivos. Sin embargo, la idea de conmemorar San Quintín sí se materializaría en el monasterio de San Lorenzo de El Escorial.

Con todo, había un plan más ambicioso. El Escorial no solo celebraría la victoria de San Quintín, sino que había de mostrar al mundo que Felipe II era el más destacado rey católico de toda la Europa occidental y que, por tanto, había de levantar un edificio renacentista digno de ese catolicismo.

A su regreso a España, en el verano de 1559, Felipe II acudió a Valladolid, para comienzos de 1560 trasladar la corte a Toledo, donde ya acudió con su nueva esposa, Isabel de Valois. El verano de 1560 el rey lo pasó en Aranjuez, donde encargó una serie de obras para ampliar el Real Sitio.

Pero, al final, en el verano de 1561, Felipe II decidió instalar la corte en el alcázar de Madrid y desde allí buscar la ubicación para su nuevo monasterio real.

Junto a Aranjuez, en esos años de su vuelta a España, los lugares donde el rey se encontraba más confortable fueron el palacio de Valsaín, en la cara norte de la sierra del Guadarrama, y el monasterio jerónimo de Guisando, en la cara sur de la sierra, eligiendo al final el sitio de El Escorial, también en la cara sur del Guadarrama, para ese monasterio real, que quedaba así muy cerca de Madrid.

Recordemos que la idea de un monasterio real como lugar de recogimiento de los monjes a la vez que residencia regular de los reyes era una larga tradición hispana, cuyo capítulo previo a este de El Escorial había sido el retiro de Yuste habilitado para Carlos V y que vimos más arriba.

Elegido el emplazamiento, había que seleccionar al arquitecto que llevara a cabo la obra. Entre los más veteranos, estaban Alonso de Covarrubias, quien había sido maestro mayor de la catedral toledana desde 1534, pero sobre todo arquitecto real al servicio de Carlos V desde 1537.

Una situación similar era la de Luis de Vega, quien había fungido en gran medida como arquitecto principal de Carlos V y que había sido el responsable de las obras del palacio real de Valladolid, el del Pardo, las primeras obras en Aranjuez y Valsaín, la remodelación de los alcázares de Sevilla o la adecuación del alcázar de Madrid.

A la sombra de Luis de Vega se había formado su sobrino Gaspar de Vega, nacido hacia 1523, y que había trabajado junto a su tío desde 1543 en los alcázares de Madrid, Toledo o Sevilla.

Gaspar de Vega, además, acompañó al príncipe Felipe en su estancia en Inglaterra y los Países Bajos hasta que regresó a España en 1556 cruzando Francia para hacerse cargo de las obras de Valsaín.

Otro arquitecto notable en esos mediados del siglo XVI fue Francisco de Villalpando, cuñado de Gaspar de Vega. Nacido a comienzos del siglo XVI en la tierra de Zamora, Villalpando aparece activo antes de 1540 en Valladolid y desde 1541 en Toledo. Además, en 1552, Villalpando había publicado su traducción de los libros III y IV del arquitecto boloñés Serlio, una traducción dedicada al por entonces príncipe Felipe, si bien es posible que Villalpando, como todos los otros arquitectos citados (Covarrubias, los Vega), nunca hubiera estado en Italia.

De ahí que cuando Felipe II eligió al arquitecto que había de proyectar y dirigir la construcción de su monasterio de El Escorial descartó a todos los que hemos enumerado y optó por un maestro relativamente desconocido: Juan Bautista de Toledo, un español que sí había trabajado durante muchos años en Italia. De esta manera, Felipe II se garantizaba que su monasterio, que había de ser el epítome del Renacimiento católico de origen italiano, lo proyectaba un arquitecto que conocía esa arquitectura italiana de primera mano.

Juan Bautista nació hacia 1515. No sabemos nada de su infancia y la primera información que tenemos de él es cuando trabajaba ya en Italia a partir de 1534, donde parece que formó parte primero del equipo de Antonio da Sangallo el Joven en el Vaticano, para después seguir a las órdenes de Miguel Ángel cuando este asumió la dirección de las obras de San Pedro a la muerte de Sangallo.

En 1549, Juan Bautista se encontraba en Nápoles, donde trabajó al servicio de los sucesivos virreyes, incluido el duque de Alba, que fue quien recomendó a Juan Bautista de Toledo al rey Felipe II, quien ordenó en 1559 que el arquitecto se trasladase a España. Allí, Juan Bautista comenzó a trabajar primero en el Sitio Real de Aranjuez y desde 1561 en el diseño del monasterio de El Escorial.

Aunque Felipe II había elegido personalmente a Juan Bautista para la construcción del monasterio, hizo que otros maestros verificasen los proyectos que presentaba el arquitecto. Así, la llamada traza universal de El Escorial, realizada en 1562, fue corregida por el arquitecto italiano Francesco Paciotto, recién llegado de los Países Bajos, donde había trabajado para la gobernadora Margarita de Parma, medio hermana de Felipe II.

En esa traza universal, la iglesia se situaba en medio. Al sur se situaría el convento. Al norte, un colegio-seminario, adelantándose así Felipe II a las disposiciones del concilio de Trento que reclamarían la existencia de esos seminarios en todo el orbe católico.

Detrás de la iglesia, se colocaría la Casa del Rey, que, al estar pegada al templo, podía permitir a Felipe II seguir la misa desde el dormitorio, una idea que, como vimos, ya había desarrollado Carlos V en el monasterio de Yuste.

El arquitecto Paciotto no criticó esta disposición general, pero sí censuró la traza de la iglesia, que calificó de pesadilla. En su lugar, el italiano propuso una nueva planta, que era una réplica de la que Antonio da Sangallo había diseñado para San Pedro del Vaticano.

Felipe II optó por seguir con Juan Bautista y su traza universal, aunque le hizo cambiar la planta de la iglesia, aceptando esa de Paciotto copiada de Sangallo.

Dado que Juan Bautista tenía un carácter demasiado perfeccionista que hacía que los trabajos avanzaran lentamente, Felipe II le pidió que se centrara exclusivamente en dar trazas y que contratase a otros especialistas que le apoyasen en la dirección de los tajos. Fue así como en febrero de 1563 llegó a El Escorial el treintañero Juan de Herrera.

El 23 de abril de 1563 se colocó la primera piedra del monasterio y a partir de ahí las obras comenzaron a avanzar a buen ritmo, incluso cuando el rey anunció en 1564 que duplicaría el número de monjes, lo que obligó a Juan Bautista a modificar las trazas, duplicando la altura de los edificios.

Tras varios días gravemente enfermo, el 20 de mayo de 1567 falleció en Madrid Juan Bautista con poco más de cincuenta años. Su muerte podía haber supuesto un gran problema para las obras de El Escorial, pero su traza ya estaba consolidada y, sobre todo, había formado correctamente a quien había de sucederle en el puesto, Juan de Herrera.

En el momento en que murió Juan Bautista, las obras habían avanzado por el ángulo sureste del convento, donde destacaba el patio de los Evangelistas.

Los alzados de las crujías de ese patio seguían el modelo que Bramante había establecido como canónico en Santa María della Pace, lo vimos más arriba, a comienzos del siglo XVI: pilares para sostener los arcos de los pórticos de esas crujías y columnas adosadas contra esos pilares para sostener los entablamentos que quedaban por encima de los arcos. Un sistema que se repite en las galerías superiores. Juan Bautista se alineaba así con los dogmas de ese Alto Renacimiento, pero veremos como cuando Juan de Herrera asuma la dirección de la obra pareció dar un paso atrás.

Solo que Felipe II no eligió a Juan de Herrera como el inmediato sucesor de Juan Bautista, probablemente porque el rey quería que fuera un italiano o alguien completamente imbuido del arte italiano, como el desaparecido Juan Bautista, quien siguiera los trabajos.

Las obras quedaron entonces en manos del Bergamasco, un notable pintor de origen lombardo que había llegado a España en 1566 para trabajar para Álvaro de Bazán (uno de los militares de confianza de Felipe II) en el palacio del Viso del Marqués. El rey le hizo llamar y el Bergamasco se hizo cargo brevemente de las obras de El Escorial, siendo su proyecto más destacado la gran escalera del convento, que un siglo más tarde sería decorada por Luca Giordano.

Pero Felipe II no debió quedar del todo convencido del trabajo del Bergamasco, pues tras la escalera le va a encargar ya solo proyectos decorativos, que tampoco pudo realizar porque el italiano murió en 1569.

Fue entonces cuando Juan de Herrera empezó a ganar puntos para convertirse en el director de las obras. Nacido en 1530 en la localidad cántabra de Roiz, con solo diecisiete años Herrera decidió seguir la carrera militar, lo que le llevaría a viajar por los Paí-

ses Bajos, Alemania e Italia, regresando a España en el séquito de Carlos V cuando el emperador quiso retirarse en Yuste.
Desde 1558, entró al servicio de Felipe II, donde destacó por sus
dotes como delineante y sus conocimientos de ingeniería, lo que
le permitió entrar a formar parte, como veíamos antes, del equipo
de Juan Bautista de Toledo, junto al que enriqueció sus conocimientos de arquitectura.

Sin embargo, Felipe II en un primer momento no estaba del
todo convencido de las capacidades de Juan de Herrera. De ahí
que entre 1570 y 1572 el rey le encargara al barón Gian Tomasso
de Martirano que realizase un singular *tour* por buena parte de
Italia, buscando quién podía realizar unas mejores trazas, en concreto para la iglesia escurialense.

El *tour* comenzó en Génova, donde Martirano buscó la opinión de Galeazzo Alessi. En Milán, solicitó la de Tibaldi, notable
pintor que años después terminaría por trabajar en El Escorial.

En Florencia Martirano convocó a la Academia del Diseño,
donde, entre otros, se pronunciaron el arquitecto y escultor
Bartolomeo Ammannati y también Vincenzo Danti, quien llegó a
diseñar una planta ovalada, siguiendo los modelos que Vignola ya
estaba desarrollando en Roma.

Además, el barón Martirano logró que Palladio remitiese su
propia propuesta desde Venecia para El Escorial. El *tour* terminó
en Roma en el verano de 1572, donde Martirano consiguió contar
con la opinión y la propuesta de Vignola.

Todas estas ideas fueron remitidas a España, donde las recibió
Felipe II en febrero de 1573, quien, tras recabar tantos pareceres,
sentenció con un «ya son venidas las trazas que se esperaban de
Italia para esa iglesia y no creo habrá mucho que tomar de ellas».

En ese tiempo, Juan de Herrera había comenzado la construcción de la Casa del Rey, organizada en torno a un patio central,
llamado de los Mascarones. Este patio se articula a partir de dos
niveles. En el pórtico inferior, Juan de Herrera colocó columnas

de orden toscano sosteniendo arcos de medio punto. Pero no hizo el ejercicio de añadir una columna adosada que soportara el entablamento posterior. Es decir, no siguió ese principio de vertebración de los órdenes que había hecho canónico Bramante y que vimos que Juan Bautista de Toledo seguía.

Parecía que Juan de Herrera daba un paso atrás al seguir el modelo que a comienzos del siglo XV había establecido Brunelleschi en el hospital de los Inocentes de Florencia. Pudiéramos pensar que Herrera desconocía la evolución del lenguaje renacentista. En realidad, lo que el arquitecto buscaba era desnudar la construcción de todo aditamento innecesario.

Probablemente, una sobriedad arquitectónica buscada por Felipe II, que, en otros terrenos, como la pintura, el mobiliario, la jardinería, se mostró más atrevido.

Para comprender ese gusto por la sobriedad arquitectónica de Felipe II hemos de entender la relación que mantuvo con los papas de Roma. No con el papado como símbolo de la autoridad máxima de la Iglesia católica, que no solo no cuestionaba, sino que imitaba en su programa artístico con esta obsesión por seguir los principios del Alto Renacimiento. Solo que Felipe II, siendo un ferviente católico, tuvo sus altercados con determinados papas.

El caso más conocido es el que explicamos antes con Paulo IV, papa entre 1555 y 1559, que se alió con Enrique II de Francia para combatir contra el rey español.

Tras la muerte de Paulo IV, su sucesor, Pío IV, papa entre 1559 y 1565, trató de mejorar la relación con Felipe II. Más cuando este fue el papa que terminó el concilio de Trento en 1563 y necesitaba el favor de los monarcas católicos para desarrollar todos los principios tridentinos.

Pero, muerto Pío IV en 1565, su sucesor, Pío V, fue más reticente a la primacía que Felipe II tenía sobre buena parte de Italia, lo que llevó a continuas negociaciones entre los dos soberanos, gracias a las cuales lograron la victoria de Lepanto sobre los turcos en 1571, sin dejar de ser unos acuerdos construidos a base de continuas tiranteces.

Esta tensión se mantuvo con el heredero de Pío V, Gregorio XIII, papa de 1572 a 1585. Gregorio XIII había sido legado apostólico en España en 1565 y conoció en persona a Felipe II, una relación, en principio cordial, que le valió para que el rey español apoyara su candidatura al papado.

A partir de ahí, Gregorio XIII heredó la suspicacia de sus antecesores por el predominio español en Italia y más cuando en 1580 Felipe II se hizo con la Corona de Portugal, con lo que su autoridad sobre la cristiandad occidental llegó a su cumbre.

Es en esos años de tiranteces entre Felipe II y los sucesivos papas cuando se estaba construyendo El Escorial. El rey quiso aprovechar su nuevo monasterio para lanzar una proclama arquitectónica con la que reivindicaba un catolicismo exento de esa parafernalia excesiva en la que habían incurrido los papas y que había provocado, a la larga, la Reforma protestante.

Es más, en la construcción de la iglesia, Felipe II pudo darse el gusto de demostrar como él era capaz de aceptar el modelo correcto de San Pedro del Vaticano, el de Sangallo, perfectamente ajustado a la liturgia católica, mientras los papas se enfangaban con la planta central de Miguel Ángel, inútil para esa liturgia.

La obra de la basílica arrancó en 1574. En el extremo oriental, se situó el presbiterio, una nave única bajo bóveda de cañón a la que se accedía por una escalinata monumental. A cada lado de esa nave, sendas tribunas, donde se colocaron los cenotafios, monumentos funerarios conmemorativos, de Carlos V y Felipe II, obra de Pompeo Leoni, ensamblados en su ubicación actual en 1587.

Con esta solución, Felipe II lograba superar el problema planteado en San Pedro del Vaticano cuando Julio II quiso instalar su mausoleo en el crucero, rompiendo ese espacio longitudinal necesario para toda iglesia.

Al colocar los cenotafios a cada lado del presbiterio no se interrumpía la liturgia, pero los reyes, Carlos V con su familia y Felipe II con la suya, de forma simbólica quedaban por la eternidad al lado del altar, en una posición preminente.

Esta solución no fue original de El Escorial. Es algo que se conocía desde la Antigüedad tardía, cuando los emperadores Justiniano y Teodosia se hicieron representar, en sendos mosaicos, a cada lado del altar de la iglesia de San Vital de Rávena.

Lo llamativo es que estas soluciones muy acertadas del mundo clásico no se tuvieron en cuenta en esa Roma del Alto Renacimiento apasionada por la Antigüedad, y de nuevo fue en El Escorial donde lograron imitar con más acierto ese mundo clásico.

A partir del presbiterio, Juan de Herrera desarrolló el cuerpo central de la iglesia, esa planta de cruz griega inserta en un cuadrado, con una cúpula sobre el crucero y los brazos de la planta cubiertos por bóvedas de cañón.

Finalmente, el sotacoro a modo de nave de acceso conocida como el templo pequeño, pues, cuando la corte seguía la misa en el interior de la iglesia, aquí podía situarse el personal de servicio. La cubierta de este sotacoro es una cúpula plana de piedra, una de las estructuras más difíciles de construir debido a la complejidad de su estereotomía: el corte de las dovelas que forman la cúpula han de encajar milimétricamente para que no se desplome.

La presencia de la cúpula plana fue un alarde técnico de Juan de Herrera con el que demostró su capacidad constructiva, mostrando cómo el buen arquitecto no solo ha de dominar cierto lenguaje compositivo, sino, sobre todo, debe saber edificarlo.

Aún más, concluida la basílica, Juan de Herrera diseñó, en 1586, un templete para el centro del patio de los Evangelistas, el jardín del convento. Un templete de planta octogonal con cuatro accesos bajo arcos de medio punto, enmarcados a su vez por puertas de orden toscano. Todo cubierto por una cúpula con linterna. En definitiva, una reinterpretación del templete de San Pietro in Montorio que en Roma había hecho Bramante.

De esta forma, Juan de Herrera mostró cómo supo ajustarse a esa arquitectura sobria que quería Felipe II sin por ello dejar de evidenciar su buen manejo del lenguaje renacentista más de vanguardia.

El cierre definitivo del monasterio se realizó a través de la entrada principal situada en la cara oeste del cenobio. Las otras caras se habían ido levantando según se construían los diferentes sectores del monasterio: el convento, la Casa del Rey, el colegio, todas ya en tiempos de Juan de Herrera.

En todos esos casos, las fachadas no presentaban ningún tipo de ornamentación. Sencillamente, el ritmo regular de los vanos. Un ritmo que en muchos casos no se ajustaba a la distribución interna, puesto que hay algunos forjados que pueden caer en mitad de la ventana.

En definitiva, un ejercicio de fachadismo en el que lo más importante era mostrar esa regularidad al exterior, aunque no se ajustara a la organización de los espacios interiores. Un fachadismo que ya vimos que también había practicado Miguel Ángel en la colina Capitolina, mostrando la preocupación por crear un espacio urbano armonioso.

Más allá de estas fachadas organizadas a partir del ritmo de los vanos, Juan de Herrera sí se preocupó por crear una entrada monumental perfectamente clásica. Un primer nivel de orden toscano, con cuatro columnas colosales a cada lado de la puerta principal, soportando un entablamento de triglifos y metopas. Por encima, un segundo nivel, con ya solo cuatro columnas jónicas colosales, con la escultura de San Lorenzo en el intercolumnio central, rematado todo por un frontón triangular.

Una fachada, en definitiva, que bien podría haber estado en la Roma de la segunda mitad del siglo XVI. Pensemos en la fachada de Il Gesù que vimos antes, finalizada por los mismos años de la fachada de El Escorial. En Il Gesù, el diseño de Vignola y su ejecución por Giacomo della Porta, también había dos órdenes colosales superpuestos. Pero en Il Gesù se alternaron pilastras y columnas. Sobre la entrada, en el entablamento del primer nivel ya había un frontón escarzano que albergaba un frontón triangular.

El remate superior era un frontón triangular pero quebrado. Y cada vano tenía su propio frontón, triangular o escarzano. Es decir, en Il Gesù tenemos elementos propios del mundo clásico, pero con ciertas extravagancias que Felipe II consideró innecesarias y que Juan de Herrera evitó.

De modo que en un primer vistazo podemos encontrar grandes similitudes entre El Escorial e Il Gesù, pero El Escorial se quedó con la esencia del Renacimiento y, con ello, Felipe II avalaba su idea de quedarse con lo más puro del catolicismo, frente a esa arquitectura romana que se exhibía en exceso.

Esa consolidación del Renacimiento católico desde el punto de vista arquitectónico también había de hacerse en el ámbito iconográfico, y el rey Felipe II se involucró personalmente en ello. El monasterio había de ser el contenedor de una serie de pinturas que habían de reforzar el discurso del monarca: todos los saberes conducían a Dios y los buenos reyes católicos eran los responsables de garantizar ese camino.

Antes de 1563, Felipe II ya había mostrado una clara querencia por determinados artistas, en especial, Tiziano. Un veinteañero príncipe Felipe se reunió con Tiziano en Augsburgo en 1551 y le encargó las Poesías, una serie de cuadros mitológicos, extraídos de Las Metamorfosis de Ovidio, concebidos con las soluciones estéticas propias del Renacimiento que Tiziano manejaba a la perfección, y en las que había una alta carga erótica.

Los cuadros habían de ser para uso personal del príncipe Felipe, mostrando así como ese erotismo tenía cabida en el ámbito privado del futuro Felipe II, más allá de su política católica pública.

Esta serie de las Poesías estaba concluida para 1562. Felipe II quedó muy satisfecho, de modo que el rey pensó en Tiziano cuando empezó a concebir todo el programa iconográfico que había de ornamentar El Escorial.

Así, en 1564 Felipe II encargó a Tiziano un cuadro sobre el martirio de San Lorenzo, replicando una versión previa realizada por el mismo Tiziano para los jesuitas de Venecia, que llegó a El Escorial en 1567, al llamado monasterio de prestado, el conjunto de casas que alojó provisionalmente a los jerónimos en tanto terminaba la obra escurialense.

En esa iglesia de prestado quedó el Martirio de Tiziano, pues Felipe II consideró que la obra no se ajustaba al programa iconográfico que él tenía en su cabeza. Pese a lo atractivo de la composición, los tonos oscurecidos del cuadro no le convencieron al rey, que quería una obra más luminosa para que lo allí narrado fuera evidente para todos aquellos que la mirasen.

Comenzó entonces un singular debate en la cabeza del rey sobre quién debía ser el pintor encargado de llevar a cabo su programa iconográfico. A su vuelta a España, al tiempo que encargaba nuevos trabajos a Tiziano, Felipe II había nombrado pintor real a Gaspar Becerra en 1562.

Nacido en Baeza en 1520 y formado como pintor y escultor, Becerra viajó muy joven a Italia, donde pudo trabajar con Vasari y estudiar la obra de Miguel Ángel. Para 1556 estaba de vuelta en España y en 1558 recibió el encargo del retablo mayor de la catedral de Astorga, donde el artista demostró cómo había asimilado la lección miguelangelesca de la belleza ideal, que no naturalista, una belleza ideal que Felipe II encontró adecuada para ese mensaje claro que quería transmitir.

Gaspar Becerra fue llamado a Madrid y nombrado pintor real en 1562. Pero Becerra murió en 1568, poco después de la llegada de *El martirio de San Lorenzo* pintado por Tiziano y que había supuesto el descarte del artista veneciano para El Escorial, lo que podría haber permitido la consolidación definitiva de Becerra. Fue entonces cuando el rey apostó por otro pintor español, también formado en Italia, Juan Fernández Navarrete, *el Mudo*. Nacido en Logroño en 1538, tras educarse con el pintor jerónimo fray Domingo de San Vicente, viajó a la mismísima Roma, donde también conoció el trabajo de Miguel Ángel.

De regreso en España, hacia 1565, Navarrete pintó un *Bautismo de Cristo* en el que demostró ese dominio de las formas miguelangelescas que tanto gustaban a Felipe II.

De partida, Navarrete quedó haciendo trabajos menores bajo el mando de Gaspar Becerra. Pero, cuando Becerra murió en 1568, Navarrete se convirtió en el pintor real. Sin embargo, Felipe II dudó sobre la pertinencia de Navarrete para afrontar los grandes trabajos de El Escorial, esas vacilaciones tan habituales en el rey respecto a sus artistas.

De modo que, contando con el trabajo de Navarrete, Felipe II, en 1576, comenzó a solicitar nuevas obras a los otros dos grandes pintores venecianos del momento, el Veronés y Tintoretto, dado que ya había descartado a Tiziano. Tintoretto recibió el encargo de una *Adoración de los pastores* que no entregó hasta 1583. Al Veronés, le pidió una *Anunciación*, una obra que llegaría a El Escorial en 1584. De partida, el rey se sintió más atraído por las formas del Veronés, con un uso de la luz que permitía esa claridad en la iconografía que buscaba Felipe II.

Y mientras llegaban los cuadros de los venecianos murió Navarrete en 1579. Felipe II se había quedado sin su pintor real. Quiso convencer al Veronés para que viajase a España, pero el veneciano declinó la oferta en 1584, lo que obligó al rey a buscar otra alternativa. En este periodo de búsqueda de un sustituto para Navarrete fue cuando Felipe II encargó una obra al Greco.

Doménikos Theotokópoulos, *el Greco*, había nacido en Creta en 1541, donde se formó como pintor de iconos, siguiendo la vieja tradición bizantina.

En 1567, el Greco se instaló en Venecia, donde cambió su forma de pintar, adaptando las modas establecidas por Tiziano. En 1570, viajó a Roma con objeto de estudiar la obra de Miguel Ángel y allí entró al servicio del cardenal Farnesio, aunque terminó por ser expulsado de la corte de este en 1572.

Fueron años difíciles para el pintor cretense, que decidió viajar a España a probar fortuna. Para 1577, el Greco estaba instalado en Toledo, donde llevó a cabo algunas obras religiosas, en espera de poder ser presentado al rey Felipe II. Fue entonces cuando el Greco comenzó a desarrollar un estilo personal, partiendo de los modelos ideales de Miguel Ángel, pero siendo aún más antinatural.

En 1579, por fin, el Greco pudo ofrecer sus servicios a Felipe II, de paso por Toledo para las fiestas del Corpus. El rey le encargó un *Martirio de San Mauricio*, que el Greco terminó en 1582. La obra no convenció a Felipe II y el Greco fue descartado de las obras de El Escorial, quedándose para el resto de su vida con sus clientes toledanos.

Tras el rechazo del Veronés, que veíamos antes, fue en 1585 cuando Felipe II logró que otro artista italiano, Federico Zuccaro, aceptase su llamada para trabajar en El Escorial.

Zuccaro nació cerca de Urbino hacia 1540. Viajero impenitente, Zuccaro se había formado en Roma a la sombra de Miguel Ángel para después trabajar en Venecia con Palladio y en Florencia con Vasari. También ofreció sus servicios en París y en Londres antes de regresar a Florencia, donde terminó la decoración de la cúpula de la catedral de Santa María de las Flores, un proyecto que concluyó en 1579.

En 1585, Zuccaro recibió la solicitud de Felipe II para viajar a España a hacerse cargo de la decoración de El Escorial, aunque no terminó de convencer al monarca. Zuccaro solo permaneció en El Escorial entre 1586 y 1588, regresando después a Roma.

Es más, algunos de sus cuadros hubieron de ser corregidos por sus sucesores siguiendo las consignas del rey. Unos sucesores con los que ya contaba Felipe II, pues los artistas italianos habían seguido acudiendo a España atraídos por las obras escurialenses.

Quien llevaba más tiempo era Rómulo Cincinato. Nacido en Florencia en 1540, se había formado en Roma, llegando a España en 1567. A partir de ese momento, compaginó sus estancias en El Escorial, donde trabajó sucesivamente para Becerra, el Bergamasco, Navarrete e, incluso, tasó la pintura del Greco, con otras obras que hizo por otras ciudades de España.

Sin embargo, aunque Cincinato siguió siendo un colaborador habitual en El Escorial hasta su muerte en 1597, no logró convertirse en el pintor principal.

Ese puesto pudo haberlo ocupado Luca Cambiaso, artista de origen genovés nacido en 1527 en el seno de una familia de pintores. Durante buena parte de su vida, trabajó en su Liguria natal, donde llegó a colaborar con el Bergamasco. Probablemente, fue el Bergamasco quien le habló a Felipe II sobre Luca Cambiaso, quien comenzó a enviar sus obras a El Escorial a partir de 1570 hasta su traslado definitivo a España en 1583.

Pero si bien el rey le encargó varias obras en el monasterio (los frescos de la bóveda del coro es la más conocida), Cambiaso tampoco llegó a convencer del todo a Felipe II, a lo que se añade que Cambiaso murió en 1585, con lo que ni siquiera llegó a competir con Zuccaro.

Finalmente, el pintor elegido y que había de satisfacer todas las necesidades del rey fue Pellegrino Tibaldi. Nacido en la Lombardía en 1527, se formó como pintor y arquitecto junto a su padre, también artista. Tibaldi, lo vimos antes, fue uno de los arquitectos consultados sobre la traza de la iglesia de El Escorial en

1571, en aquel *tour* que hizo el barón de Martirano buscando confirmar el diseño de Juan Bautista de Toledo.

Tibaldi llegó a España en 1586 en un momento en el que Zuccaro estaba a cargo del programa iconográfico. Pero si Zuccaro pronto se enemistó con el rey, Tibaldi, por el contrario, logró el beneplácito de Felipe II, quien contó con él hasta rematar todo el proyecto artístico en 1593.

Antes de abordar ese programa iconográfico, queremos hacer una reflexión sobre todos estos artistas que trabajaron en El Escorial, acusados de no ser más que epígonos de Miguel Ángel, sin realmente aportar a la historia del arte nada más allá de un indudable manejo de la técnica pictórica.

El artista opuesto a esa tendencia sería el Greco, el pintor rechazado por el rey, pero aparentemente más creativo. Una creatividad que hace que, en el mundo contemporáneo, el Greco sea reconocido, mientras todos aquellos seguidores de Miguel Ángel han quedado relegados a un segundo plano.

Sin duda, la imagen del artista maldito sobrevuela aquí.

Pero este mito del artista maldito presenta un inconveniente. Zuccaro, que siguió al pie de la letra el modo miguelangelesco, también tuvo una vida dificultosa debido a su carácter. En realidad, no hay una relación directa entre creatividad y malditismo. Hay artistas que se ajustan al mercado de su tiempo. Otros que logran ese éxito comercial mucho tiempo después. Por supuesto, hay artistas llevaderos y artistas con un carácter difícil. En ningún caso, el arte depende de las rarezas o la creatividad del artista, sino de los gustos que en cada momento dominen el mercado.

En la segunda mitad del siglo XVI, en ese mercado de los príncipes católicos mandaba un arte clásico, idealizado, nítido, que fuera capaz de transmitir un mensaje claro y bien estructurado, ese llamado arte tridentino que parecía adecuarse a las necesidades de la Contrarreforma católica, o quizás a los gustos personales de Felipe II, con un programa artístico-político que más que seguir los principios del concilio de Trento aspiraba a convertirse en el modelo que habían de seguir todos aquellos príncipes que defendieran el catolicismo.

¿Cuál fue ese programa artístico-político establecido en El Escorial?

De partida, había un eje fundamental que llevaba desde el exterior del monasterio hasta el altar mayor. Ese eje pasaba por debajo de la biblioteca, el recinto de los saberes humanos, para acceder al patio de los Reyes, dedicado a los reyes bíblicos, cierto, pero que a su vez recordaba como los monarcas católicos eran necesarios en la salvaguarda de la verdadera fe.

Del patio de los Reyes, se entraba al templo, donde esa mediación de los monarcas resultaba más evidente al colocar los cenotafios de Carlos V y Felipe II a cada lado del altar.

Por fin, el retablo mayor, montado por Jácome Trezzo. Un retablo que gira en torno a dos obras clave. La custodia, en el centro del primer cuerpo, a modo de templo en miniatura, que ha de albergar el cuerpo de Cristo en recuerdo de su sacrificio.

Por encima, el cuadro de *El martirio de San Lorenzo*, santo a quien se dedicaba todo el convento y cuyo sacrificio humano quedaba en paralelo con el sacrificio de Jesús. San Lorenzo murió en el siglo IV cuando se negó a entregar las riquezas de la Iglesia al emperador romano, pues las había dado antes a los pobres. Es más, fue condenado por querer «burlarse de Roma».

Obviamente, la Roma imperial, pero un juego de palabras al que Felipe II supo sacarle partido. La Roma imperial de la leyenda era el equivalente a la Roma de los papas ambiciosos, como Paulo IV o Pío V. Y los mártires como san Lorenzo eran los verdaderos cristianos.

Este eje principal, que del saber humano de la biblioteca llevaba al sacrificio religioso del perfecto católico con la mediación de los buenos reyes católicos, se completó con otros tres programas iconográficos más específicos situados, respectivamente, dentro de la biblioteca, en la sala de las Batallas y en el claustro del convento.

La sala de las Batallas, inicialmente conocida como la galería del Rey, fue una gran estancia habilitada dentro del palacio, situado al norte de la iglesia, y que era empleada para recibir a los embajadores.

En sus paredes, se pintaron una serie de victorias militares de las tropas españolas. La escena más larga fue la reproducción de la batalla de la Higueruela, triunfo obtenido por Juan II de Castilla sobre los musulmanes.

Otras batallas representadas son las de San Quintín o la conquista de las islas Terceras y las Azores durante las campañas de anexión de Portugal. Lo interesante de todas estas pinturas es que, frente al manifiesto interés demostrado por Felipe II en el resto del monasterio de alcanzar un cuidado estilo miguelangelesco, aquí las representaciones son menos idealizadas.

En realidad, parecen el dibujo propio de un tebeo, un cómic, donde aparecen todos los personajes involucrados y las acciones que acometieron, donde se prima la narración de los hechos de forma muy didáctica por encima de cualquier afán artístico. Porque, en efecto, eso era lo que se buscaba, poder impresionar con un relato detallado de las batallas a esos diplomáticos que se acercaban hasta El Escorial.

De esta manera, Felipe II demostraba su capacidad para apostar por diferentes estilos pictóricos, dependiendo del fin que buscase en cada caso. El Tiziano más fino para sus pinturas privadas. Los seguidores de Miguel Ángel para la obra religiosa pública. Incluso, su gusto por los flamencos y, en concreto, por el Bosco, para sus reflexiones espirituales personales. O solicitar a los artistas renacentistas de El Escorial que, para una obra en concreto, esta de la sala de las Batallas, trabajaran con esos acabados más ingenuos.

Porque estos frescos de la sala de las Batallas los llevaron a cabo Nicolás Granello y Fabrizio Castello, hijastro e hijo, respectivamente, del Bergamasco, formados junto a su padre en las modas renacentistas, pero que en esta sala supieron ajustarse a las solicitudes del rey.

Otra área con unos acabados muy específicos fue el claustro del convento, al que solo tendrían acceso los monjes del monasterio y, por tanto, donde era posible una iconografía religiosa más sutil que la que se ofrecía en la iglesia.

Son cincuenta y cuatro frescos, realizados en su mayoría por Tibaldi, aunque contó con el apoyo de otros artistas, como Cincinato. Se trata de la historia de la Redención, que comienza con el nacimiento de la Virgen y concluye en *El Juicio Final*.

Sería interesante detenerse en cada uno de estos frescos, donde se hizo un estudio que podemos denominar arqueológico del mundo antiguo en el que vivió Jesús. Pero vamos a centrarnos al menos en las escenas vinculadas con Pilatos. La primera, cuando el gobernador romano se lava las manos y en el fondo, claramente, se ve el Panteón de Roma.

La segunda es el Ecce Homo, cuando Pilatos presenta a Jesús, ya agresivamente castigado, frente a la muchedumbre de Jerusalén. De nuevo, no estamos en Jerusalén, pues al fondo se sigue viendo el panteón. Podríamos creer que Tibaldi, pensando en el templo de Jerusalén, ha decidido representarlo como el panteón.

Probablemente, no es así. Felipe II debió pensar que la mejor forma de representar la ciudad de los que condenaban a Cristo era mostrando Roma, de nuevo esa Roma de los papas ambiciosos que ponían en riesgo el catolicismo.

Esa obsesión por que la Roma del XVI era el lugar de condenación se vuelve a hacer evidente en el horizonte urbano que se ve tras el prendimiento de Cristo. Recordemos, Felipe II no ataca a la Iglesia católica. Él es su principal defensor. Pero sí a los malos papas con los que él mismo ha tenido que enfrentarse.

Obviamente, este tipo de sutilidades teológicas solo se las permitió en el interior del convento, donde podía compartir con los monjes la necesidad de regenerar la Iglesia católica dentro de los principios de Trento.

Pero si hubo un lugar donde esta supeditación de todas las ideas, de todos los saberes al triunfo de la verdadera Iglesia quedó aún más claramente plasmado fue en la decoración de la biblioteca, sin duda, uno de los proyectos más ambiciosos dentro del monasterio de El Escorial.

18
LA BIBLIOTECA MÁS GRANDE
DE LA CRISTIANDAD

En 1556, el rey Felipe II recibió un memorial de Juan Pérez de Castro recomendándole la creación de una gran biblioteca propia de la monarquía, pero abierta, en parte, a los eruditos.

La idea era construir esa biblioteca en Valladolid, que, como hemos visto, fue sede habitual de la corte durante la primera mitad del siglo XVI.

Cuando Felipe II regresó definitivamente a Castilla en 1559, si bien retuvo la idea de Juan Pérez de Castro, dado que el rey estaba decidido a hacer el monasterio real de El Escorial, había de ser allí donde instalase esa gran biblioteca.

Al querer instalar la biblioteca dentro de un monasterio en mitad de la montaña, la idea de Pérez de Castro de un lugar abierto quedaba un tanto distorsionada, pues alejaba la posibilidad de facilitar la consulta de esa biblioteca por parte de los eruditos.

Pérez de Castro, nacido en Quer en 1510, se había formado en Alcalá de Henares y Salamanca antes de partir para Italia, donde entró al servicio del cardenal Francisco de Mendoza y Bobadilla.

Fue entonces cuando Pérez de Castro comenzó a reunir una notable colección de manuscritos y libros, siguiendo las modas bibliófilas establecidas en las cortes renacentistas italianas. Sin embargo, hemos de entender bien estas bibliotecas renacentistas, que era lo que Pérez de Castro quería que Felipe II estableciera en España.

Más arriba ya explicamos la Biblioteca Vaticana, establecida por el papa Nicolás V a partir de 1448 y que se ha considerado el punto de partida de esas bibliotecas renacentistas en la preocupación de los papas por recuperar un saber clásico supuestamente olvidado en la Edad Media. Solo que esa Biblioteca Vaticana se había creado en el Bajo Imperio Romano y había sufrido las mismas vicisitudes que el papado en general. Lo que Nicolás V hizo fue restaurar la biblioteca tras las pérdidas producidas por el traslado de la sede papal a Aviñón.

En realidad, las bibliotecas habían sido una constante durante toda la Edad Media, de partida en los ámbitos monásticos, donde reunían por igual libros religiosos que de autores clásicos. Más tarde en las bibliotecas universitarias diocesanas y, por fin, en las casas nobles.

Las bibliotecas en realidad fueron creciendo según se fue expandiendo el uso del papel, a partir del siglo XI, desde el sur al norte de Europa.

El gran cambio en las bibliotecas del Renacimiento fue la irrupción de la imprenta de tipos móviles creada por Gutenberg en 1450, que permitió una reproducción masiva de los libros y, con ello, la posibilidad de crear bibliotecas de unas dimensiones hasta entonces desconocidas. Que la bibliofilia ya no fuera el pasatiempo solo de reyes, abades y obispos, sino de cualquier erudito con afán por aprender y coleccionar textos, como el propio Pérez de Castro.

Con su memorial de 1556, Pérez de Castro soñaba con la mayor biblioteca de la cristiandad, formada por el monarca más poderoso, Felipe II, que podría así ofrecer a sus súbditos el centro de saber más amplio conocido, esa popularización de los libros.

Felipe II sí aceptó la idea de reunir la colección más ambiciosa, pero en El Escorial, bajo su supervisión, asegurándose de que el saber se hacía accesible, pero con cautela.

Una actitud cautelosa que no ha de sorprendernos, pues estamos en la segunda mitad del siglo XVI, cuando la lucha entre católicos y protestantes estaba en plena efervescencia y los libros heréticos eran perseguidos por doquier (obviamente, los católicos consideraban como heréticos unos libros y los protestantes otros).

La biblioteca había de instalarse en la fachada principal, sobre la entrada monumental, de acuerdo con las trazas modificadas por Juan de Herrera en 1572. Ahí se habilitaron los pisos que habían de albergar la inmensa colección de libros, cuatro mil para 1575, comenzando por el salón principal o de los Frescos, además de otras estancias, como el salón Alto, por encima del salón de los Frescos, para los libros duplicados y los prohibidos, y el salón de Verano, destinado a los manuscritos.

Para conseguir esa gran colección de libros, Felipe II había hecho buscar en todos sus reinos, y uno de los encargados de esa recolección fue Benito Arias Montano, notable hebraísta que en aquellos años residía en Amberes, donde Felipe II le había encomendado una nueva edición de la Biblia, conocida como Biblia Regia, que había de mejorar la Políglota de Cisneros. Esa mejora se haría al utilizar los textos originales en hebreo del Antiguo Testamento en vez de la versión latina de la Vulgata, ese texto canónico establecido por san Jerónimo en el siglo IV.

La edición de esa Biblia Regia fue realmente compleja, pues en el círculo papal de Roma se consideró que podía ser herética por ese rechazo a la Vulgata, una postura que también fue defendida por algunos teólogos españoles.

La actitud de Felipe II de defender su Biblia Regia se convirtió en una nueva fuente de enfrentamiento con el papado hasta que por fin, presentada esa Biblia Regia a la Inquisición, fue aprobada gracias al informe favorable de Juan de Mariana, que había sido nombrado censor jefe de la Inquisición para este asunto.

Cuando la edición de la Biblia Regia ya se había concluido en Amberes, Benito Arias Montano regresó a España en 1576 para ser el primer bibliotecario de El Escorial y poner un primer orden en esos cuatro mil volúmenes recibidos.

Todo este trabajo de catalogación se llevó a cabo al tiempo que se estaba construyendo y habilitando la propia biblioteca, siguiendo las trazas de Juan de Herrera, con especial protagonismo para la sala de los Frescos, de 54 metros de largo, 9 de ancho y 10 de alto, todo cubierto por una monumental bóveda de cañón, que fue donde se desarrolló lo más destacado del programa iconográfico.

Juan de Herrera también diseñó la gran estantería, compuesta por cincuenta y cuatro libreras, fabricadas en maderas nobles y ensamblada por el equipo del italiano Giuseppe Freccia, que llevaba trabajando en el mobiliario de El Escorial desde 1575.

Con todo, la decoración de la biblioteca se demoró algunos años, pues no la comenzó Pellegrino Tibaldi hasta enero de 1589.

¿Quién fue el responsable del programa iconográfico que Tibaldi pintó en esa bóveda de la biblioteca? En la crónica de la construcción del monasterio redactada por fray José de Sigüenza dentro de su *Historia de la orden de San Jerónimo*, fray José se atribuyó la mayor parte de ese programa iconográfico. Obviamente, bajo la supervisión de Felipe II, quien tenía a fray José como un consejero muy cercano.

Sin embargo, es posible que aún fuera mayor la influencia que ejercía sobre el rey Benito Arias Montano. Es más, el propio fray José de Sigüenza se declaraba discípulo de Arias Montano, de modo que el peso de las ideas del maestro, que se retiró de El Escorial en 1586, sobre el discípulo debió ser notable y el programa iconográfico que pudo establecer Arias Montano fue el que defendió más tarde fray José.

Como decíamos antes, Arias Montano se había visto envuelto en la polémica de la edición de la Biblia Regia por preferir los textos hebreos originales del Antiguo Testamento frente a la versión latina de la Vulgata.

Recordemos que cuando Arias Montano editó esa Biblia Regia fue en los años posteriores al concilio de Trento, cuando había una tendencia dentro de la Iglesia católica que abogaba por un dogmatismo a ultranza y esas supuestas liberalidades de Arias Montano al cuestionar la Vulgata fueron mal vistas.

Solo que Felipe II apoyó a Arias Montano en ese sordo conflicto que el rey español mantenía con los papas de Roma por ver quién defendía el correcto catolicismo. A comienzos de 1589, el papa Sixto V relanzó un programa para volver a editar la Biblia Vulgata, una tarea que remataría el papa Clemente VIII en 1592.

Es en esos años en los que los papas ofrecen una biblia canónica, en oposición de la Biblia Regia de Felipe II, cuando se está pintando la Biblioteca de El Escorial. Con el programa iconográfico de la biblioteca escurialense, donde había cabida para los saberes clásicos junto con los cristianos, el rey se mostró aún combativo defendiendo esa apertura de espíritu que tuvo Arias Montano al considerar las otras fuentes del saber antiguo como complemento a los padres de la Iglesia cristiana.

Pudiera pensarse con esto que los papas de Roma de esos finales del siglo XVI eran más intransigentes que Felipe II. Después de todo, esa unión de los saberes clásicos y los saberes cristianos había sido una de las características del arte de los papas, pero de los papas de comienzos del siglo XVI, tal como demuestran las pinturas de Rafael y, sobre todo, la bóveda de la Sixtina de Miguel Ángel.

¿Estaban renegando los papas tridentinos de ese maridaje de clásicos y cristianos? ¿Rechazaban el Renacimiento de Julio II o León X? ¿Era Felipe II quien había quedado como último defensor de ese Renacimiento? En cierta medida así fue. Pero no solo por un debate teológico, que se dio, sino por esa enemistad entre los papas, que aún aspiraban a ser la autoridad máxima de la cristiandad latina frente al monarca más poderoso de su época, que impedía esa autoridad máxima de los papas.

La bóveda de El Escorial está dividida en nueve tramos. El tímpano, situado a los pies de la biblioteca, donde se encuentra la filosofía. Siete tramos sucesivos en la bóveda, representando cada una de las artes liberales. Por fin, el tímpano de la cabecera, donde se pintó la teología.

Cada una de las nueve iconografías señaladas, la filosofía, las artes liberales y la teología, por debajo, tenían historias vinculadas con el motivo principal. En el caso de las artes liberales, dos escenas, una a cada lado de la bóveda. Pero, además, en las artes liberales se insertaron los retratos de una serie de sabios relacionados con ellas.

Tibaldi siguió, por tanto, un programa predefinido mostrándolo a través de esas formas miguelangelescas de bellezas tan perfectas como irreales.

La encarnación de la filosofía quedó potenciada al estar rodeada de cuatro de los más grandes sabios de la Antigüedad: Sócrates, Platón, Aristóteles y Séneca.

Por debajo, una representación de la Escuela de Atenas, que indudablemente está asociada a esa otra Escuela de Atenas del Vaticano. Pero si en el Vaticano toda la filosofía clásica se resumía en un solo cuadro, el único de todas las estancias de Rafael dedicado a los sabios de la Antigüedad, en El Escorial la filosofía clásica se contaba por capítulos y la Escuela de Atenas era solo uno de ellos, centrado, además, en el debate entre los académicos platónicos defensores del idealismo y los estoicos comprensivos con la vida material.

Partiendo, por tanto, de la filosofía como base del conocimiento, había que desarrollar este a través de las artes liberales, ese compendio también de origen clásico y bien articulado a lo largo de la Edad Media en dos conjuntos de saberes, el *trivium*, que versaba sobre la elocuencia para explicarse correctamente, y el *quadrivium*, que apelaba a la lógica de los razonamientos.

Unas artes liberales que vimos como también habían sido representadas en los apartamentos Borgia del Vaticano casi un siglo atrás, con lo que Felipe II volvía a hacer un guiño hacia los papas del Alto Renacimiento.

El *trivium* de El Escorial partía de la gramática, con referencia a la confusión de las lenguas en la torre de Babel, para pasar por la retórica del Hércules Gallicum que invita a abrir los oídos a quien quiera entender, y llegar así a la dialéctica, mostrando a Zenón de Elea, considerado inventor de esta disciplina.

En el *quadrivium*, se comenzaba por la aritmética, con referencias tanto a los sabios hebreos como a los gimnosofistas de la antigua India, quienes más allá de su ascetismo eran conocidos por sus juegos lógicos.

Tras la aritmética, la música, con la inevitable referencia no solo al rey David, sino también al mito de Orfeo tratando de sacar a Eurídice del inframundo tras dormir al can Cerbero. A continuación, llegaba la geometría, recordando a Arquímedes y su muerte a manos de los soldados romanos.

El viaje por las artes liberales terminaba en la astrología, entendida como el estudio del cielo como paso previo a conocer a Dios, en donde tienen cabida por igual los sabios del antiguo Egipto que Dionisio el Areopagita por su estudio de las jerarquías celestes, aunque hoy sabemos que ese trabajo es de otro autor antiguo, conocido como el Pseudo-Dionisio.

Toda esta sabiduría adquirida a través de las artes liberales quedaba supeditada, sin embargo, a la fe cristiana, representada en la teología, rodeada por los padres de la Iglesia latina y reforzada por el correcto dogma establecido a través de los concilios.

Sin embargo, aquí Felipe II logró un último giro en su rivalidad con los papas de su tiempo. A la hora de representar un concilio, en vez de hacer pintar el de Trento, finalizado poco antes y del que el rey era un ferviente defensor, prefirió que se mostrase el concilio de Nicea.

Toda una declaración de intenciones. Es cierto que en Nicea se había condenado a Arrio por su desviación de la verdadera fe como en Trento se había condenado a los protestantes. Pero la clave es que Nicea estuvo presidido por el emperador Constantino por encima de los papas, con lo que Felipe II enviaba un claro mensaje a los sumos pontífices de su tiempo sobre quién tenía la verdadera autoridad.

De este modo, el mensaje final quedaba claro: en el debate sobre quién representaba el verdadero catolicismo, Felipe II se presentaba como su verdadero defensor, a modo de un Constantino redivivo, un catolicismo que, además, no renegaba de su pasado clásico, incluso hasta los sabios más antiguos, como los egipcios de los tiempos de los faraones, tenían su espacio.

De esta manera, cuando Tibaldi terminó de pintar los frescos de la Biblioteca de El Escorial en 1591, Felipe II había superado las aspiraciones de los papas de comienzos del siglo XVI, Julio II y los papas Medici, y sus humanistas cristianos, incluido Erasmo. En El Escorial se habían reunido todos los saberes, los clásicos y los cristianos; en las pinturas de las bóvedas y en los libros de las estanterías, y todo bajo el gobierno del buen príncipe católico, Felipe II, convertido en el modelo del perfecto caballero cristiano por el que tanto pelease su padre, el emperador Carlos V.

El Escorial fue así la culminación de los ideales renacentistas, unos ideales que comenzaron en la Florencia del 1400 reclamando ser una civilización superior a la de los bárbaros del norte, apelando a su pasado imperial romano.

Un Renacimiento que para 1500 ya se había convertido en el arte de los papas, herederos de los emperadores romanos, de ahí la necesidad de apelar al lenguaje clásico, pero sobre todo representantes de Dios en la Tierra, por lo que ese arte clásico quedaba sometido a las necesidades de la Iglesia católica.

El Renacimiento no fue el arte de un humanismo antropocéntrico. No buscó romper con el catolicismo. Se convirtió en su principal bandera. Por eso el más católico de los reyes del siglo XVI, Felipe II, había de ser, también, el más renacentista. Y su principal obra, El Escorial, la culminación de ese Renacimiento.

AGRADECIMIENTOS

Para construir este libro me he basado, como hago habitualmente, en todas aquellas obras de arte que he podido ver en persona. Si echan en falta alguna obra cumbre es porque posiblemente no he podido conocerla directamente. El arte hay que vivirlo, experimentarlo. Si no, podemos equivocarnos a la hora de interpretarlo.

A partir de ahí, la cantidad de referencias bibliográficas empleadas supera ampliamente el millar. Incluirlas todas duplicaría el tamaño de este libro. Y no lo vamos a duplicar.

Con todo, permítanme citar algunos autores que me han influido de forma notable.

Para comenzar, aquellos eruditos a los que traté y que junto a los trabajos escritos que han publicado, sobre todo, fueron las conversaciones con ellos de las que realmente aprendí.

De partida, don Fernando Chueca Goitia. En la adolescencia, mientras mis amigos perseguían a sus cantantes favoritos, yo no perdía una charla, una conferencia, un curso de don Fernando. A él le debo mi forma de entender el espacio en arquitectura (espero haberlo entendido bien).

De mis otros grandes referentes en la historia del arte, quiero citar a José Miguel Muñoz Jiménez, Philippe Malgouyres, Olga Medvedkova, Jean Chapelot, Santiago Hernán y Mercedes Sanz de Andrés.

Para los autores que he leído y releído mucho, he de mencionar a unos cuantos clásicos que son obligados. A Burckhardt y a Panofsky, cuyas teorías sobre el Renacimiento son las dominantes en la historiografía, pero de las que discrepo de forma casi total.

A Wittkower, a Blunt y a Santiago Sebastián, porque me marcaron las pautas a seguir para un buen análisis histórico del arte.

Quiero añadir un historiador más, a Javier Ibáñez Fernández, porque sus investigaciones sobre el arte español del siglo XV me resultaron absolutamente reveladoras.

Y ya. La lista, como digo, podía ser interminable, pero si alguien quiere asomarse al Renacimiento, con los autores citados, puede asegurar que tiene para lanzarse a un océano de saber.

Eso sí, me toca agradecer mucho a las docenas de guías de turismo y de museos, pero también a los archiveros, que me han recibido a lo largo de estos años. Son de las personas más cercanas a las obras de arte y a la historia, de quien más se aprende.

Como debo agradecer a los miles de bibliotecarios de Wikipedia, porque escribir un libro como este, con tantísimos personajes, eventos y fechas, sin Wikipedia, sería imposible.

También, toda mi gratitud para Genevieve Bresc-Bautier, con quien trabajé en el museo del Louvre, y porque, además, eso de trabajar con ella y en el Louvre me abrió las puertas más insospechadas de otros muchos monumentos franceses. Como toda mi gratitud para Tosi y Puzzi, que me recibieron cada vez que fui a Roma y me permitieron descubrir muchos de sus secretos.

Finalmente, a Félix Gil, mi editor, por su paciencia (y esa forma sutil de ser exigente). Y, por supuesto, a Olga, a Gabriel y a Loren, sin los cuales ni este libro, ni nada es posible.